초보자를 위한
월급쟁이
연금투자 법칙

초보자를 위한
월급쟁이 연금투자 법칙

장덕진 지음

시그마북스
Sigma Books

초보자를 위한 월급쟁이 연금투자 법칙

발행일 2020년 12월 7일 초판 1쇄 발행

지은이 장덕진

발행인 강학경

발행처 시그마북스
Sigma Books

마케팅 정제용

에디터 최연정, 장민정, 최윤정

디자인 김문배, 강경희

등록번호 제10-965호

주소 서울특별시 영등포구 양평로 22길 21 선유도코오롱디지털타워 A402호

전자우편 sigmabooks@spress.co.kr

홈페이지 http://www.sigmabooks.co.kr

전화 (02) 2062-5288~9

팩시밀리 (02) 323-4197

ISBN 979-11-90257-90-9(03320)

지금 당장 시작하는 것이

최고의 투자전략이다.

추천사

장덕진 박사와의 인연은 제가 신한BNP파리바 사장으로 선임되었던 2013년부터 시작되었습니다. 제 기억 속 저자는 자본시장에 대한 풍부한 경험과 전 세계 경제·금융에 대한 해박한 지식을 가진 최고의 금융 전문가이자, 처음 사회에 나와 많은 것이 서툴었던 신입직원을 각별히 위했던 마음 따뜻한 사람으로 남아 있습니다. 이 때문에 저자가 생애 처음으로 심혈을 기울여 집필한 책이 〈초보자를 위한 월급쟁이 연금투자 법칙〉인 것이 새삼스럽지 않게 느껴집니다. 금융 전문가로서 26년의 지식과 노하우가 한 권에 집대성된 이 책을 통해, 100세 시대 노후를 걱정하는 많은 분들께서 행복한 미래를 설계할 수 있기를 기원하겠습니다.

조용병, 신한금융그룹 회장

지은이의 말

필자는 대형자산운용회사에서 펀드상품 개발, 투자성과 분석, 리스크 관리 업무에 종사했다. 은퇴 후에는 대학원에서 퇴직연금 공부를 하면서 1년 전부터는 블로그(장박사의 퇴직연금 부자되기)도 운영하고 있다. 블로그 시작은 소소했다. 필자가 잘 알고 있는 펀드투자 정보와 대학원에서 배운 것을 정리도 할 겸 공유하자는 차원이었다. 하지만 블로그 글이 많아지고 방문자가 하나 둘 늘어나면서 어떻게 하면 정보를 체계적으로 공유할 수 있는지 고민하게 되었다. 블로그 특성상 글을 짧게 쓰다 보니 전달력에도 문제가 있었다. 방문해주시는 분들의 질문을 받으면서, 궁금해하는 내용이 무엇인지 알 수 있었다. 그래서 가급적 이해하기 쉬우면서도 유용한 정보가 체계적으로 전달됐으면 하는 바람으로 이 책을 쓰게 되었다.

100세 시대, 편안한 노후생활을 위해서는 국민연금뿐만 아니라 퇴직연금과 개인연금에 대한 종합적 관리 전략이 필요하다. 주거비용의 증가, 취업난 등을 온몸으로 겪고 있는 자식들에게 노후를 의존할 수는 없는 것이다. 자녀가 성공하려면 목돈을 지원하는 동시에 본인의 노후자금도 직접 마련해야 하는 방향으로 사회가 변하고 있다.

냉정하게 현실을 보면, 국민연금과 퇴직연금만으로 노후자금을 충당하기가 쉽지 않다. 출산율이 낮아지고 기대수명은 증가하면서 노령연금을 축소하는 방향으로 국민연금제도도 개편될 것이다. 우리나라 근로자 평균근속기간은 6년 정도에 불과할 정도로 직장을 자주 옮긴다. 6년마다 퇴직금을 정산하는 꼴이어서 종신근무하는 경우보다 퇴직금이 감소한다. 단지 노후자금의 문제만이 아니다. 주택마련자금과 자녀 학자금 등 여러 가지로 자금이 필요하다. 추가적인 저축과 투자가 필수인 시대이다.

노후자금은 30대, 아니 직장 생활을 시작하면서부터 계획을 세워 실행해야 마련할 수 있다. 준비기간이 길수록 목돈 마련 부담은 줄어들기 때문이다. 워런 버핏이 줄곧 강조한 복리효과도 누릴 수 있다. 고금리상품에 가입해 돈을 쉽게 벌던 시절은 진즉에 지나갔다. 이제는 0%, 즉 제로금리 시대에 진입한 것이다. 그렇다면 2020년의 동학개미처럼 주식에 투자해야 할까? 안타깝게도 연금계좌에서는 주식에 투자할 수 없다. 개별 주식 투자는 위험이 높아, 연금계좌에서는 수십 종목에 분산투자하는 펀드만 투자할 수 있도록 법으로 제한했기 때문이다.

우리나라 자본시장도 많이 발전했다. 세계 각국 주식에 투자하는 다양한 펀드가 판매되고 있다. 연금계좌에서 투자할 수 있는 펀드도 1천 개가 넘는다. 관건은 '본인의 성향에 적합한 투자전략을 세워 성과가 우수할 펀드를 골라서 투자하는 것'이다. 금융기관별로 제공하는 펀드 라인업과 퇴직연금 수수료가 다르기 때문에, 각 금융기관의 장단점을 비교해 연금계좌를 개설하는 것이 중요하다.

연금계좌를 관리하려면 금융기관별 비교를 위해 정보를 수집해야 하고, 주식투자처럼은 아니어도 투자공부도 해야 한다. 그런데 문제는 대부분 직장인들이 시간이 없다는 것이다. 일도 바쁜데 언제 연금계좌를 관리한단 말인가? 필자도 여의도에서 월급쟁이였던 시절엔, 매일매일 현업에 파묻혀 정신없이 지냈던 것 같다. 시작할 수 있는 방법을 알면 시도라도 해볼 텐데, 답을 알려주는 정보는 매우 제한적이고 여기저기 찾기 어려운 곳에 숨어 있었다. 그래서 이 책을 썼다. 필자가 월급쟁이 시절에 필요하다고 느꼈던, 그 답답함을 해결할 수 있기를 바라면서 말이다.

이 책의 목적은 간단하다. 노후자금 등 목적자금을 마련하기 위해 퇴직연금이나 연금저축 계좌를 활용할 수 있는 노하우를 제공한다. 대략 다음과 같다.

- 연금계좌를 개설할 때 필요한 정보를 한곳에 모아 금융기관별로 비교

- 목적자금 유형별로 목적을 달성하기 위한 투자전략을 수립하는 방법을 사례로 설명

- 연금계좌에서 투자 가능한 펀드분석

- 성과가 우수하고 연금계좌 가입자들이 많이 투자하는 펀드의 투자전략과 운용성과 비교

- 주요 유형별로 펀드 특성을 설명하고 투자할 펀드를 선정하는 방법 정리

이 책은 크게 3개 파트로 구성되었다. 파트 1은 국민연금, 퇴직연금, 연금저축, 주택연금 등 다양한 연금제도의 특성과 세제혜택을 설명한다. 연금제도를 통해 어느 정도의 노후자금을 마련할 수 있는지 알아본다. 부족한 노후자금을 마련하기 위한 국민연금과 주택연금 활용 방법도 설명한다.

파트 2에서는 노후자금을 포함해 필요한 목돈을 마련하기 위한 투자전략을 수립하고, 실행하는 방법을 설명한다. 펀드투자의 기본인 채권형펀드, 수익률 향상에 필요한 주식형펀드와 글로벌멀티에셋펀드를 소개한다. 요즘 핫하게 뜨고 있는 TDF의 운용전략 및 성과를 비교해 투자자들이 자신에게 적합한 TDF를 선택하는 데 도움이 되는 정보를 제공한다.

파트 3에서는 달성하고자 하는 목적별로 투자전략을 수립하여 실행하는 실전투자전략을 설명한다. 행동재무이론에 따르면 동일한 개인이더라도 투자목적별로 감당할 수 있는 위험역량이 다르다. 목적자금별 위험역량을 고려하여 투자전략을 세워야 한다. 거기에 맞는 상품을 기존에 출시된 TDF로 구성하는 방법을 설명한다. 또한 직접 글라이드패스를 만들고 유망한 펀드들로 자신만의 TDF를 구성하는 방법도 설명한다.

연금계좌는 부족한 노후자금을 마련할 수 있는 가장 좋은 상품이다. 매년 세액공제혜택을 받을 수도 있고, 투자수익에 대한 세금은 인출할 때까지 납부하지 않는다. 2023년에 금융투자소득세가 도입되면, 일시금으로 인출하더라도 연금계좌에서 펀드에 투자하는 것이 일반계좌보다 투자수익에 대한 세금이 적을 것이다.

인생 2막의 첫 활동으로, 제로금리 시대에 펀드투자는 선택이 아닌 필수라는 신념으로 20년 이상 축적한 필자의 펀드투자 경험과 노하우를 담았다. 아무쪼록 이 책이 많은 사람들에게 도움이 되었으면 한다. 최소한 영업직원 말에 휘둘려 수익이 나기 어려운 상품에 덜컥 가입하지 않게 되기를 바란다. 귀찮다고 연금계좌를 방치하지 말고, 직접 관리할 수 있는 역량을 키우는 데도 도움이 되었으면 한다. 그리고 더 나아가 노후자금 등 목적자금을 마련하는 데 길잡이가 되었으면 한다.

장덕진

차례

Part 1
노후자금, 연금으로 얼마나 마련할 수 있을까?

1장 _ 노후생활 대비, 연금은 어떻게 활용해야 할까?

2장 _ 국민연금, 어떻게 관리해야 할까?

3장 _ 퇴직연금이 도대체 뭘까?

4장 _ IRP · 연금저축을 제대로 활용하려면?

Part 2
연금계좌에서 투자할 수 있는 펀드는 어떤 것이 있을까?

Part 1

노후자금, 연금으로 얼마나 마련할 수 있을까?

노후생활 대비, 연금은 어떻게 활용해야 할까?

먼저, 소득대체율이 중요하다

인생을 살면서 주택마련자금, 자녀 학자금, 노후자금 등 생애주기별로 다양한 목돈이 필요하다. 과거에는 자녀들이 성장해 부모를 부양하는 경우가 많았지만, 더이상 노후자금을 자녀에게 의존할 수 있는 상황이 아니다.

한국보건사회연구원에 따르면 가족이 부모부양을 책임져야 한다는 응답이 2002년 71%에서 2018년 27%로 감소했다. 반면 사회공동체가 책임져야 한다는 20%에서 54%로 증가했고, 스스로 책임을 져야 한다도 10%에서 19%로 증가했다. 10명 중 7명이 노인 부양은 사회공동체 또는 본인 스스로 책임져야 한다고 생각하고 있는 것이다. 설문조사가 아니라도 주거비용의 증가, 취업난 등을 온몸으로 겪고 있는 젊은 세대에게 부모의 부양 책임을 지울 수는 없는 상황이 되었다.

표 1-1 **부모부양 책임에 관한 인식의 변화**

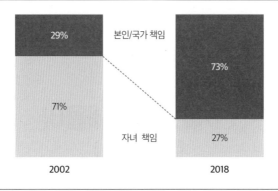

29%

본인/국가 책임

73%

71%

자녀 책임

27%

2002

2018

자료: 보건사회연구원(2019)

2019년 여러 기관에서 실시한 노후생활비 설문조사에 따르면 부부 기준 노후생활을 위한 적정 생활비는 월 300만 원, 최소 생활비는 월 200만 원 수준이다. 이는 통계청의 '2018 가계지출조사'에 나타난 60~64세 가구 상위 2분위(20%대)와 하위 4분위(40%대)의 평균소비지출액에 해당하는 금액이다. 300만 원의 생활비를 마련할 수 있다면 상위 2분위 수준의 생활을 할 수 있고, 월 200만 원의 생활비를 마련할 수 있다면 하위 4분위 수준의 생활을 영위할 수 있다는 뜻이다.

소득대체율 글로벌 적정 수준, 70%

은퇴기간 동안의 개인 생활 수준을 측정하는 척도로는 소득대체율(Income replacement rate)을 사용한다. 소득대체율이란 은퇴 전 소득 대비 은퇴 후 소득의 비율로, 은퇴 전 생활 수준에 비해 어느 정도 노후생활을 유지할 수 있는지를 나타내는 지표이다. 적정 은퇴생활을 위한 소득대체율은 국가별로 다르지만 일반적으로 70%를 적정 수준으로 본다. 국민연금 등과

표 1-2 **3층 연금체계와 적정 소득대체율 달성**

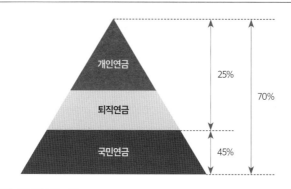

같은 공적연금이 45% 수준 보장을 목표로 하기 때문에, 나머지 25%는 개인이 퇴직연금과 개인연금 등 사적연금을 활용해 마련해야 한다.

우리나라 목표소득대체율, 64%

우리나라 적정 소득대체율을 산정하기 위해 경희대학교 성주호 교수 등이 통계청 가계동향조사자료를 사용해 가계의 소득 수준별 목표소득대체율 개념을 도입했다. 목표소득대체율은 은퇴 후 안정적 생활을 영위하기 위해 필요한 소득대체율로 다음과 같이 정의한다.

$$목표소득대체율 = \frac{60대\ 전반\ 연령의\ 소비지출액}{50대\ 후반\ 연령의\ 가처분소득}$$

가처분소득은 개인이 총소득에서 세금 등 공과금을 제외하고 처분할 수 있는 소득을 말한다. 〈표 1-3〉을 보면 중위 50% 소득자의 목표소득대체율은 64%이다. 우리나라 국민연금제도가 목표로 하는 노령연금의

표 1-3 소득 수준별 목표소득대체율

구분	50대 후반 가처분소득 순위		
	하위 25%	중위 50%	상위 25%
50대 후반 가처분소득	160만 원	300만 원	469만 원
60대 전반 소비지출액	126만 원	193만 원	282만 원
목표소득대체율	79%	64%	60%

자료: 「퇴직연금제도 목표소득대체율 설정 및 수행전략 마련 연구」

소득대체율이 40%이다. 이를 달성한다고 가정하면 소득대체율 24%에 해당하는 연금소득은 퇴직연금이나 연금저축 등 사적연금을 활용해 마련해야, 적정 노후생활을 위한 목표소득대체율 64%를 달성할 수 있다.

〈표 1-3〉에 따르면 은퇴 후 목표소득대체율을 달성하기 위한 소비지출액은 중위 50%가 월 193만 원이고 상위 25%는 월 282만 원이다. 이는 앞의 설문조사 결과인 부부 기준 최소 생활비 월 200만 원, 적정 생활비 월 300만 원과 비슷한 금액이다.

평균근로자 노령연금 예상수령액, 월 131만 원

2020년에 35세인 근로자가 2015년부터 300만 원의 월급을 주는 기업에 취직해 법정퇴직연령인 60세에 은퇴할 경우 국민연금에서 노령연금을 얼마나 받을 수 있을까? 참고로 2015년 기준으로 5인 이상 사업장에서 근무하는 30대 초반 근로자의 월임금총액은 306만 원이다. 월급과 물가가 각각 매년 3%와 1%씩 상승한다고 가정하면, 65세가 되는 2050년에 수령하는 노령연금은 월 131만 원 정도 된다(계산 방법은 2장에 나온다).

월수령액 131만 원은 적정 생활비의 43%, 최소 생활비의 65% 수준이다. 노령연금은 65세부터 수령하는 반면 생활비는 은퇴 직후인 60세부터 필요하기 때문에 기간이 일치하지 않는다. 노령연금과 생활비의 적정 비교를 위해서는 은퇴시점인 60세가 되는 2045년 기준 일시금으로 환산해 비교할 필요가 있다. 같은 나이의 배우자도 월 50만 원의 노령연금을 수령하고 부부 모두 90세까지 생존한다고 가정하자. 그러면 적정 생활비 일시금은 11억 1천만 원, 최소 생활비 일시금은 7억 4천만 원, 노령연금

표 1-4 **생활비와 노령연금의 일시금 전환**

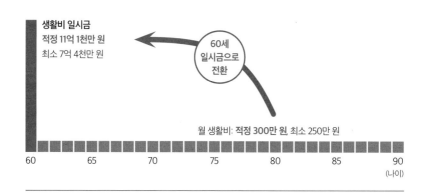

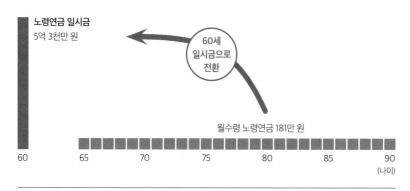

일시금은 5억 3천만 원이다(계산 방법은 5장에 나온다). 이 근로자는 적정 생활비의 47.8%를 국민연금으로 조달할 수 있다. 적정소득대체율 70%를 달성하기 위해 공적연금에서 달성해야 하는 소득대체율 45%와 비슷하다.

노령연금과 퇴직연금은 노후 최소 생활비 수준

기업들은 근로자퇴직급여보장법에 따라 퇴직금제도 또는 퇴직연금제도를 운영하고 있다. 퇴직연금제도는 퇴직 시 지급하는 퇴직급여가 산식으로 확정되는 확정급여형(DB, Defined Beneft)과 매년 기업이 납입하는 부담금이 확정된 확정기여형(DC, Defined Contribution)이 있다.

퇴직금제도나 DB퇴직연금제도의 퇴직급여는 퇴사 직전 3개월 평균임금에 근속연수를 곱해 산출한다. 노령연금 산정 시 사례로 든 근로자가 퇴직금 또는 DB퇴직연금제도를 운영하는 회사에서 평생 근무한 후 법정퇴직연령 60세에 퇴사한다면, 약 2억 1천만 원의 퇴직급여를 수령한다. 매년 3%씩 월급이 인상되어 산정된 퇴사 직전의 30일치 평균임금 700만 원에 근속연수 30년을 곱한 금액이다.

DC퇴직연금제도에서는 기업이 매년 총급여의 12분의 1 이상을 부담금으로 납입한다. DC퇴직연금제도 퇴직급여액은 총급여액의 12분의 1에 해당하는 부담금과 운용수익을 합한 금액이다. 따라서 DC퇴직연금계좌가 임금상승률과 동일한 연 3%의 수익률을 달성한다면, DC퇴직급여는 DB퇴직급여와 동일한 2억 1천만 원이다.

퇴직급여액 2억 1천만 원은 적정 생활비 일시금 11억 1천만 원의 19%, 최소 생활비 일시금 7억 4천만 원의 28.4% 수준이다. 따라서 의무적으로 가입하는 국민연금과 퇴직연금을 통해 적정 생활비의 67% 또는 최소 생활비의 100%를 마련할 수 있다. 즉 별도 저축 없이 국민연금과 퇴직연

표 1-5 적정 생활비와의 격차

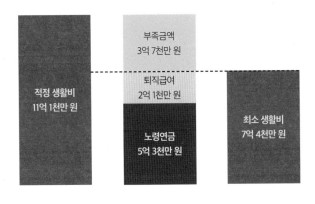

금으로 은퇴 후 최소 생활비 수준의 노후생활을 영위할 수 있다는 뜻이다. 하지만 이것만으로는 노후자금이 충분하지 않다.

국민연금제도 개편과 잦은 이직이 변수

출산율이 낮아지고 기대수명이 증가하면서 노령연금이 축소되는 방향으로 국민연금제도가 개편될 전망이다. 2018년 말 발표된 국민연금 장기재정추계 결과에 따르면, 현행 국민연금제도가 지속될 경우 2057년에 적립금이 고갈되는 것으로 나타났다.

정부가 국회에 제출한 국민연금제도 개편안은 보험료를 9%에서 12%로 인상하면서 소득대체율도 40%에서 45%로 올리는 방안이 포함되어 있다. 하지만 이는 지속적으로 달성할 수 있는 방안이 아니다. 김용하 교수에 따르면 이 개편안은 기금이 고갈되는 시기를 2057년에서 2063년으로 6년 연장시키는 효과가 있다. 하지만 기금이 고갈되는 2065년에 연금지급을 위해 징수해야 보험료는 현행 9%의 4배인 35.6%로 급증해, 국민들이 감당할 수 없는 수준이다.

우리나라 근로자들 평균근속기간이 짧은 것도 퇴직급여액을 감소시키는 요인이다. 앞에서 계산한 퇴직급여액 2억 1천만 원은 때 평생 한 직장에 다닌다고 가정했을 때 나오는 금액이다. 우리나라 근로자들의 평균 근속기간은 6년 정도에 불과하기 때문에, 평균 6년마다 퇴직급여가 정산되어 IRP계좌로 이체된다.

IRP계좌에서 매년 임금상승률과 동일한 3%의 투자수익률을 달성해야 60세 퇴직 때 2억 1천만 원의 퇴직급여를 마련할 수 있다. 하지만 가입자들이 원리금상품 위주로 투자하다 보니 퇴직연금 수익률은 1% 대에 불과하다. 퇴직연금 투자수익률을 높이려면 실적배당상품 투자비중을 증가시켜야 한다. 추가저축도 필요하다.

02

부족한 노후자금은
연금계좌로 마련하자

세액공제혜택: 연간 납입액 1,800만 원 중 700만 원까지

추가적인 노후자금을 마련하기 위한 가장 좋은 방법은 세제혜택이 있는 연금계좌를 활용하는 것이다. 대표적인 것이 IRP(개인형 퇴직연금)계좌와 연금저축펀드계좌가 있다. IRP계좌와 연금저축펀드계좌를 합해 연간 1,800만 원까지 개인부담금을 납입할 수 있고, 그중에서 700만 원 한도로 납입금액의 13.2%(총급여가 5,500만 원 또는 종합소득금액 4천만 원 이하인 경우 16.5%)의 세금을 공제받을 수 있다. 단, 연금저축펀드계좌는 최대 400만 원(총급여액 1억 2천만 원 또는 종합소득금액 1억 원 초과시 300만 원)까지 세액공제혜택을 받을 수 있다.

　2019년 소득세법이 개정되어 2020년부터 3년간 한시적으로 50세 이

표 1-6 **연금계좌 연간납입한도**

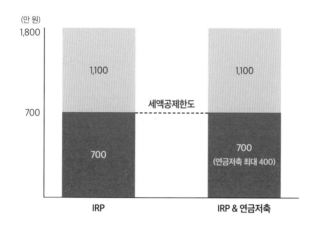

상 가입자들을 대상으로, 추가적으로 연 200만 원까지 세액공제혜택을 주고 있다. 만능통장이라 불리는 ISA에 가입한 경우 저축기간 5년(2020년 법 개정시 3년)이 만료되면, 연금계좌로 이체해 노후자금으로 사용할 수 있도록 개정되었다. ISA를 연금계좌로 이체한 첫해에 한해서, 이체금액의 10%(300만 원 한도)는 세액공제를 받을 수 있다. 기존 700만 원에 더해 최고 1천만 원(50세 이상은 1,300만 원)까지 세액공제혜택을 받을 수 있는 것이다.

세제혜택효과를 최대화하면서 적립식으로 투자하는 가장 좋은 방법은 자신의 소득 수준에 따라 연금저축펀드에 세액공제한도액까지 납입하고, 나머지는 IRP계좌에 납입해 세액공제한도 700만 원을 채우는 것이다. 예를 들어 총급여가 1억 원인 직장인이라면 연금저축펀드계좌에 400만 원, IRP계좌에 300만 원을 납입한다. 총급여가 1억 5천만 원인 직장인은 연금저축펀드계좌에 300만 원, IRP계좌에 400만 원을 납입할 수 있다. 세제혜택 납입한도 700만 원을 초과하는 금액은 모두 연금저축펀드 계좌에 납입한다. 3장에서 설명하겠지만 연금저축계좌가 IRP계좌보다 적립금의 운용과 관리에 유리한 점이 많기 때문이다.

연금계좌에서 적립식으로 투자하다가 연금으로 수령하지 않고 일시금으로 인출하는 경우, 세제혜택을 받은 납입금액과 운용수익에 대해서는 기타소득세 16.5%를 납부해야 한다. 퇴직소득세 감면도 없다. 물론 세제혜택을 신청하지 않은 납입금액은 세금 없이 언제든지 인출할 수 있다.

일시금 인출 시 세율 16.5%, 큰 문제가 아니다

IRP계좌와 연금저축계좌는 노후자금뿐만 아니라 10년 이상의 장기 적립식 투자를 통해 다양한 목돈을 마련할 때 활용될 수 있다. 투자기간이 종료되어 연금계좌에서 일시금으로 인출할 때, 세제상 불리하다는 생각으로 연금계좌를 활용하지 않는 경우가 많다. 하지만 총급여가 5,500만 원 이하라면 일시금으로 인출하더라도 세제상 불리한 점은 없다.

개인부담금에 대한 세액공제혜택 16.5%와 일시금으로 인출할 때 부담하는 기타소득세율 16.5%가 같기 때문이다. 오히려 세금이연으로 인한 화폐의 시간가치효과를 누릴 수 있다. 또한 연금계좌에서 발생한 소득이 2천만 원을 초과하더라도 금융소득종합과세에 포함되지 않는 장점이 있다.

총급여가 5,500만 원(종합소득금액 4천만 원)을 초과하는 가입자는 일시금으로 인출할 때 납부하는 기타소득세율이 16.5%로 세제혜택률 13.2%보다 높기 때문에 세제상 불리하다. 따라서 일시금으로 인출할 가능성이 높다면, 연말정산 때 세제혜택을 신청하지 않는 것도 하나의 방법이다.

하지만 세제혜택을 받은 금액을 투자해 인출할 때 추가적으로 부담하

표 1-7 일시금 인출 시 세율

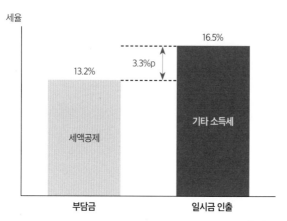

*총급여 5,500만 원을 초과할 경우

는 세금 3.3%포인트(=기타소득세율 16.5% - 세제혜택률 13.2%) 이상의 투자수익률을 달성할 수 있다면 세액공제제혜택을 신청하는 것이 유리하다. 또한 나중에 상황이 변해서 일시금으로 인출하지 않고 연금으로 수령할 때는 낮은 연금소득세율로 인출할 수 있는 장점이 있기 때문이다.

예를 들어 연봉 1억 원이었던 근로자가 100만 원을 납입해 13.2만 원의 세금감면을 받았다. 이를 10년 후에 일시금으로 인출한다면 16.5만 원의 기타소득세를 납부해야 한다. 하지만 세금감면을 받은 금액 13.2만 원에 대해 10년 동안 25%(연평균2.3%)의 수익률을 달성한다면, 세금감면액은 투자수익을 포함해 16.5만 원으로 증가한다. 한마디로 연금계좌를 10년 이상 유지하고 연 2.3%의 수익률을 달성할 수 있다면, 세제상 불이익을 걱정하지 말고 연금계좌를 활용하는 것이 유리하다.

2023년 금융투자소득세가 시행되면 일반계좌에서 공모국내주식형펀드를 제외한 타 펀드에 투자하는 경우, 250만 원을 초과하는 매매차익에 대해 최소 22%의 세금을 납부한다. 연금계좌에서 일시금으로 인출하더라도 기타소득세율이 16.5%이기 때문에 연금계좌에서 펀드에 투자하는 것이 세제상으로 유리하다.

03

연금계좌는 다양하게
활용할 수 있다

IRP계좌와 연금저축계좌를 개설할 때 필요한 전략

세제혜택 크기, 적립금 인출시기 및 연금계좌에서 투자할 상품 유형 등을 고려해 IRP계좌 또는 연금저축펀드계좌를 개설하는 것이 좋다. 특히 목적자금별로 별도의 IRP계좌 또는 연금저축펀드계좌를 개설하는 것이 인출할 때 편리하다. 연금저축펀드계좌는 일부 금액만 일시금으로 인출이 가능하지만, IRP계좌는 일부 인출 또는 중도인출이 불가능해 계좌해지로만 인출할 수 있다는 단점이 있다. 일부만 인출하고 싶어도 전체 금액을 인출해야 하고, 이에 따라 전체 해지금액에 대해 기타소득세를 납부해야 한다. 퇴직급여가 이체되는 IRP계좌는 다른 목적자금용으로 개설되는 IRP계좌와 별도로 개설해 관리하는 것이 좋다. 퇴직급여를 연금으로 인출할 때 인출시기에 따라 절세효과가 다르기 때문이다.

　무엇보다 자신의 투자성향을 고려해 연금계좌를 개설하는 것이 바람직하다. 은행예금 등 원리금보장상품에 대한 투자는 IRP계좌를 활용하고, 펀드투자는 연금저축펀드계좌에서 하는 것이 바람직하다. IRP계좌를 포함한 퇴직연금계좌는 원리금보장상품과 펀드에 투자할 수 있다. 반면에 연금저축펀드계좌에서는 펀드투자만 가능하다. MMF와 단기채권형펀드처럼 언제든지 인출할 수 있으면서, 안정적 수익률을 달성할 수 있는 펀드에 투자할 수 있다.

　퇴직연금계좌는 투자할 수 있는 펀드에 제한이 있지만, 연금저축펀드계좌는 제한이 없다. 퇴직연금계좌에서 펀드에 투자하는 경우, 펀드에 가입하고 환매할 때 연금저축펀드계좌보다 각각 하루씩 더 소요되는 단점이 있다. 또한 연금저축펀드계좌는 동일한 금융기관에 복수로 개설할 수 있다. IRP계좌도 복수로 개설할 수 있지만, 실무적으로는 퇴직연금사업자인 금융기관별로 퇴직급여가 입금되는 IRP계좌와 개인부담금이 납입되는 IRP계좌 1개씩만 개설이 허용된다.

연금계좌 개설 Tip

- 퇴직급여가 이체되는 IRP계좌는 별도로 개설
- 인출시기가 다른 자금은 별도의 연금계좌로 개설
- 펀드투자 위주로 할 때는 연금저축펀드계좌로 개설

비용이 낮고 상품이 다양한 금융기관에서 계좌개설

연금계좌를 개설할 금융기관은 관리수수료, 펀드보수비용 및 제공하는 상품의 다양성 등을 비교하여 선정하는 것이 좋다. 기업이 DC퇴직연금계좌에 납입하는 퇴직연금 부담금에 대한 관리수수료는 기업이 부담하지만, IRP계좌의 관리수수료는 가입자 개인이 부담한다.

IRP계좌 관리수수료는 개인부담금보다 퇴직급여(사용자부담금)가 더 높다. 대형증권사들은 개인부담금에 대한 관리수수료를 면제하고 있다. 퇴직급여에 대한 관리수수료는 2020년 6월 말 기준 연 0.25~0.5% 수준으로 퇴직연금사업자별로 상이하다. IRP계좌로 이체된 퇴직급여에 대한 관리수수료가 가장 낮은 기관은 한국포스증권(펀드슈퍼마켓)으로 연 0.2%이다.

펀드보수비용은 창구를 통해 가입할 경우 한국포스증권을 제외한 모든 금융기관이 동일하다. 모바일 등 온라인으로 펀드에 가입하면 판매보수가 창구에서 가입하는 것보다 50% 절약된다. 동일한 펀드라도 연금저축펀드계좌에서 투자할 때보다 퇴직연금계좌에서 투자할 때가 약간 저렴하다.

연금계좌에서 가입할 수 있는 펀드는 1천 개가 넘는다. 하지만 금융기관 또는 퇴직연금사업자별로 가입자들에게 제공하는 펀드는 차이가 크다. 대형증권사를 제외한 보험회사, 은행, 중소형 증권사들은 연금고객들에게 제공하는 펀드가 제한적이다. 한국포스증권(펀드슈퍼마켓)은 연금저축펀드는 가장 많이 제공하지만, 퇴직연금펀드는 약 200여 개로 제한적이다. 또한 ETF를 제공하지 않기 때문에, ETF에 투자하려면 대형증권사에서 계좌를 개설하는 것이 좋다.

자녀에게 유기정기금 형태로 연금저축펀드계좌 증여

연금저축펀드계좌는 소득이 없는 미성년자를 포함해 모든 개인이 가입할 수 있다. 예전에는 자녀명의로 어린이펀드를 개설해 증여했지만, 이제는 자녀명의로 연금저축펀드계좌를 개설해 증여하는 것이 유리하다. 미성년자는 2천만 원까지 증여세가 면제되기 때문이다. 또한 어린이펀드 대부분은 국내주식에 투자하지만, 연금저축펀드계좌는 국내 및 해외 자산을 포함하고 있는 다양한 펀드 갈아타기를 할 수 있다. 투자수익 세금 처리도 연금저축펀드계좌가 유리하다.

자녀에게 연금저축펀드계좌를 증여해 적립식으로 투자하고자 할 때는 유기정기금에 의한 증여가 좋다. 유기정기금이란 일정 기간에 걸쳐 반복적으로 동일한 금액을 증여하는 것을 말한다. 유기정기금으로 증여할 때 증여세 면제 기준 2천만 원은 미래에 증여하는 정기금을 증여세 신고 시점 가치로 할인한 시가평가액이 된다. 쉽게 말하면 유기정기금 최초 납입시점에 증여세를 신고하게 되면, 약 2,516만 원까지 증여할 수 있다(자세한 계산은 4장에서 다룬다).

04

노후자금을 늘리려면
다양한 전략이 필요하다

국민연금 임의가입기간 늘리는 것이 최고의 전략

50세가 되면 그동안 준비한 연금액이 어느 정도 되는지 확인해 인출계획을 세워야 한다. 국민연금의 예상노령연금은 국민연금관리공단 홈페이지 또는 '내 곁에 국민연금' 앱에서 조회할 수 있다. 2020년에 개편된 금융감독원 통합연금포털 홈페이지에서는 국민연금뿐만 아니라 퇴직연금과 연금저축 모두 조회할 수 있다.

노령연금 수령액을 증가시키는 가장 효과적인 방법은 가입기간을 늘리는 것이다. 과거에 이직 또는 소득이 없는 기간에 납입하지 않은 국민연금 보험료를 추가로 납부하거나 국민연금 의무가입기간이 종료되어도 노령연금을 수령할 때까지 가입기간을 늘릴 수 있다. 배우자가 국민연금에 가입하지 않았다면 임의가입자로 등록해 10년 이상 국민연금을 납입하는 것도 노후자금을 마련할 수 있는 좋은 방법이다.

노령연금을 65세부터 수령하지 않고 연기한다면, 매년 연기할 때마다 65세 수령연금보다 7.2%가 증가한다. 최대 5년까지 연기할 수 있고 노령연금의 일부 금액만 연기신청을 할 수도 있다. 또 65세가 되기 전에 조기노령연금을 수령할 수도 있다. 60세부터 가능한데, 65세에 수령하는 금액과 비교해 1년마다 6%포인트씩 감소한다. 60세에 수령한다고 하면, 총 30%가 감소해 지급된다. 그러므로 조기노령연금을 수령하는 것보다 사적연금이나 주택연금을 활용하는 것이 바람직하다.

퇴직급여는 중도인출이 아닌 연금으로 인출

퇴직급여는 가급적 중도인출하지 않고 연금으로 활용하는 것이 가장 좋다. 어떠한 경우이든 노후자금은 필요하고 연금 형태로 인출하면 세금을 절감할 수 있기 때문이다. 2020년부터는 퇴직급여를 연금으로 인출할 때 10년을 초과해 인출하는 금액에 대한 퇴직소득세를 40%까지 면제해주는 등 절세효과를 강화했다.

만약 주택을 구입해야 하는데 다른 목돈이 없다면, 어쩔 수 없이 인출해야 할 수도 있다. 퇴직금제도를 운영하고 있는 기업에서 근무하고 있다면 주택구입 등 근로자퇴직급여보장법에서 규정하는 사유를 충족하는 경우 퇴직금을 중간정산할 수는 있다. 하지만 이는 좋은 방법이 아니다. 퇴직금은 퇴직시점 임금 수준으로 결정되는데, 중도인출시점 임금 기준으로 산정되어 퇴직금이 큰 폭으로 감소하기 때문이다. DB퇴직연금제도에서 퇴직급여 중도인출은 법에서 금지하고 있기 때문에, 가능하다면 금융기관에서 퇴직연금 담보대출을 받는 것이 좋다.

본인명의 주택을 구입하는 경우 DC퇴직연금계좌에서 퇴직급여를 중도인출하는 것은 검토할 만하다. IRP계좌로 이체된 퇴직급여도 마찬가지이다. 다른 여유자금이 있다면 중도인출하지 않고 노후자금으로 사용하는 것이 바람직하지만, 구입한 주택을 활용해 55세 이후에 주택연금에 가입해 노후자금으로 사용할 수 있기 때문이다. 퇴직소득세를 감면 받지 못하더라도 보유 주택으로 주택연금에 가입하면, 평생 거주하면서 은퇴자금으로 활용할 수 있다.

55세 이후에는 주택연금 가입도 고려

주택연금은 노후자금이 부족한 경우 본인명의로 보유한 주택에서 평생 거주하면서 노후생활비를 조달할 수 있는 상품이다. 엄밀히 말하면 연금이 아니고, 주택담보대출의 일종인 역모기지론이다. 모기지론은 주택을 구입할 때 부동산을 담보로 하는 대출인데, 역모기지론은 보유하고 있는 주택을 담보로 매월 일정액을 인출하는 대출이다. 우리나라에서는 역모기지론을 주택연금이라고 하는데, 공적보증으로 운영되는 사회보장적 성격을 갖고 있기 때문에 붙여진 이름이다. 주택연금은 55세부터 시가 9억 원(2020년 주택연금관련법 개정안이 국회를 통과하면 공시지가 9억 원) 이하의 주택에 대해 신청할 수 있다.

주택연금의 가장 큰 장점은 부부가 모두 사망할 때까지 연금을 수령하면서 집에서 거주할 수 있다는 것이다. 부부가 모두 사망하는 시점 집값보다, 그동안 받은 주택연금(대출원리금)이 많아도 추가로 부담하는 금액이 없다. 만약에 집값이 수령한 주택연금액보다 많다면, 주택연금(대출)원리금을 상환하고 남은 금액은 자녀에게 상속된다. 은퇴 후 다른 소득활동에 종사하지 않는다면 65세 노령연금 수령 때까지 소득공백 상태가 된다. 이때 주택연금을 신청해 노령연금을 수령할 때까지 일부 생활비를 조달할 수도 있다.

주택연금은 늦게 신청할수록 예상수령기간이 감소하기 때문에 수령하는 주택연금액이 증가한다. 하지만 신청 시 확정된 주택연금은 부부 모두 사망 시까지 동일한 금액으로 지급된다. 부부가 모두 사망하면 주택처분가격이 상환해야 할 주택연금 대출원리금을 상회한 경우 그 차액은 자녀에게 상속된다.

세금을 최소화하는 연금 인출계획이 필요

연금계좌의 적립금은 세제혜택을 받지 않은 납입금액, 퇴직급여액, 세제혜택을 받고 납입한 금액과 운용수익으로 구성된다. 세제혜택을 받지 않고 납입한 금액은 일시금 또는 연금으로 인출할 수 있고, 인출할 때 어떠한 세금도 납부하지 않는다.

연금계좌에서 자금을 인출할 때는 세제혜택을 받지 않은 납입금액을 먼저 인출하고, 그다음에 퇴직급여액, 마지막으로 세제혜택을 받은 납입금액과 운용수익을 인출하도록 소득세법에서 규정하고 있다. 이는 하나의 연금계좌에 모든 적립금이 예치된 경우의 인출순서이다. 만약 복수의 연금계좌를 보유했다면 연금계좌별로 적용된다.

퇴직급여를 연금으로 수령할 때 첫 10년 동안 수령하는 퇴직급여는 이연퇴직소득세의 70%, 10년을 초과해 수령하는 퇴직급여는 이연퇴직소득세의 60%만 납부한다. 퇴직급여에 대한 연금소득세는 당연히 납부하지 않는다. 연금저축펀드계좌와 IRP계좌에서 세제혜택을 받은 납입원금과 운용수익은 연금으로 수령할 때 연금소득세를 원천징수한다. 원천징수세율은 69세 이전 인출 시 5.5%, 70~79세에 인출 시 4.4%, 80세 이

표 1-8 연금계좌 적립금의 인출 순서

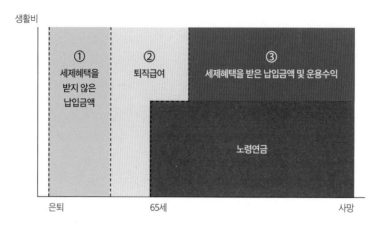

생활비

① 세제혜택을 받지 않은 납입금액

② 퇴직급여

③ 세제혜택을 받은 납입금액 및 운용수익

노령연금

은퇴 　　　 65세 　　　 사망

후 인출 시 3.3%이다.

국민연금, 직역연금(군인연금, 공무원연금, 사학연금, 별정우체국직원연금 등 특정 직업 근무자 대상으로 국가가 제공하는 연금) 등 공적연금에서 노령연금을 수령할 경우 금액과 상관없이 종합소득세를 납부해야 한다. IRP와 연금저축 등 사적연금에서 세제혜택을 받은 부담금과 운용수익을 연금으로 수령할 때 연간 수령액이 1,200만 원을 초과하면 공적연금 등 다른 소득과 합산해 종합소득세를 납부한다.

사적연금 수령액이 1,200만 원 이하인 경우 종합소득세와 분리과세 중 선택할 수 있다. 다른 소득이 없는 경우 종합소득세를 신고하면 분리과세 연금소득세율보다 낮은 세율을 적용받을 수도 있다. 연금소득자가 종합소득세를 신고하는 경우 주택연금에서 발생하는 대출이자는 연 200만 원 한도로 연금소득공제를 받을 수 있다.

2장

국민연금, 어떻게
관리해야 할까?

01

국민연금, 100세 시대의
가성비 노후자금이다

꾸준히 증가하는 국민연금 임의가입자

국민연금은 소득 활동에 종사하는 동안 보험료를 납부하고, 65세 이후 평생에 걸쳐 연금을 수령하는 대표적인 공적연금제도이다. 소득이 있는 만 18세 이상 60세 이하 국내에서 거주하는 모든 국민은 국민연금 가입이 의무화되어 있다.

〈표 2-1〉에서 보는 것처럼 국민연금 가입자는 2019년 말 2,220만 명에 달한다. 검은 선으로 표시된 임의(계속)가입자는 2010년 이후 급증하여 83만 명을 돌파했다. 임의(계속)가입자는 가입의무가 없음에도 불구하고 국민연금에 가입한 사람들을 말한다. 소득이 없는 18세 이상 60세 미만의 학생 또는 전업주부는 '임의가입자'로, 의무가입기간이 종료된 만

60세 이상 소득이 없는 은퇴자들은 '임의계속가입자'로 국민연금에 가입할 수 있다. 자발적 가입이 증가하는 이유는 노령연금이 납입하는 보험료 대비 가성비가 매우 좋기 때문이다.

2018년 말 발표된 국민연금 장기재정추계 결과, 국민연금 적립금이 2057년에 고갈될 것으로 전망되면서 젊은 세대들은 국민연금을 받지 못할 수도 있다는 우려가 확산되고 있다. 하지만 이는 사실이 아니다. 적립금이 고갈되면 미국처럼 부과방식(Pay-As-You-Go)으로 전환된다. 부과방식에서는 은퇴세대의 연금 수령액을 매년 근로세대가 납부하는 보험료로 조달한다.

김용하 교수에 따르면 현행 국민연금제도를 유지할 경우, 2065년에 근로세대가 부담해야 하는 보험료율은 소득의 30%를 상회한다. 현재 보험

표 2-1 국민연금 가입자 추이

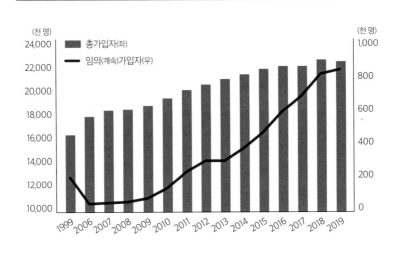

자료: 2019 국민연금 통계연보

료율 9%의 3배가 넘는데, 이는 지속 가능한 수준을 넘어서고 있다. 가급적 빨리 국민연금제도의 저부담·고급여 구조를 개편해야 하는 이유이다.

국민연금제도가 개편되더라도 과거에 그랬던 것처럼 변경된 내용은 장기에 걸쳐 점진적으로 적용될 가능성이 높다. 정치적 위험이 너무 커서 국가가 파산 위험에 직면하지 않는 한 소급적용하는 것이 쉽지 않기 때문이다. 장수로 인한 인구 고령화로 선진국처럼 노령연금 수령 나이가 65세 이후로 늦춰질 가능성은 있다.

노령연금, 매년 물가상승률만큼 늘어난 금액으로 평생 수령

노령연금은 국민연금보험료를 납부하고 수령하는 연금으로 기본연금액과 부양가족연금액으로 구성된다. 기본연금액은 가입자의 소득수준과 가입기간에 비례해 가입자 본인에게 지급되는 연금이다. 부양가족연금은 60세 이상 배우자 및 부모에게는 1인당 연 26만 원, 19세 미만 자녀에게는 1인당 연 17만 원을 지급하는 연금이다(2020년 기준). 부양가족연금은 크지 않기 때문에 이 책에서는 기본연금액을 노령연금과 동일시한다.

노령연금은 10년 이상 국민연금에 가입하면 수령할 수 있다. 1969년 이후 출생자들은 65세부터 수령하고, 1968년 이전 출생자는 출생연도 기준 4년 구간마다 연금개시연령이 한 살씩 낮아진다. 정리하면 1965~1968년 출생자는 64세부터, 1961~1964년 출생자는 63세부터 수령한다.

노령연금은 매년 물가상승률만큼 증가하기 때문에 실질 가치가 보장되는 장점이 있다. 가입자가 사망하는 경우 배우자 또는 25세 미만의 자녀에게 연금수령액의 60%(가입기간 10년 이상 20년 미만 시 50%)가 유족연금으로 지급된다. 고령화가 심화되고 제로금리 시대가 도래하면서 보험사들이 종신연금 상품을 더 이상 판매하지 않거나, 판매하더라도 실질수익률은 매우 낮은 상황이다. 이에 따라 국민연금은 100세 시대에 노후를 든든하게 할 노후자금의 가장 중요한 재원으로 자리매김할 것으로 보인다.

참고로 노령연금과 비슷한 용어로 기초노령연금이 있다. 이는 소득과 재산이 적어 생활형편이 어려운 노년층에게 생활비를 지급하는 보조금 제도로, 2014년 기초연금이 도입되면서 폐지되었다. 따라서 기초노령연금은 기초연금으로 보면 되고, 국민연금과 관계가 없다.

02

노령연금 예상수령액을
확인해보자

나의 노령연금 예상수령액은?

국민연금 가입자들은 국민연금관리공단의 '내 곁에 국민연금' 앱이나 국민연금관리공단 홈페이지(www.nps.or.kr)에서 노령연금 수령액을 조회할 수 있다. 국민연금관리공단 홈페이지 상단 '공단사이트 열기'를 눌러서 중간에 '내 연금(노후준비)'를 클릭하자. 로그인 후 오른쪽에 있는 '주요 서비스-국민연금예상액' 메뉴를 클릭하면 〈표 2-2〉와 같이 조회된다. 왼쪽에 있는 '국민연금 알아보기' 항목을 클릭하면 '노령연금조회' 메뉴가 나온다. 가입자(이하 직장인 A씨라고 한다)의 노령연금 예상수령액이 〈표 2-3〉과 같이 조회된다.

〈표 2-3〉 화면의 두 번째 칸에 표시된 현재가치 예상연금액을 보자.

표 2-2 국민연금 노령연금 수령액 조회

자료: 국민연금관리공단 홈페이지

표 2-3 국민연금 예상연금액 조회

자료: 국민연금관리공단 홈페이지

이 부분은 의무가입기간인 60세까지 보험료를 납입한다고 가정할 경우 65세에 수령할 것으로 예상되는 연금액이다. 동 연금은 65세에 수령하지만 조회시점인 2020년의 현재가치로 환산된 금액이기 때문에 현재가치 예상연금액이라고 한다.

미래가치 예상연금액은 65세가 될 때 실제로 수령하는 금액이다. 〈표 2-3〉 화면은 가입자 개인의 소득과 전체가입자의 평균소득증가율에 대한 3가지 시나리오별로 미래가치 예상연금액을 보여준다. 마지막 행은 전체가입자의 평균소득 증가율과 본인의 소득증가율을 입력해 계산된 예상연금액이다.

〈표 2-3〉을 보면 현재 소득 수준 기준으로 보험료를 60세까지 납입하면 65세가 되는 2059년 6월에 현재가치로 월 116.5만 원을 수령한다. 미래가치로는 월 392.8만 원이다. 미래가치 예상연금액의 단점은 가입자가 65세가 되는 시점에 수령하는 금액이기 때문에 물가상승률의 크기에 따라 금액이 달라진다는 점이다. 따라서 현재 생활비 기준으로 노령연금액이 어느 정도 되는지 파악하기 어렵다.

국민연금의 소득대체율은 40%

소득대체율은 근로기간 중 소득 대비 은퇴 후 수령하는 연금소득의 비율로, 근로기간 동안의 생활 수준 대비 은퇴 후 생활 수준을 비교하는 지표이다. 국민연금 소득대체율 산식은 다음과 같다.

$$국민연금 소득대체율 = \frac{노령연금 월수령액}{가입기간 중 기준소득월액평균}$$

〈표 2-3〉에서 조회된 노령연금의 소득대체율을 계산해보자. 노령연

금 예상수령액은 116.5만 원, 가입기간 중 기준소득월액평균 405.3만 원
으로 소득대체율은 28.7%이다. 이것은 한마디로 노령연금을 통해 은퇴
하기 전 자신이 벌었던 평균소득 28.7%에 해당하는 생활비를 마련할 수
있다는 의미이다.

국민연금 도입 당시 소득대체율은 70%로 보험료는 적게 내고 연금수
령액은 높은 저부담·고급여로 설계되었다. 그 이후 국민연금 재정악화를
완화하기 위해 소득대체율이 계속 인하되었다. 2020년의 소득대체율은
44%이지만, 매년 0.5%포인트씩 단계적으로 인하되어 2028년 이후에는
40%에서 유지될 예정이다.

노령연금 산정방법과 예시

〈표 2-3〉에서 조회된 노령연금 예상수령액을 계산하는 산식은 다음에
나오는 것과 같다.

노령연금 월간 수령액(P) = 상수 × (A + B) × 0.05 × N ÷ 12

- 상수: 국민연금 소득대체율에 상응하는 값
- A값: 평균소득월액
- B값: 가입기간 중 소득평균액
- N: 본인의 국민연금 가입연수

상수는 소득대체율이 40%일 경우 1.2이다. 평균소득월액(A값)은 가입
자가 노령연금을 처음으로 수령하는 시점(65세)에서 계산된 전체가입자
평균소득월액의 과거 3년 평균이다. 가입기간 중 소득평균액(B값)은 가입
자의 기준소득월액을 평균한 값이다.

표 2-4 **월소득과 기준소득월액의 관계**

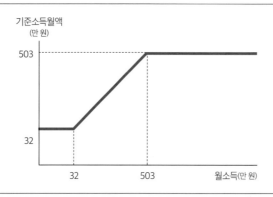

기준소득월액은 보험료를 계산하는 기준소득으로 가입자의 월소득액에 하한액과 상한액이 설정된 값이다. 2020년 7월 기준 하한액과 상한액은 각각 32만 원과 503만 원이다. 월소득과 기준소득월액과의 관계는 〈표 2-4〉와 같다. 상한액과 하한액은 전체가입자의 평균소득을 반영해 매년 조정된다.

노령연금 예상액을 계산해보자. 2020년에 35세인 직장인 A씨는 30세인 2015년에 국민연금에 가입했고, 법정퇴직연령인 60세에 은퇴할 예정이다. A씨의 2015년 총급여는 월 300만 원이었고 매년 3%씩 증가할 전망이다. 국민연금 전체가입자의 평균소득도 매년 3%씩 증가하고 물가상승률은 연 1%로 가정한다. 65세가 되는 2050년에 A씨가 수령할 것으로 예상되는 노령연금액은 얼마일까?

A씨의 국민연금 스케줄을 정리하면 〈표 2-5〉와 같다. A씨의 국민연금 가입연수는 30년이고 노령연금 산식의 상수는 1.2(소득대체율 40% 가정)로 주어진 값이다. 그러므로 A값(전체가입자 평균소득월액의 과거 3년 평균)과 B값(A씨

표 2-5 A씨의 국민연금 스케줄

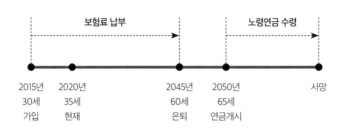

<table>
<tr><td></td><td colspan="2">보험료 납부</td><td></td><td colspan="2">노령연금 수령</td></tr>
</table>

2015년	2020년	2045년	2050년	사망
30세	35세	60세	65세	
가입	현재	은퇴	연금개시	

의 기준소득월액평균)을 계산하면 노령연금 예상수령액을 계산할 수 있다.

A값 계산

A값은 연금수령이 개시되는 2050년 직전 3개 연도(2047, 2048, 2049년 금액)의 전체가입자 평균소득이다. 보건복지부가 2020년에 고시하는 전체가입자 평균소득은 247만 원(2019년 금액)이기 때문에 소득증가율 3%를 사용하여 3개 연도의 전체가입자 평균소득을 계산하면, 〈표 2-6〉 마지막 줄의 값과 같다.

표 2-6 국민연금 전체가입자의 평균소득월액 추정

	2048년	2049년	2050년
평균소득 증가율	3%	3%	3%
2020년 이후 연수	28	29	30
전체가입자의 평균소득	565만 원	582만 원	600만 원

표 2-7 국민연금 전체가입자의 평균소득월액

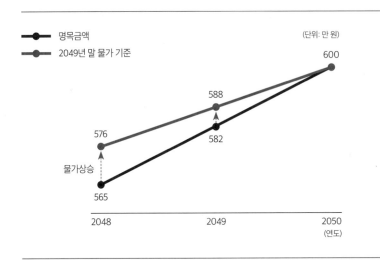

〈표 2-7〉의 빨간색 선은 전체가입자의 평균소득을 2049년 말(2050년 초) 물가 기준으로 환산한 금액을 보여준다. 연간 물가상승률이 1%이기 때문에 2048년의 565만 원은 2년 후인 2049년 말(2050년 초) 물가 기준으로 576만 원, 2049년의 582만 원은 2049년 말(2050년 초)의 물가 기준으로 588만 원이다. 2048년 576만 원, 2049년 588만 원, 2050년 600만 원을 평균한 588만 원이 2050년의 A값이다.

B값 계산

B값은 가입자 개인의 국민연금 가입기간 중 기준소득월액평균이다. 2015년에 국민연금에 가입한 A씨의 기준소득월액 추이를 〈표 2-8〉의 검은색 선으로 표시하였다. 연간물가상승률 1%를 반영하여 노령연금의 수급개시 직전연도인 2049년 말(2050년 초) 물가 수준으로 환산한 기준소

표 2-8 A씨의 기준소득월액평균(B값)

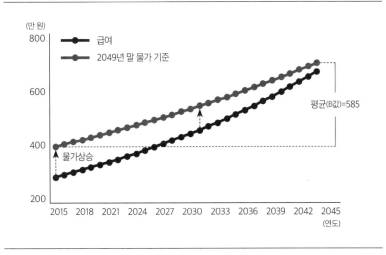

득월액은 빨간색 선으로 표시되는데, 이 값들을 평균한 585만 원이 가입자의 B값이다.

노령연금 예상수령액 계산 사례

앞에서 직장인 A씨의 노령연금 산정에 필요한 A값, B값, 가입기간을 〈표 2-9〉에 정리했다. 이 값들을 예상노령연금 산식에 대입해 계산한 월 176만 원이 A씨가 65세에 처음으로 수령하는 노령연금 예상액이다.

표 2-9 A씨의 국민연금 노령연금 예상수령액 계산

상수	A값	B값	가입연수	연금예상액/월
1.2	588	585	30	176만 원

노령연금 예상수령액을 계산하기 위해 사용한 A값과 B값은 노령연금 수급을 개시하는 시점인 2050년 초(2049년 말)의 물가 수준으로 표시된 금액이다. 즉 A씨는 지금부터 30년 후인 2050년에 매월 176만 원을 노령연금으로 수령한다. 이를 연간 물가상승률 1%를 사용해 현재시점인 2020년의 물가 수준으로 환산하면 131만 원이 된다.

앞에서 계산한 노령연금 수령액은 향후 소득증가율과 물가상승률에 대한 일정한 가정을 기초로 산정한 것으로 실제수령액과는 차이가 있다. 또한 계산에 사용한 소득증가율과 물가상승률은 국민연금관리공단의 가정과 다르기 때문에, 국민연금관리공단에서 조회하는 노령연금 예상수령액과도 차이가 있다.

시나리오별 예상수령액 알아보기

국민연금관리공단은 가입기간이나 가입자의 기준소득월액을 증가시킬 때 노령연금이 얼마나 증가할지 알아볼 수 있는 서비스를 제공한다. 국민연금 홈페이지 상단의 '공단사이트 열기'를 열어 '내 연금(노후준비)'을 누르고, 오른쪽에 있는 주요 서비스 중 '국민연금 예상액'을 누르자. 그러면 가운데에 '상세연금조회' 메뉴가 보일 것이다. 이것을 클릭하면 〈표 2-10〉과 같이 나온다.

〈표 2-10〉 화면 하단 '향후 소득 및 가입기간 추가' 항목에서 첫 번째 줄은 가입자 본인의 국민연금 의무가입기간이 표시된다. 여기에 동 기간 중 보험료를 납입할 때 기준이 되는 소득월액을 입력한다. 소득월액은 현재부터 60세까지 물가상승이 없다고 가정하여 산정된 월소득금액이다. 입력하는 소득월액은 앞에서 설명한 기준소득월액의 하한액(32만 원)과 상한액(503만 원) 이내의 값이다.

표 2-10 국민연금의 상세연금조회

· 지급희망연령 선택

고객님의 연금지급개시 연령은 만 65세입니다. 조기노령연금이나 연기연금 수령을 희망하시면 신청연령의 연월을 선택하십시오.
선택하신 연월의 다음 달부터 연금이 지급됩니다.
(조기노령연금은 감액지급, 연기연금은 증액)

가입기간 종료일자	2054년 05월 06일
⦿ 노령연금	2059년 06월 부터 (만 65세)
○ 초기노령연금 [?]	2059 [▾] 6 [▾] 65 세
○ 연기연금 [?]	2059 [▾] 5 [▾] ~ 2059 [▾] 6 [▾] 1 개월 연기비율 100 [▾] %
	※ 법정 지급개시연령부터 5년 이내에 1회에 한하여 연기신청 가능하며 2015.7.29. 이후 신청자는 부분연기(50,60,70,80,90,100%)가능

· 향후 소득 및 가입기간 추가   ▸ 예상연금월액표 보기

가입기간	소득월액
2020 년 07 월 ~ 2054 년 05 월	4,860,000 원
2054 년 06 월 ~ 2059 년 05 월	1,120,000 원

표 2-11 국민연금의 상세연금조회 결과

STEP01	STEP02	STEP03
조건설정 및 소득입력	입력내용 확인	결과 및 비교조회

· 조회결과

구분		수정전 현재가치	수정후 현재가치
예상연금액	세전	매월 1,165,150원 (연 13,981,800원)	매월 1,389,620원 (연 16,675,440원)
	세후	매월 1,137,570원 (연 13,650,840원)	매월 1,348,980원 (연 16,187,760원)
연금수급개시연령		2059 년 06 월 (만 65세)	2059 년 06 월 (만 65세)

· 연금계산내역 (고객님의 예상연금액 연금계산내역입니다.)

총 가입개월	484개월	총 납부보험료	189,774,900 원
지급률	100.00000 %	연령별 지급률	100.00000 %
A값 [?]	2,438,679 원	B값 [?]	4,357,415 원
기본연금액	16,675,493 원	부양가족연금액(연간)	0 원

· 1단계 조건 설정시 부양가족연금대상을 선택하신 경우, 조회결과의 수정 후 예상연금액에 부양가족연금액이 포함됩니다.
· 부양가족연금액은 "수급권 취득 당시를 기준으로 하여" 실제로 부양가족연금 대상자로 인정된 경우에 연금액에 포함되어 지급됩니다.

> 이전

자료: 국민연금관리공단 홈페이지

기간을 세분화하여 소득금액을 입력할 수도 있다. 예를 들어 의무가입기간이 종료된 60세 이후에도 임의계속가입자로 국민연금에 가입하고 싶은 경우, 하단의 '입력추가' 버튼을 클릭하면 두 번째 줄이 생긴다. 첫 줄의 기간과 겹치지 않게 입력한 후 해당 기간 동안의 소득월액을 입력한 후 다음 버튼을 클릭하면 〈표 2-11〉 화면이 조회된다.

〈표 2-11〉에서 보는 바와 같이 향후 60세까지 월소득 486만 원(2020년 물가 기준)에 해당하는 보험료를 납부하고, 60세 이후 연금을 수령하는 65세까지 매월 112만 원에 해당하는 보험료를 납부한다고 하자. 그러면 원래 예상연금액인 116.5만 원보다 22.5만 원 많은 139만 원의 연금을 수령하게 된다.

국민연금 소득대체율, 소득 수준에 따라 다르다

국민연금이 목표로 하는 소득대체율 40%는 국민연금 전체가입자의 평균소득과 동일한 소득이 있는 가입자가 40년 동안 소득 활동에 종사할 경우 달성할 수 있는 비율이다. 노령연금 산식에서 B값(가입자 평균소득)이 A값(전체가입자의 평균소득)과 동일한 경우, 노령연금액은 $1.2 \times (B+B) \times 0.5 \times 40 \div 12 = 4.8B \div 12 = 0.4B$와 같다. B값은 가입자의 평균소득이므로 이 가입자는 자신의 평균소득의 40% 수준의 노령연금을 수령한다.

소득 수준이 전체가입자의 평균소득보다 높은 경우, 동일하게 40년을 근무했더라도 소득대체율은 40%보다 낮다. 반면에 평균소득보다 낮은 경우에는 40%보다 높다. 〈표 2-12〉는 기준소득월액이 A값의 50%, 100%, 150%인 경우 노령연금 예상수령액을 계산한 것이다. A값 436만 원은 앞에서 도출한 2050년의 A값을 연간 물가상승률 1%를 사용해 2020년 물가 수준으로 환산한 금액이다. 따라서 노령연금 수령액도

표 2-12 소득 수준별 소득대체율

(단위: 만 원)

기준소득월액평균(B)		예상 노령연금 월수령액(P)			소득대체율(P÷B, %)		
금액	A값 대비	20년 가입	30년 가입	40년 가입	20년 가입	30년 가입	40년 가입
218	50%	65	98	131	30%	45%	60%
436	100%	87	131	175	20%	30%	40%
657	150%	109	164	218	17%	25%	33%

A값(만 원)=436

2020년 물가 수준으로 환산된 금액이다.

기준소득월액평균(B값)이 A값과 동일한 436만 원인 가입자가 국민연금에 20년 동안 가입한 경우, 연금개시 시점인 2045년의 예상노령연금과 소득대체율은 각각 87만 원과 20%이다. 가입기간이 40년으로 증가할 경우 노령연금은 월 175만 원, 소득대체율은 40%로 증가한다.

기준소득월액평균(B값)이 A값의 50%(195만 원)인 가입자와 150%(586만 원)인 가입자가 국민연금에 40년 동안 가입할 경우, 소득대체율은 각각 60%와 33%이다. 가입자의 소득(B값)이 전체가입자 평균(A값)보다 낮은 가입자들은 그렇지 않은 가입자보다 노령연금액은 작지만 소득대체율이 높고, 반대로 전체가입자 평균소득보다 높은 가입자는 노령연금액은 많지만 소득대체율은 더 낮다.

소득대체율 40%에 해당하는 노령연금을 수령하기 위해서는 은퇴하기 전 40년 동안 소득활동에 종사해야 한다. 우리나라에서 40년 동안 일할 수 있는 사람이 얼마나 될까? 법정퇴직연령이 60세이기 때문에 21세부터 일을 시작해야 가입기간 40년을 채울 수 있지만, 21세이면 대부분 대학생이다.

25세 중반에 직장생활을 시작하더라도 법정퇴직연령인 60세까지 근무하여야 가입기간이 35년이다. 하지만 조기퇴직, 이직 등으로 인한 가입기간이 더 축소될 가능성이 있다. 실제로 30년 이상 국민연금에 가입한 사람들은 많지 않을 것이다. 국민연금 가입기간을 증가시키는 것이 노령연금 수령액을 증가시키는 가장 효과적인 방법이다. 따라서 보험료가 아깝다고 방치하지 말고 적극적으로 관리할 필요가 있다.

노령연금 수령액,
늘릴 수 있다

가입기간을 늘리면 증가하는 노령연금

의무가입기간이 끝난 60세 이상의 은퇴자들이 노령연금을 수령할 때까지 계속 보험료를 납부하는 이유는 간단하다. 가입기간을 늘려 노령연금을 더 받고 싶기 때문이다. 국민연금 가입 상태를 유지해 가입기간을 늘리면 노령연금은 얼마나 증가할까? 앞에서 설명한 월간 노령연금 예상수령액 공식에 12를 곱하여 연간 예상수령액으로 나타내면 다음과 같다(소득대체율 40% 가정).

$$연간\ 노령연금\ 예상수령액 = 0.12 \times \frac{1}{2}\ (A + B) \times N$$

$$= 0.12 \times 평균소득 \times 가입기간$$

국민연금 가입자가 의무가입기간이 끝난 이후에도 계속 보험료를 납부하면, 노령연금 산식에서 가입기간(N)과 가입자의 기준소득월액평균(B값)이 변동한다. 가입기간이 증가할 때 증가하는 노령연금 수령액은 다음 산식으로 계산할 수 있다.

$$\text{노령연금 연간 증가액} = 0.12 \times \frac{1}{2}(A + b) \times n$$

b는 추가가입기간 동안의 기준소득월액평균, n은 추가가입기간이다. 추가가입 여부에 상관없이 65세에 노령연금을 수령하기 때문에 A값은 동일하다. 따라서 임의계속가입자가 가입기간을 1년 증가시킬 때마다, 노령연금액은 추가가입기간 동안 자신의 기준소득월액(b)과 전체가입자 평균소득인 A값의 평균에 비례하여 증가한다.

무소득자라도 최소보험료로 국민연금에 가입하면 가성비가 높다

소득이 없는 전업 주부 등이 국민연금에 임의가입자로 가입하여 10년 이상 보험료를 납부하면 노령연금을 수령할 수 있다. 임의가입자는 본인의 소득이 없기 때문에 지역가입자의 중위소득(2020년 100만 원)을 기준으로 보험료를 납부한다. 가입자가 원하는 경우 전체가입자 평균소득월액(A값)의 9%까지 납부할 수 있다. 2020년 A값이 244만 원이어서 임의가입자가 납입할 수 있는 보험료는 2020년 기준으로 최소 9만 원에서 최대 22만 원이다.

보험료를 납입하는 것이 어렵더라도 최저금액으로 보험료를 납입하는 것이 좋다. 노령연금 산식에 따르면 노령연금은 전체가입자의 평균소득(A값)과 가입자의 기준소득(B값)의 평균, 그리고 가입기간에 비례하여 산정된다. 가입기간 중 소득평균(B값)이 낮을수록, 전체가입자 평균소득(A값)에 따른 가입자의 평균소득 증가효과가 커서 보험료의 가성비가 가장 높다.

임의가입자는 납입하는 총보험료가 동일하더라도 월보험료를 낮춰 가입기간을 증가시키는 것이 보험료의 가성비를 높이는 방법이다. 예를 들어 매월 20만 원씩 10년 동안 보험료를 납부하는 것보다, 매년 10만 원씩 20년 동안 보험료를 납부할 때 수령하는 노령연금이 더 많다.

실업크레딧, 출산크레딧, 군복무크레딧 꼼꼼히 챙기기

과거에는 국민연금에 가입하였으나 교육 또는 실업 때문에 소득이 없으면 국민연금보험료 납입유예를 신청할 수 있다. 나중에 국민연금 가입자 자격을 회복하여 1회 보험료를 납부한 후 과거 납입유예기간에 대한 보험료를 납부하면, 해당 기간 동안 국민연금에 가입한 것으로 인정된다.

2008년 이후 군에 입대하여 6개월 이상 병역의무를 이행한 경우 6개월의 가입기간을 추가로 인정해 주는 군복무크레딧제도가 있다. 2008년 이후 2~5명의 자녀를 출산(입양)한 경우, 12개월부터 최대 50개월까지 가입기간을 인정해주는 출산크레딧제도도 있다. 또한 가입자 또는 가입자였던 국민 중 18세 이상 60세 미만의 구직급여 수급자가 연금보험료 납부를 희망하는 경우, 보험료의 75%를 국가가 지원해주고 최대 1년까지 가입기간을 인정해주는 실업크레딧제도가 있다.

노령연금 수령 연기 시 연금수령액 연 7.5% 증가

연기연금제도를 활용하여 연금수령액을 증가시킬 수 있다. 연기연금제도는 65세에 노령연금 수급이 개시되지만, 1회에 한해 이를 최대 5년까지 연기할 수 있는 제도를 말한다. 1개월 연기할 때마다 0.6%(1년 7.2%)를

표 2-13 **퇴직가구의 노령연금 수령방법 선호도**

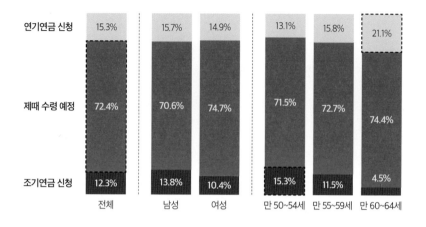

자료: 하나금융지주, 「2020 대한민국 퇴직자들이 사는 법」

증액하여 연금을 수령한다. 최대 5년까지 연장하여 70세부터 연금을 수령하면, 65세에 지급받기로 한 노령연금의 36%를 추가로 연금을 수령할 수 있다.

연기기간 동안 생활비를 조달할 수 있는 별도의 소득이나 재산이 있고 건강 상태가 양호하여 장수할 가능성이 높은 가입자는, 연기연금 신청으로 연금수령액을 증가시키는 것도 방법이다. 노령연금 수령을 연기하더라도 유족연금액 산정할 때 기준이 되는 연금액은 연기 후 증가한 연금액이 아닌, 65세에 정상적으로 연금을 개시했더라면 받았을 노령연금액(기본연금액)이다. 즉 노령연금 수령을 연기하는 것과 상관없이 유족연금은 일정하다.

하나금융지주가 2020년 현재 퇴직자들을 대상으로 한 설문조사 결과에 따르면, 평균적으로 월 94만 원의 노령연금을 수령할 것으로 조사되었다. 또한 노령연금을 연기연금으로 받고자 하는 가구의 비중은 15.3%로 비교적 낮고, 대다수인 72.4%는 제때에 노령연금을 수령할 계획인 것으로 나타났다.

3장

퇴직연금이
도대체 뭘까?

퇴직급여제도별로
퇴직급여는 다르다

퇴직금과 퇴직연금이 공존

퇴직연금의 시초는 군인들에게 연금을 지급한 기원전 1세기 로마제국으로 거슬러 올라간다. 당시 연금은 퇴역군인들에게 세금을 면제해주거나 정착지(주로 정복지)에서 가축 및 경작지를 불하하는 등 다양한 형태로 지급되었다. 현대적 의미의 퇴직연금제도는 18세기 초 영국에서 런던 세관 직원을 대상으로 도입되었다. 1857년에는 영국 국가 공무원들을 대상으로 직업연금(Occupational pension)이 도입되었다.

산업혁명 이후에는 민간부문에서도 퇴직연금제도가 본격적으로 도입되기 시작했다. 처음에는 평생 근로에 대한 보상 성격을 강조해, 충성도와 생산성이 높은 일부 노동자들을 대상으로 선별적으로 도입됐다. 당시에는 정년퇴직이라는 개념이 없었다. 그 당시 노동자들은 체력이 뒷받침 되는 한 계속 일할 수 있었기 때문에 고령 노동자들의 낮은 생산성은 기 업에게는 부담이었다. 대기업들이 전체 노동자들의 사기를 저하시키지 않으면서 일정 연령 이상 노동자들의 자발적 은퇴를 유도하기 위해, 블루 칼라 노동자들을 대상으로 퇴직연금제도가 도입되었다. 나중에는 은행 들이 대형화되면서 조직을 관리할 수 있는 우수 인재를 유치하고 유지하 기 위해, 화이트칼라 근로자들을 대상으로 퇴직연금제도를 도입했다.

제2차세계대전 이후에는 퇴직연금제도가 보편화되면서 은퇴 후 수령 하는 퇴직급여(Retirement benefits)가 중산층의 주요 노후소득원이 되었다. 기업들이 퇴직연금제도를 도입할 때 벤치마킹 대상이었던 1857년 영국 공무원연금제도는 60세에 정년퇴직하는 직원들에게 근무기간 1년당 월 급의 1.67%에 해당하는 퇴직급여를 평생 동안 지급했다. 40년 동안 근 무한 경우 월급의 2/3에 해당하는 금액을 연금으로 지급받을 수 있었다. 퇴직연금만으로도 안정적 노후생활을 할 수 있게 되면서 정년은퇴 문화 가 확산되었다.

우리나라에서는 2005년 근로자퇴직급여보장법이 제정되면서 퇴직연 금제도가 도입되었다. 그 이전에는 1961년 근로기준법이 개정되면서 도입 된 퇴직금제도가 있었다. 퇴직금제도와 비교해 퇴직연금제도의 가장 큰 장점은 사용자가 근로자의 퇴직급여를 외부 기관인 퇴직연금사업자에게 의무적으로 예치해야 하기 때문에, 근로자의 퇴직급여 수급권이 보장된 다는 점이다.

퇴직연금제도가 도입되기 전인 외환위기 당시, 기업들이 파산하면 근 로자들이 퇴직금을 받지 못한 경우가 많았다. 자금난으로 파산 위기에 몰린 기업들이 사내에 적립한 퇴직금을 전용했기 때문이다. 퇴직연금제도가 도입된 지 10년이 넘은 2016년에도 임금체불액의 약 40%가 퇴직급여인 것으로 나타났다. 근로자의 퇴직급여 수급권을 보장하는 제도가 아직 미흡한 상황이다.

우리나라 퇴직급여제도는 확정급여형(DB) 퇴직연금제도, 확정기여형(DC) 퇴직연금제도, 그리고 퇴직금제도가 있다. 확정급여형(DB, Defined Benefit) 퇴직연금제도는 근로자가 퇴직 시 수령하는 퇴직급여(Benefit) 산식이 사전에 정해져(Defined) 있는 퇴직연금제도이다. 반면에 확정기여형(DC, Defined Contribution) 퇴직연금제도는 사용자(기업)가 납입해야 하는 사용자부담금(Contribution) 수준이 사전에 정해져(Defined) 있는 퇴직연금제도를 말한다.

표 3-1 우리나라 퇴직급여제도의 종류

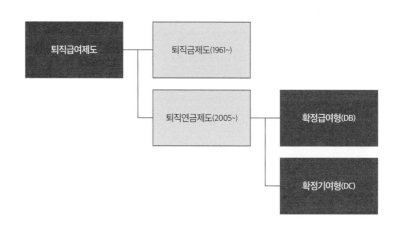

DB퇴직연금제도

DB제도의 퇴직급여 = 퇴직금

DB퇴직연금제도를 운영하는 기업에서 퇴사할 때 수령하는 퇴직급여는 퇴직금과 동일하다. 즉 근로자가 퇴직하는 경우, 기업은 계속근로기간 1년에 대해 30일분 이상의 평균임금을 지급해야 한다. 퇴직급여 산식은 다음과 같다.

$$\text{퇴직급여} = (\text{3개월 평균임금}) \times \text{30일} \times (\text{총근속일수} \div 365)$$

DB퇴직연금제도를 운영하는 기업에서 근무하던 A씨가 30년(총일수 7,305일) 근속 후 퇴사를 하게 되었다. 퇴사 직전 3개월 평균임금이 1일당 30만 원이었다면, 퇴직급여액은 얼마일까? 앞의 산식에 대입해 계산하면 다음과 같다.

$$\text{퇴직급여} = \text{30만 원} \times \text{30일} \times (7,305 \div 365)$$
$$= \text{1억 8,012만 원}$$

DB퇴직연금제도를 운영하고 있는 기업은 근로자퇴직급여보장법에서 정한 최소적립금 이상을 퇴직연금사업자에 적립금으로 예치한 후 이를 직접 운용한다. 기업은 근로자가 퇴사하게 되면 DB퇴직연금적립금에서 퇴직급여를 지급한다. 적립금 운용손실이 발생하더라도 기업이 이를 부담하고 근로자의 퇴직급여는 영향을 받지 않는다. 반대로 운용수익률이 매우 높아 DB퇴직연금적립금이 근로자의 퇴직급여액을 초과하더라도,

초과액은 기업의 몫이다.

3개월 평균임금은 월급과 상여금 등을 포함

퇴직급여 산정 시 적용되는 임금은 사용자가 근로의 대가로 근로자에게 임금, 봉급, 그 밖에 어떠한 명칭으로든지 지급하는 일체의 금품이다. 기본급, 연장·야간·휴일수당을 포함한 각종 수당 및 정기상여금 등이 포함된다. 3개월 평균임금은 퇴직일 이전 3개월간 지급받은 기본급 및 수당뿐만 아니라, 퇴직일 이전 12개월간 수령한 정기상여금 및 연차수당 등의 3개월 해당액을 포함한다. 3개월 평균임금은 다음과 같이 산정한다.

- 3개월 임금총액 = 퇴직일 이전 3개월간 지급받은 기본급 및 수당

  + 퇴직일 이전 12개월간 지급받은 정기상여금 및 연차수당 등 × (3 ÷ 12)
- 3개월 평균임금 = 3개월 임금총액 ÷ 3개월 총일수

3개월 평균임금을 계산해보자. 직장인 A씨가 정기적으로 수령하는 월급(기본급 및 수당)은 700만 원이고, 최근 12개월 동안 근무해 수령한 상여금 및 연차수당 합이 2,190만 원이다. 퇴사 직전 3개월(총일수 91일) 동안 업무량이 많아서 초과근무수당 84만 원을 수령했다. A씨의 3개월 임금총액은 3개월 월급 2,100만 원, 상여금 및 연차수당 3개월 금액 547.5만 원(=2,190만 원 × 3 ÷ 12), 그리고 초과근무수당 84만 원을 합한 2,731.5만 원이 된다. 이를 퇴사 직전 3개월 총일수인 91일로 나눈 30만 원이 A씨의 3개월 평균임금이다.

DC퇴직연금제도

기업의 퇴직급여 부담금은 근속기간 1년마다 1개월 임금

DC퇴직연금제도에서는 사용자(기업)가 매년 1회 이상에 걸쳐 사용자부담금을 근로자의 DC퇴직연금계좌에 납입한다. 근로자퇴직급여보장법에서 규정하는 사용자부담금 수준은 연간 임금총액 12분의 1 이상에 해당하는 금액이다.

사용자부담금 = 연간 임금총액 12분의 1 이상에 해당하는 금액

연간 임금총액은 퇴직금을 산정할 때와 동일한 방법으로 계산한다. 근로자퇴직급여보장법에서는 사용자부담금을 연간 임금총액의 12분의 1 이상으로 하고 있지만, DC퇴직연금제도를 도입한 대부분 기업은 연간 임금총액의 12분의 1에 해당하는 금액으로 정하고 있다. 예를 들어 작년의 임금총액이 6천만 원인 근로자의 올해 사용자부담금은 6천만 원을 12로 나눈 500만 원이 된다.

DC제도의 퇴직급여 = 사용자부담금 + 운용수익

DC퇴직연금제도에서는 기업이 사용자부담금을 근로자명의의 퇴직연금계좌에 납입하면, 근로자가 직접 투자할 상품을 선택해 운용한다. 근로자 퇴직급여는 퇴사할 때까지 기업이 납입한 사용자부담금과 동 부담금의 운용수익을 합한 금액으로 결정된다.

DC퇴직급여액 = 사용자부담금 + 운용수익

DC퇴직연금제도를 채택하고 있는 기업에서 20년 동안 근무한 근로자가 있다. 해당 근로자의 퇴사 전까지 기업이 납입한 사용자부담금 총액은 1억 원이고, 근로자가 이를 운용해 얻은 수익이 5천만 원이다. 그렇다면 1억 5천만 원이 동 근로자의 퇴직급여액(퇴직소득)이 되고, 이를 기준으로 퇴직소득세가 산정된다.

적립금 운용손실이 발생하여 퇴직급여액은 기업이 납입한 사용자부담금보다 적어도, 이를 기업이 보전할 책임은 없다. 기업은 매년 한 달치 월급에 해당하는 사용자부담금을 개별 근로자명의로 개설된 퇴직연금계좌에 납입하면, 더 이상 추가부담은 없기 때문이다.

기업이 부담금을 기한 내 납입하지 않으면 지연이자 지급

DC퇴직연금제도에서는 매년 1회 이상에 걸쳐 사용자부담금을 납입한다. 기업이 사용자부담금을 제때 납입하지 않을 경우 지연이자를 납입해야 한다. 지연이자율은 퇴직연금규약에서 정한 부담금의 최종 납입일(규약에서 정한 납입 연장 기일) 다음 날부터 계산해 가입자의 퇴직 사유가 발생한 날 이후 14일 이내에는 연 10%, 그 이후부터는 연 20%이다.

반면에 DB퇴직연금제도에서는 매년 부담금을 납입하지 않아도 지연이자가 발생하지 않는다. 그러나 퇴직금제도와 동일하게 근로자의 퇴직 사유가 발생한 날 이후 14일 이내에 퇴직급여를 지급하지 않으면, 퇴직급여와 함께 지연이자를 근로자에게 지급해야 한다.

02

근로자에게 유리한
퇴직급여제도가 있다

제도도입 시 근로자대표 동의는 필수

근로자퇴직급여보장법에서는 사용자(기업)가 퇴직금제도, DB퇴직연금제도 또는 DC퇴직연금제도 중 하나 이상을 설정하도록 되어 있다. 기업이 퇴직급여제도를 설정할 때는 근로자대표의 동의를 받아야 한다. 근로자대표란 근로자의 과반수가 가입한 노동조합이 있는 경우에는 그 노동조합, 근로자의 과반수가 가입한 노동조합이 없는 경우에는 근로자 과반수를 의미한다.

기업은 근로자대표의 동의를 받아 퇴직연금규약을 작성하고, 고용노동부장관에게 보고하는 과정을 거쳐 퇴직급여제도를 설정한다. 퇴직연금규약은 퇴직연금제도 설정 및 운영에 관한 모든 사항을 담고 있기 때문에 근로자들도 반드시 내용을 숙지해야 한다. 설정된 퇴직급여제도를 다른 종류의 퇴직급여제도로 변경하려는 경우(예를 들어 퇴직금제도를 DB 또는 DC 퇴직연금제도로 변경)와 근로자에게 불리한 변경인 경우에는 근로자대표의 동의를 받아야 한다. 그렇지 않은 변경인 경우에는 근로자대표와 협의하면 된다.

한 사업장에서 퇴직금제도, DB퇴직연금제도, DC퇴직연금제도를 모두 설정할 수 있다. 이런 경우에는 근로자들이 자신이 선호하는 제도를 선택할 수 있도록 근로자퇴직급여보장법에서 보장하고 있다. DB퇴직연금제도와 DC퇴직연금제도를 일정 비율(DB형 60% 및 DC형 40%인 경우)로 혼합해서 설정할 수도 있는데, 이를 혼합형 퇴직연금제도라고 한다. 이때 혼합 비율은 퇴직연금규약에 명시해야 하고, 모든 근로자에게 동일하게 적용되어야 한다.

기업은 퇴직급여 및 부담금 산정방법 등에서 근로자별로 차등할 수 없도록 되어 있다. 하지만 정규직에 대해서는 퇴직금제도나 DB퇴직연금제도 중 선택할 수 있도록 하고, 비정규직에 대해서는 DC퇴직연금제도를 설정하더라도 근로자별로 차등하는 것이 아니다. 또한 제도별로 사용자부담률이 다르더라도(예를 들어 퇴직금제도 부담률 8.3%, DC퇴직연금제도 부담률 10%) 근로자가 퇴직금제도와 DC퇴직연금제도 중 자유롭게 선택할 수 있다면, 이는 근로자별 차등 적용이 아니라는 것이 고용노동부의 유권해석이다.

DB퇴직연금제도가 퇴직금제도보다 유리

DB퇴직연금제도의 퇴직급여액은 퇴직금과 동일하다. 하지만 기업이 파산하는 경우에도 DB제도의 퇴직연금적립금은 퇴직연금사업자인 외부 금융기관에 예치되어 있기 때문에 안전하다. 하지만 현재의 DB제도에도 허점은 있다. 감사원의 2017년 조사에 따르면 DB퇴직연금제도를 운영하고 있는 기업의 약 50% 정도가 법에서 정한 최소적립금보다 낮은 금액을 퇴직연금사업자에게 예치하고 있다. 기업이 최소적립금 수준을 맞추지 못하더라도, 현행 근로자퇴직급여보장법에서 제재할 수 있는 규정이 없기 때문인 것으로 보인다. 이 경우 기업이 파산한다면 근로자들이 퇴직급여의 일부를 수령하지 못할 수도 있다.

DC운용수익률이 임금상승률보다 높으면 DB보다 유리

DC퇴직연금제도와 DB퇴직연금제도 모두 퇴직급여가 외부 금융기관에 예치되는 점은 동일하지만, 임금상승률과 DC적립금의 운용수익률에 따라 퇴직급여 차이가 발생한다. DB퇴직연금제도의 퇴직급여는 근속연수에 퇴사 직전 평균임금을 곱해 산출하지만, DC퇴직연금제도의 퇴직급여는 기업이 매년 납입하는 사용자부담금과 근로자가 이를 운용해 얻은 수익을 합한 금액이다. 다시 말해 DB퇴직연금제도의 퇴직연금적립금은 매년 임금증가율만큼 증가하고, DC퇴직연금제도의 퇴직연금적립금은 매년 운용수익률만큼 증가한다.

사례를 보자. 직장인 A씨는 30세(초)에 취직해 법정 정년인 60세에 정년퇴직을 계획하고 있다. 입사할 때 급여총액이 월 300만 원이고 매년 3%씩 상승한다고 가정하여, A씨의 연령별 월급여액은 〈표 3-2〉와 같다. A씨의 정년퇴직 직전인 59세 월급여총액은 707만 원이다. A씨가 근무하는 회사가 DB퇴직연금제도를 운영하고 있다면, A씨의 퇴직급여는 퇴직 시점 기준 과거 3개월 평균임금인 707만 원에 근속연수 30년을 곱한 2억 1,200만 원이다.

표 3-2 A씨의 연령별 임금 추이

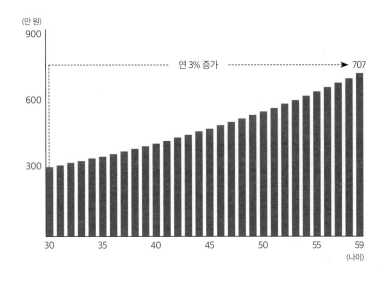

A씨가 근무하는 회사가 DC퇴직연금제도를 운영하고 있다면, 기업은 매년 연간 임금총액의 12분의 1에 해당하는 사용자부담금을 근로자의 퇴직연금계좌에 납입한다. 근로자의 전체 근로기간 동안 기업이 납입하는 사용자부담금 추이는 〈표 3-2〉의 빨간색 막대와 같다. 이 막대그래프의 크기를 모두 합한 1억 4,273만 원이 기업이 A씨의 퇴직연금계좌에 납입하는 사용자부담금 총액이다. 31세부터 사용자부담금이 표시된 이유는 현행 근로자퇴직급여보장법에서 퇴직급여는 근속기간 1년이 경과할 때마다 발생하기 때문이다.

DB퇴직연금제도의 퇴직급여액은 근속연수 30년에 퇴사 직전 3개월 평균 급여총액인 707만을 곱한 금액이다. 이를 〈표 3-3〉에 표시하면 회

표 3-3 DC퇴직연금제도의 사용자부담금 추이

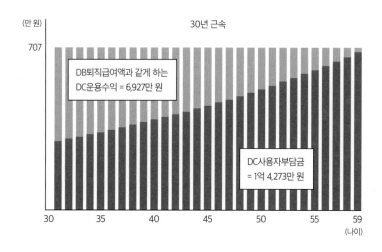

색과 빨간색 막대그래프를 합한 금액과 같다. 단순히 기업이 근로자에게 지급하는 금액을 기준으로 비교한다면 DB퇴직연금제도에서는 2억 1,200만 원이고, DC퇴직연금제도에서는 1억 4,273만 원으로 DB퇴직연금제도가 6,927만 원이 더 많다.

DC제도의 퇴직급여가 DB제도의 퇴직급여와 동일하려면, 〈표 3-3〉의 회색 막대그래프 영역에 해당하는 6,927만 원을 A씨가 직접 적립금을 운용해 수익으로 달성해야 한다. 이를 달성하는 방법 중 하나는 매년 DC계좌에서 임금상승률과 같은 3%의 투자수익률을 달성하는 것이다. 이를 달성하지 못한다면 DC제도의 퇴직급여액은 DB제도의 퇴직급여액보다 적게 된다.

앞의 사례에서 보더라도 기업이 근로자의 퇴직급여를 지급하는데 직접 부담하는 금액은 DB제도에서는 2억 1천만 원이지만, DC제도에서는 1억 4천만 원으로 약 7천만 원 정도 적다. 기업이 DC제도에서 사용자부담금을 매년 납입하고 DB제도에서는 퇴사 시 지급하기 때문에 지급시기에 차이는 있다. 그래도 DC제도를 운용하는 기업의 퇴직급여부담이 적은 것은 사실이다.

통계청 조사에 따르면 2018년 기준 과거 10년 정규근로자의 임금증가율은 연 3.2%이지만, 최근 DC퇴직연금의 수익률은 1%대에 머물고 있다. 다른 조건이 동일하다면 DC제도를 운영하는 기업에 근무하는 근로자들의 퇴직급여가, DB제도를 운용하는 기업의 근로자들보다 더 적다.

퇴직연금계좌의 평균 수익률이 1%대를 기록하는 가장 큰 이유는 적립금 대부분을 은행예금 등 원리금보장상품에 투자하고 있기 때문이다. 향후에는 금리가 더 낮아지면서 원리금보장상품에 적립금을 예치하면 수익률은 0%대에 머무를 가능성이 높다. 펀드 등 실적배당상품에 관심을 갖고 투자하지 않으면 퇴직연금적립금을 불릴 수 있는 가능성이 매우 낮아질 것이다.

투자경험이 별로 없는 근로자들에게 주가는 장기적으로 상승할 것이니 걱정하지 말고 펀드에 장기투자하라고 하는 것은 무책임한 조언이다. 금융시장의 변동성이 너무 높아 어느 순간 큰 폭의 투자손실이 발생할 수도 있다. 그리고 이를 감당할 수 있는 근로자들은 그리 많지 않다.

기업의 DC퇴직연금제도 우수 사례: 이랜드와 코스트코

퇴직급여는 근로자가 제공한 근로에 대한 보상이 이연되어 지급되는 것이지만, 어떤 퇴직급여제도를 채택하고 있느냐에 따라 지급금액의 차이가 발생한다. DC제도 퇴직급여가 DB제도 퇴직급여와 동일하기 위해서는 근로자가 본인의 계좌에 납입된 사용자부담금을 잘 운용해 최소한 임금상승률 수준의 수익률을 달성해야 한다.

대부분의 근로자들은 자신의 퇴직연금을 투자할 수 있는 경험이나 역량이 부족하고, 따로 투자공부할 시간도 별로 없다. 기업이 가입자 교육을 하도록 근로자퇴직급여보장법에 명시되어 있기는 하다. 그러나 퇴직연금사업자에게 무료로 위탁하고 있기 때문에 교육의 품질은 매우 낮아, 가입자들이 적립금을 운용하는 데 큰 도움은 되지 않는 상황이다.

근로자들이 DC퇴직연금적립금을 운용하도록 투자교육과 투자정보를 제공하는 것은 기업의 역할이다. 이 경우 이렇게 하면 근로자들이 업무에 더 집중할 수 있고 기업 생산성도 높아져 일석이조의 효과가 있다. 실제로 DC퇴직연금제도를 운영하고 있는 일부 기업들이 복리후생 차원에서 직원들의 DC계좌 적립금 운용을 지원하는 것은 매우 좋은 사례이다.

대표적으로 이랜드는 전담조직을 두고 직원들의 퇴직연금적립금 운용을 지원한 공로를 인정받아 2020년에 고용노동부장관 표창을 수상했다. 또 복수의 퇴직연금사업자를 선정해 더 좋은 서비스를 제공하도록 경쟁체제를 도입했고, 투자상품을 추천해주는 서비스도 제공하고 있다.

코스트코와 바이엘 등 일부 외국계 기업은 사용자와 근로자가 외부 전문기관 컨설팅을 받아 연금운용을 관리하는 위원회를 두고, 투자상품을 추천하는 서비스를 제공하고 있다. 특히 코스트코는 직원들에게 퇴직연금 관련 정보를 제공하고 추천상품에 투자할 수 있는 전용 홈페이지를 개설해 지원하고 있다.

코스트코 퇴직연금제도의 또 다른 특징은 법정부담금 이외에 근속연수에 따라 급여의 2~4.5%에 이르는 추가부담금을 회사가 부담하고 있다는 것이다. 근로자퇴직급여보장법에서 DC제도의 사용자부담금은 '연간 임금총액의 12분의 1 이상'으로 되어 있지만, 대부분 기업은 최소 수준인 '연간 임금총액의 12분의 1'로 정하고 있다. 코스트코는 추가부담금을 지원해 직원들이 퇴직연금을 통한 노후자금 마련을 지원하고 있다.

03

퇴직연금사업자
선정이 중요하다

퇴직연금제도의 운영체제는 계약형(Contractual type)과 기금형(Institutional type)으로 분류된다. 계약형은 기업이 근로자의 동의를 받아 퇴직연금사업자(금융기관)와의 계약을 통해 퇴직연금제도를 운영하는 체제이다. 기금형체제에서는 기업이 퇴직연금적립금을 전담·운용하는 수탁법인(기금)을 설립해 적립금을 운용한다. 현재 우리나라는 계약형 퇴직연금제도만 허용하고 있다. 하지만 국회에서 계류 중인 근로자퇴직급여보장법 개정안이 통과되면 기금형 퇴직연금제도도 허용되어 계약형과 기금형이 병존하는 체계가 될 것이다.

기금형은 아직 도입되지 않았기 때문에 계약형제도의 운영체계를 중심으로 설명하겠다. 계약형제도의 이해관계자는 3곳이다. 퇴직연금제도를 운영하고 부담금을 납입하는 사용자(기업), 일정 기간 근무 후 퇴직 시 퇴직급여를 수령하는 가입자(근로자), 그리고 기업과 근로자를 대상으로 퇴직연금 관련 서비스를 제공하는 퇴직연금사업자(금융기관)로 구성된다.

퇴직연금사업자는 퇴직연금에 관한 운용관리 및 자산관리 서비스를 제공하기 위해 근로자퇴직급여보장법에서 명시된 요건을 갖추고 금융위원회에 등록한 금융기관을 말한다. 은행, 보험회사, 금융투자회사(증권사, 자산운용사), 근로자복지공단, 신용협동조합중앙회, 새마을금고중앙회 등이 퇴직연금사업자 업무를 수행할 수 있다.

퇴직연금 수익률 향상에는 운용관리기관 역할이 중요

〈표 3-4〉에서 보듯이 퇴직연금사업자는 퇴직연금 제도설계, 운용방법(상품) 제시 및 이행, 부담금 수령 및 퇴직금 수령까지 계약형 퇴직연금제도에서 핵심적 역할을 담당하고 있다. 퇴직연금사업자는 운용관리기관 및 자산관리기관으로 구성된다. 기업이 운용관리기관 및 자산관리기관을 별도로 지정할 수 있으나 대부분 동일한 금융기관을 지정하고 있다. 운용관리기관의 업무는 다음과 같다.

운용관리기관의 업무(근로자퇴직급여보장법 제28조)

1. 사용자 또는 가입자에 대한 적립금 운용방법 및 운용방법별 정보 제공

2. DB퇴직연금제도 설계 및 연금 계리【업무위탁 가능】

3. 적립금 운용현황의 기록·보관·통지【업무위탁 가능】

4. 사용자 또는 가입자의 운용지시를 자산관리기관에게 전달【업무위탁 가능】

5. IRP제도의 설정 및 운영

6. 사용자가 위탁한 교육의 실시【업무위탁 가능】

7. 급여지급능력 확보 여부 확인 및 그 결과의 통보 및 부담금 산정 등

자산관리기관은 퇴직연금계좌를 설정하고 관리하는 것을 주요 업무로 한다. 사용자가 납입하는 부담금을 수령해 근로자의 퇴직연금계좌에 입금하고, 운용관리기관을 통해 전달 받은 기업 또는 근로자의 운용지시를 이행해 상품을 교체하고, 퇴직급여를 지급하는 업무를 담당한다. 업무를 수행하기 위한 인프라투자가 필요하고 자산이 안전하게 보관·관리되어야 하기 때문에 자산관리기관의 신용도가 중요하다.

표 3-4 계약형 퇴직연금제도의 운영체계

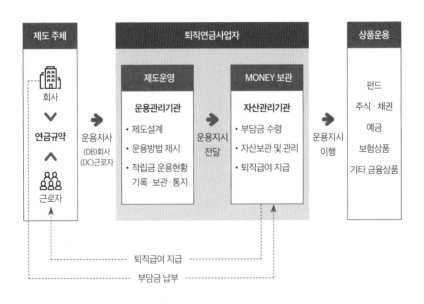

자료: 고용노동부 퇴직연금제도 홈페이지

은행의 퇴직연금시장 점유율, 50% 넘어

2019년 말 기준으로 43개 금융기관이 퇴직연금사업자로 활동하고 있다. 〈표 3-5〉를 보면 은행권이 적립금의 50.9%인 약 113조 원을 관리하고 있다. 보험권은 약 62조 원으로 점유율 28.2%, 증권사는 약 44조 원으로 19.7%의 점유율을 보이고 있다. 근로복지공단은 중소기업을 대상으로 DC퇴직연금 및 IRP퇴직연금 운용관리사업자로 활동하고 있고, 적립금은 2.6조 원이다. 2020년부터 한국포스증권(펀드슈퍼마켓)이 개인형IRP 퇴직연금사업을 시작했다.

〈표 3-6〉에서 보듯이 Top 10 퇴직연금사업자가 적립금의 72.3%를 관리하고 있다. 특히 은행권의 점유율이 높다. 신한은행이 22.7조 원의 적립금으로 2위를 기록하는 등 Top 10 사업자 중 6개가 은행이다. 이들 모두 전국적인 영업망을 기반으로 퇴직연금사업에서 적극적으로 영업활동을 하고 있기 때문에 대형은행으로의 쏠림 현상은 향후에 더 심화될 전망이다.

표 3-5 금융권역별 퇴직연금사업자 현황

구분		은행	생명보험	증권	손해보험	근로복지공단	합계
적립금	금액 (조 원)	112.6	49.9	43.6	12.5	2.6	221
	점유율 (%)	50.9	22.6	19.7	5.6	1.2	100
사업자 수		12	11	13	6	1	43

자료: 금융감독원, 2019년 12월 31일 기준

표 3-6 Top 10 퇴직연금사업자

순위	사업자	업권	적립금(조 원)	시장점유율(%)	누적 시장점유율(%)
1	삼성생명보험	보험	29.2	13.2	13.2
2	신한은행	은행	22.7	10.3	23.5
3	KB 국민은행	은행	20.1	9.1	32.6
4	IBK 기업은행	은행	15.9	7.2	39.8
5	하나은행	은행	15.6	7.1	46.9
6	우리은행	은행	14.0	6.3	53.2
7	현대차증권	증권	12.3	5.6	58.8
8	NH 농협은행	은행	12.1	5.5	64.3
9	미래에셋대우	증권	10.5	4.7	69.0
10	교보생명보험	보험	7.4	3.3	72.3

자료: 금융감독원

퇴직연금사업자 선정 과정의 현실

근로자퇴직급여보장법에 따르면 퇴직연금제도를 설정하고자 하는 기업은 설정하고자 하는 퇴직급여제도 및 퇴직급여제도의 내용에 대해 근로자대표의 동의를 얻거나 의견을 들어 결정하도록 되어 있다. 기존에 운용하고 있는 퇴직급여제도를 다른 종류의 퇴직급여제도를 변경하는 과정에서 근로자에게 불리하게 변경하는 사항에 대해서는 근로자대표의 동의가 필요하다.

퇴직연금사업자를 선정하거나 변경하는 것은 퇴직연금제도의 내용에 해당하는 사항이다. 퇴직연금제도를 설정하면서 퇴직연금사업자를 최초로 선정하는 것은 근로자에게 어떠한 불이익이 발생한다고 볼 수는 없기 때문에, 근로자대표의 의견을 듣는 것으로 충분하다는 것이 고용노동부의 유권해석이다. 퇴직연금사업자를 추가적으로 선정하는 것도 근로자에게 끼치는 불이익이 없기 때문에, 근로자 의견 청취만으로 사용자가 추가할 수 있다.

DC퇴직연금제도를 처음으로 설정하는 사용자가 퇴직연금사업자를 최초로 선정하는 것이 근로자에게 불이익이 없다고 할 수 있을까? 근로자퇴직급여보장법에서 규정한 퇴직연금사업자의 가장 중요한 책무는 가입자들에게 퇴직연금적립금 운용에 도움이 되는 상품과 서비스를 제공하는 것이다. 여기에 기업의 위탁을 받아 가입자 교육업무도 퇴직연금사업자가 담당하고 있다.

일반적으로 투자자들은 본인이 선호하는 금융기관을 선택해 원하는 상품에 가입할 수 있다. 하지만 DC퇴직연금 가입자들은 기업이 선택한 퇴직연금사업자가 제공하는 펀드에만 투자할 수 있다. 4장에서 설명하겠지만 퇴직연금사업자별로 제공하는 펀드의 종류와 개수에는 큰 차이가 있다. 특히 해외펀드에서는 더 그렇다. 예금자보호대상이면서 금리가 높아 원리금보장상품으로 인기를 누리고 있는 저축은행의 정기예금을 제공하지 않는 퇴직연금사업자들도 있다. 어떤 퇴직연금사업자를 선택하느냐에 따라 근로자의 상품선택권이 크게 제약을 받을 수밖에 없는 것이다. 따라서 처음으로 퇴직연금사업자를 선정할 때에도 기업이 근로자의 의견을 적극적으로 반영할 필요가 있다.

퇴직연금사업자를 변경할 때 근로자대표의 동의를 받아야 할까? DB퇴직연금제도에서는 사용자(퇴직연금 담당자)가 적립금 운용을 위한 상품을 선정하고 퇴직연금 관리수수료를 부담하여 근로자에게 불이익이 발생하지 않는다. 따라서 근로자대표의 동의가 아닌 의견을 청취한 후 사용자가 퇴직연금사업자를 변경할 수 있다. 반면 DC퇴직연금제도를 운영하고 있는 사용자가 퇴직연금사업자를 변경하는 것은, 근로자대표 동의가 필요하다는 것이 고용노동부의 유권해석이다. 근로자가 투자상품을 선정하는 DC퇴직연금제도에서는 사업자가 변경될 경우, 근로자들이 투자할 수 있는 상품에 대한 제한을 받을 수 있고, 이로 인해 근로자에게 불이익이 발생하는 것으로 보는 것이다.

퇴직연금계좌에서
투자 가능한 상품을 알아보자

퇴직연금적립금의 안정적 운용을 위해 근로자퇴직급여보장법에서는 원리금보장상품, 투자위험을 낮춘 상품, 그리고 기타투자가능상품(위험자산) 별로 투자가능상품을 열거하고 있다. 하지만 가입자가 투자할 수 있는 상품은 기업이 선정한 퇴직연금사업자(운용관리기관)가 제시하는 상품으로 한정된다. 운용관리기관은 DC퇴직연금제도나 IRP의 경우 하나 이상의 원리금보장상품(은행과 증권사는 타사 원리금보장상품만)을 제시해야 하는 것을 제외하고는, 가입자에게 제공하는 상품을 선택할 수 있는 재량권이 있다. 상품 유형별 퇴직연금계좌에서 투자할 수 있는 한도를 요약하면 〈표 3-7〉과 같다.

표 3-7 상품 유형별 퇴직연금계좌 투자한도

상품 유형	주요 상품	투자한도
원리금보장상품	정기예금, 원리금보장ELB, 이율보증보험	30~100%
투자위험을 낮춘 상품	채권형펀드, 채권혼합형펀드, 적격 TDF	
기타투자가능상품	주식형펀드, 주식혼합형펀드	0~70%

원리금보장상품: 적립금 100%까지 투자 가능

원리금보장상품은 국채, 정부보증채권, 한국은행이 발행하는 통화안정증권 등의 채권과 적격금융기관(신용등급이 투자적격등급 BBB 이상이고 자기자본비율이 법정 기준을 충족하는 금융기관)이 취급하는 원리금보장상품으로 구분된다. 국채 중에서는 국고채가 대부분이고 만기도 3년, 5년, 10년, 20년, 30년, 50년 등으로 다양하다. 금리가 일정한 고정금리 국채뿐만 아니라 금리가 물가상승률에 연동된 10년 만기 물가연동국채도 있다. 통화안정채권은 한국은행이 발행하기 때문에 국채와 동등한 신용도가 있다.

적격금융기관이 취급하는 원리금보장상품은 우체국, 은행, 상호저축은행의 정기예금, 보험사의 원리금보장상품, 그리고 증권사의 원리금보장상품이 있다. 상호저축은행의 정기예금은 은행보다 금리가 높고 예금자보호가 되기 때문에, 상호저축은행별 5천만 원 이내(이자 포함)에서 가입하는 것이 좋다.

보험회사의 원리금보장상품은 이율보증보험(GIC, Guaranteed Investment Contract) 및 금리연동보험이 있다. 이율보증보험이란 정기예금처럼 만기까지 확정된 고정금리를 지급하는 보험상품이다. 금리연동보험은 시중금리 변동에 비례해 이자율이 결정되는 보험상품이다. 금리연동의 기준이 되는 금리는 보험개발원에서 매달 공시하는 공시이율, 정기예금금리, 개별 보험회사의 자산운용수익률 등 다양한 종류가 있다. 또한 최저금리(예를 들어 1%)를 보장하는 경우가 대부분이므로 금리연동보험을 가입할 때 조건을 확인하는 것이 좋다.

증권회사의 원리금보장상품은 원리금보장ELB(Equity Linked Bond), 환매조건부채권(RP, Repurchase Agreement), 발행어음 및 표지어음 등이 있다. 증권회사의 원리금보장상품은 예금자보호대상이 아니기 때문에 신용도가 우수한 증권사 상품을 가입해야 한다. 원리금보장ELB는 증권회사에서 취급하는 대표적 원리금보장상품이다. 원래 ELB는 이자율이 주가 또는 주가지수와 연계되어 결정되는 상품이지만, 원리금보장상품으로 설계하기 위해 주가 수준과 상관없이 경쟁력 있는 확정금리를 지급하도록 설계되었다. 예를 들어 만기일에 삼성전자 주가가 150% 이상 상승하는 경우 연 2.351%를 지급하고, 그렇지 않으면 연 2.35%를 지급하는 ELB는 삼성전자 주가 수준에 상관없이 최소 연 2.35%를 지급한다.

RP는 증권사가 투자자에게 채권을 매도한 후 만기일에 동 채권을 다시 매수하는 계약으로 환매조건부채권이라고 한다. 증권사의 대표적인 확정금리 단기금융상품이지만 퇴직연금 전용 RP는 주로 1년 만기 RP이다. 발행어음은 종합금융회사가 발행하는 어음이지만, 최근에는 인가를 받은 초대형 투자은행(IB)도 발행할 수 있게 되었다. 현재는 종합금융회사의 발행어음만 퇴직연금에서 운용할 수 있지만, 규제가 완화되면 초대형 투자은행의 발행어음도 허용될 전망이다.

투자위험을 낮춘 상품: 적립금 100%까지 투자 가능

투자위험을 낮춘 상품은 투자손실이 발생할 수도 있는 실적배당상품이지만, 분산투자를 통해 손실위험을 낮춘 상품을 말한다. 주식 최대 편입비중이 40% 이하이고, 투자부적격등급채권(신용등급 BB+ 이하)을 30% 이하로 투자하는 혼합형펀드(실적배당 보험상품 포함)와 적격 TDF가 여기에 속한다. 적격 TDF란 주식 최대 편입비중이 80%를 초과하지 않으면서, 은퇴시점(Target date)의 주식편입비중이 40% 이하인 타깃데이트펀드(TDF, Target Date Funds)로 국내에서 출시된 대부분 TDF가 이를 충족한다.

국제신용평가등급 A- 이상의 국가가 발행하는 환헤지가 실행된 채권도 투자위험을 낮춘 상품이다. 또한 한국주택금융공사가 발행하는 주택저당증권 및 학자금대출증권뿐만 아니라 동 채권에 투자하는 채권형펀드(실적배당 보험계약증권 포함)도 투자위험을 낮춘 상품으로 분류된다.

기타투자가능상품(위험자산): 적립금 70%까지 투자 가능

앞에서 설명한 투자위험을 낮춘 상품으로 분류되는 펀드와 위험평가액이 40%를 초과하는 파생상품펀드, 레버리지/인버스펀드를 제외한 대부분의 공모펀드가 여기에 속한다.

부동산펀드는 국내 임대형 부동산펀드(REITs 포함)로 한정된다. 임대형 부동산펀드란 이미 완공되어 사용 중인 부동산에 투자하는 펀드로, 보유 부동산에서 발생하는 임대수익과 부동산을 매각해 발생하는 양도차익이 주요 수익원이다. 부동산투자신탁(Real Estate Investment Trusts)의 약칭인 리츠(REITs)는 주식시장에 상장되어 주식처럼 거래되는 부동산펀드이다.

지방채, 투자적격등급(BBB+ 이상)채권(해외채권은 국제신용등급 기준)과 적격 금융기관이 발행하는 최대손실률이 40% 이하인 ELB(원리금보장ELB)도 퇴

표 3-8 기타투자가능상품으로 분류되는 펀드

펀드유형	투자가능 펀드
주식형/주식혼합형펀드	순자산의 40%를 초과해 주식에 투자하는 펀드
하이일드채권펀드	순자산의 30%를 초과해 투자부적격채권에 투자하는 펀드로 한정
파생상품펀드	위험평가액이 순자산의 40% 이하 펀드로 한정
부동산펀드	순자산의 50% 이상을 국내 임대형 부동산에 투자하는 펀드(리츠 포함)
특별자산펀드	순자산의 50% 이상을 원유, 금, 뱅크론 등 증권 및 부동산 이외에 투자하는 펀드
혼합자산펀드	주식, 채권, 부동산, 특별자산 등에 분산투자하는 펀드
ETF(상장지수펀드)	레버리지/인버스 ETF를 제외한 ETF

직연금적립금 70% 내에서 투자가 가능하다. 채권에 직접 투자하는 경우 발행기관별로 적립금 10% 내(지방채, 특수채는 30%)에서 투자할 수 있다.

퇴직연금계좌 가입자들의 투자 현황

2019년 말 기준 퇴직연금적립금 221조 원의 62%인 138조 원이 DB퇴직연금, 26%인 58조 원이 DC퇴직연금(기업형IRP 포함) 적립금이다. 그리고 나머지 12%인 25조 원이 개인형IRP 적립금이다. 기업형IRP는 상시근로자 10명 미만인 기업이 IRP계좌를 활용해 운영하는 DC퇴직연금제도를 말한다.

실적배당상품 투자비중은 DB퇴직연금 5.4%, DC퇴직연금 15.7%, IRP 25.5%에 불과하다. 원리금보장상품 대부분은 저축은행을 포함한 은행의 정기예금과 보험사의 이율보증형상품이다. 실적배당상품의 대부분은 펀

표 3-9 2019년 퇴직연금계좌의 퇴직연금사업자 권역별 수익률

(단위: %)

업권	실적상품 보유비중		원리금보장상품 수익률		실적배당상품 수익률	
	DC	IRP	DC	IRP	DC	IRP
은행	9.7	22.5	1.85	1.43	5.65	6.43
생명보험	15.4	11.5	2.22	1.76	5.89	5.40
증권사	36.9	44.0	2.06	1.68	7.53	7.95
손해보험	6.6	3.5	2.25	19.3	4.13	4.75
전체	15.7	25.5	2.06	1.66	6.09	6.48

자료: 금융감독원

드이다. 퇴직연금계좌에서 투자하지 않고 현금으로 남아 있는 현금을 대기성자금이라고 하는데, 1일 콜금리 수준의 금리가 붙는다.

〈표 3-9〉에 따르면 실적배당상품에 상대적으로 많이 투자하고 있는 DC계좌 및 IRP계좌는 주로 증권회사를 퇴직연금사업자로 선정했다. 대형 퇴직연금사업자가 많이 포진한 은행권의 DC계좌와 IRP계좌의 실적배당상품 비중은 각각 9.7%와 22.5%에 불과하다. 2019년에는 원리금보장상품의 수익률이 연 1.4~2.3% 수준인 반면에 실적배당상품의 수익률은 평균 6%대 수준이다.

최근 시장금리 하락세가 지속되면서 당분간 제로금리 시대가 지속될 가능성이 높다. 20년 또는 30년 이상 장기투자가 가능한 퇴직연금적립금도 원리금보장상품 위주에서 벗어나, 글로벌 시장에 분산투자해 수익률을 높일 필요가 있다.

4장

IRP · 연금저축을
제대로 활용하려면?

연금계좌는 인출방법별로
세제혜택이 다르다

소득세법에 따르면 연금계좌는 DC계좌, IRP계좌, 연금저축계좌로 구분된다. DC계좌는 DC퇴직연금제도를 설정한 기업이 사용자부담금을 납입하는 근로자명의의 퇴직연금계좌이다. IRP계좌는 연간 납입액 700만 원이내에서 세액공제혜택을 받을 수 있는 개인퇴직연금계좌로 공무원연금, 군인연금, 사학연금 등 직역연금 가입자를 포함한 소득이 있는 모든 개인이 가입할 수 있다.

연금저축계좌는 연간 400만 원 이내에서 세제혜택을 받을 수 있고, 미성년자를 포함해 소득이 없더라도 누구나 가입할 수 있다. 연금저축펀드계좌, 연금저축보험계좌, 연금저축신탁계좌가 있다. 그러나 연금저축신탁계좌는 원리금보장상품 판매가 금지되면서 판매되지 않고 있다.

표 4-1 **우리나라 연금계좌의 종류**

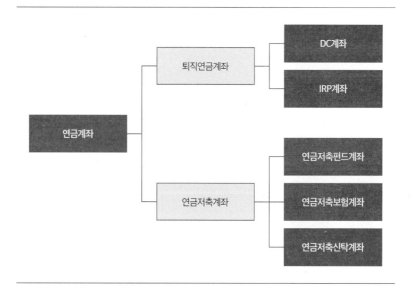

연금계좌 납입 시 세액공제혜택

연금계좌에 납입할 수 있는 부담금 한도는 연 1,800만 원이고 이 중에서 700만 원까지 세액공제혜택을 받을 수 있다. 가입자가 부담금을 납입하기 때문에 개인부담금, 자기부담금 또는 가입자부담금이라고 한다.

IRP계좌 또는 DC계좌에서 세액공제혜택을 받을 수 있는 부담금 한도는 연 700만 원이지만, 연금저축계좌는 연 400만 원(총급여액이 1억 2천만 원을 초과하거나 종합소득금액이 1억 원을 초과하는 경우 300만 원)이다. 개인부담금의 세액공제혜택은 한도 이내 납입금액의 13.2%를 환급받을 수 있다. 총급여액이 5,500만 원 이하이거나 종합소득금액이 4천만 원 이하인 경우 납입금액의 16.5%로 높아진다.

2020년 소득세법이 개정되면서 50세 이상 가입자는 2022년까지 한시

표 4-2 연금계좌 납입한도 및 세액공제

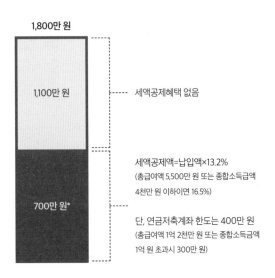

1,800만 원

1,100만 원 ------- 세액공제혜택 없음

700만 원* ------- 세액공제액=납입액×13.2%
(총급여액 5,500만 원 또는 종합소득급액
4천만 원 이하이면 16.5%)

단, 연금저축계좌 한도는 400만 원
(총급여액 1억 2천만 원 또는 종합소득금액
1억 원 초과시 300만 원)

*총급여액 1.2억 원(종합소득금액 1억 원) 이하인 50세 이상 가입자는 900만 원(연금저축 600만 원)

적으로 200만 원이 늘어난 900만 원(연금저축은 600만 원)까지 세액공제혜택을 받을 수 있다. 단, 총급여액이 1억 2천만 원(종합소득금액 1억 원)을 초과하거나 금융소득종합과세 대상자는 제외된다.

연금계좌 적립금의 구분

IRP계좌 또는 연금저축계좌의 적립금은 퇴직소득, 개인부담금, 그리고 적립금을 운용해 얻은 운용수익으로 구성된다(〈표 4-3〉). 개인부담금은 세액공제혜택을 받은 부담금과 받지 않은 부담금으로 구분된다.

세액공제혜택을 받지 않은 개인부담금은 세금부담 없이 언제든지 인출할 수 있다. 퇴직소득, 세액공제혜택을 받은 개인부담금, 운용수익을 연

표 4-3 연금계좌 적립금 구분

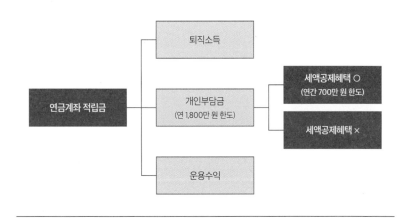

금으로 수령하면 낮은 소득세율이 적용된다.

연금수령 요건과 수령한도 산정 방법

연금계좌에서 연금으로 수령한다는 것은, 연금수령 조건을 충족한 연금계좌에서 10년 이상(2013년 3월 1일 전에 개설한 연금저축은 5년 이상)에 걸쳐 소득세법에서 정한 연간 연금수령 한도 내에서 인출하는 것을 말한다. 연금수령 조건은 가입자가 55세 이상이고 연금계좌 가입기간이 5년(2013년 3월 1일 전에 가입한 연금저축은 10년, 퇴직소득만 입금된 연금계좌는 제한 없음) 이상 경과하면 충족된다.

연금계좌에서 연금으로 수령할 때 최소 수령기간 10년은 연금개시일 기준으로 계산된다. 연금개시일은 연금을 실제로 처음 수령한 일자가 아닌 연금수령 조건을 처음으로 충족한 일자를 말한다. 만 55세 이상이더라도 연금계좌 개설기간이 5년을 경과하지 않았다면, 5년이 경과한 일자가 연금개시일이 된다. 예를 들어 2020년 1월 1일에 만 55세가 되는 A씨가 연금계좌를 2017년 3월 31일에 개설했다면, 이 연금계좌의 연금개시일은 2022년 3월 31일이다.

연금수령 요건이 충족된 연금계좌(IRP계좌 또는 연금저축계좌)에서 매년 연금으로 인출할 수 있는 연금수령 한도는 과세기간이 시작하는 매년 초(처음 수령할 때는 연금개시 신청일) 적립금 평가액과 연금수령 연차를 기준으로 다음과 같이 산정한다.

$$연간\ 연금수령\ 한도 = \frac{연금계좌의\ 적립금\ 평가액}{11 - 연금수령\ 연차} \times 1.2$$

연금계좌의 적립금 평가액은 연금수령 한도를 산정하는 시점의 시가 평가액이다. 연금수령 연차는 연금개시일이 속하는 과세기간을 1년차(2013년 3월 1일 전에 가입한 연금계좌의 경우 6년차)로 하여 그다음 과세기간을 누적합산한 연차를 말한다.

예를 들어 연금수령 한도를 계산해보자. 연금개시일이 2022년 3월 31일인 IRP계좌를 보유한 가입자가 2023년 4월 1일에 연금수령 개시 신청을 했다고 하자. 동 계좌는 개인부담금만 납입하여 전액 세액공제혜택을 받았고 2023년 4월 1일의 적립금 평가액은 7천만 원이다.

연도별로 계산된 연금수령 한도는 〈표 4-4〉와 같다. 연금수령 한도는 연금개시일이 해당하는 연도를 제외하고는 과세기간이 시작하는 매년 1월 1일에 다시 계산한다. 2022년 3월 31일에 연금수령 조건이 충족되었기 때문에, 연금개시를 신청한 2023년 4월 1일의 연금수령 연차는 2년차(2년차 과세기간)이다. 연금수령액은 실제로 연금으로 인출한 금액이고, 적립금 운용수익은 연금을 인출한 후 적립금을 투자해 달성한 수익금액이다.

따라서 올해의 적립금 평가액은 전년도 적립금 평가액에서 전년도 연금수령액을 차감하고 운용수익을 더해 계산한다.

연금수령 연차가 3년차인 2024년의 연금수령 한도는 연초 적립금 평가액 6,825만 원을 (11-3)으로 나눈 값인 853만 원이다. 2024년부터 매년 700만 원을 연금으로 인출할 경우, 연금수령 연차가 11년째인 2031년에는 연금수령 한도에 대한 제한이 사라진다. 그러므로 적립금 총액 2,659만 원을 모두 인출해도, 연금으로 인출하는 것으로 간주되어 낮은 연금소득세율이 적용된다.

만약 퇴직소득 2억 원이 이체된 별도의 IRP계좌에서 연금으로 인출하

표 4-4 연금수령 한도 계산

(단위: 만 원)

연금수령일	적립금 평가액	연금수령 연차	연간 연금수령 한도	연금수령액	적립금 운용수익
2023년 4월 1일	7,000	2년차	778	500	325
2024년 1월 1일	6,825	3년차	853	700	429
2025년 1월 1일	6,554	4년차	936	700	-512
2026년 1월 1일	5,342	5년차	890	700	325
2027년 1월 1일	4,967	6년차	993	700	299
2028년 1월 1일	4,565	7년차	1,141	700	271
2029년 1월 1일	4,136	8년차	1,379	700	241
2030년 1월 1일	3,676	9년차	1,838	700	208
2031년 1월 1일	3,185	10년차	3,185	700	174
2032년 1월 1일	2,659	11년차	2,659		

연금개시일 2022년 3월 31일 기준

는 경우에도, 연금수령 한도 계산 방법은 동일하다. 유일한 차이는 퇴직소득이 이체된 IRP계좌의 연금개시일은 만 55세가 되는 일자이다. 55세 이후까지 근무하는 경우에는 퇴사 후 퇴직소득이 IRP계좌로 이체된 일자가 연금개시일이 된다.

연금소득세율과 연금계좌 인출 순서

연금계좌에서 연금으로 수령할 때 가입자의 연령대에 따라 연금소득세율이 달라진다. 세액공제혜택을 받은 개인부담금과 운용수익을 연금으로 인출할 때 70세 미만은 5.5%, 70~80세 미만은 4.4%, 80세 이후에는 3.3%의 연금소득세율이 적용된다. 연금계좌의 연금수령액이 연 1,200만 원을 초과할 경우에는 노령연금 등 타 연금소득과 합해 종합소득세 신고를 해야 하지만, 1,200만 원 이하인 경우 분리과세와 종합과세 중에서 선택할 수 있다.

IRP계좌 내 퇴직소득(퇴직급여)을 10년에 걸쳐 연금으로 수령하면 이연퇴직소득세가 30% 감면되고, 10년을 초과해 수령한 금액에 대해서는 40%가 감면된다. 주의할 점은 연금수령 한도를 계산할 때 사용하는 연금수령 연차가 아닌, 실제로 연금을 수령하는 기간을 기준으로 이연퇴직소득세 감면율이 적용된다는 점이다.

퇴직소득세를 절감하는 방법은 55세(55세 이후 은퇴 시 퇴직급여가 IRP계좌로 이체된 일자)에 연금으로 수령하되 첫 10년 동안은 가급적 적은 금액을 인출하고, 11년째부터는 연금수령 한도 내에서 원하는 만큼 인출하는 것이다. 퇴직소득을 연금으로 수령하는 금액은 1,200만 원 한도에 포함되지 않고 퇴직소득세만 납부하는 것으로 종료된다.

앞의 사례는 퇴직소득이 이체된 IRP계좌와 개인부담금이 납입된 연

표 4-5 인출시기별 연금소득세율

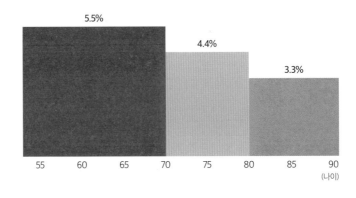

금계좌가 별도 계좌인 사례이다. 퇴직소득이 개인부담금을 납입하고 있는 IRP계좌로 이체된다면, 퇴직소득의 개인부담금이 납입된 IRP계좌를 기준으로 연금충족요건이 적용된다.

소득세법에서는 연금계좌에서 적립금이 인출될 때 세액공제혜택을 받지 않은 개인부담금이 가장 먼저 인출된다. 그다음은 퇴직소득, 마지막으로 세액공제혜택을 받은 개인부담금과 운용수익이 인출되는 것으로 명시하고 있다. 따라서 퇴직소득이 먼저 인출되면서 감면된 퇴직소득세를 납부한 후, 개인부담금과 운용수익이 인출되면서 인출 시 연령별로 적용되는 연금소득세를 납부한다.

일시금 인출 시 기타소득세 납부

세액공제혜택을 받은 개인부담금과 운용수익을 일시금으로 인출할 경우 16.5%의 기타소득세를 납부한다. 기타소득세율 16.5%는 총급여 5,500

만 원(종합소득금액 4천만 원)을 초과한 가입자의 세액공제율 13.2%나 일반 계좌의 원천징수세율 15.4%보다 높다. 이것 때문에 연금계좌를 가입하는 것이 불리하다고 주장하는 이들이 많다. 과연 그럴까?

10년 전에 부담금의 13.2%에 해당하는 세금을 환급 받았는데 10년이 지난 지금 일시금으로 인출할 경우, 현재시점에서 부담하는 세금은 물가상승률만큼 증가한다. 과거 10년 동안 물가가 연 2%씩 상승했다면, 10년 전 세액공제율 13.2%는 현재 물가 기준으로 16.1% 정도 된다. 이는 일시금으로 인출할 때 기타소득세율 16.5%와 비슷한 수준이다. 세액공제를 받은 금액을 투자해 수익을 달성했다면, 10년 후에 일시금으로 인출하더라도 세액공제혜택을 받는 것이 유리하다.

일시금으로 인출할 경우 발생할 수 있는 세금 불이익을 우려해 연금계좌를 아예 활용하지 않는 것은 올바른 선택이 아니다. 일단 10년 이내에 인출하지 않을 자금은 연금계좌에 납입해 세액공제혜택을 받으면서 투자를 하는 것이 좋다. 그러다가 중간에 급전이 필요하면 적립금을 담보로 대출을 받을 수 있고, 연금계좌는 계속 운용해 나중에 연금으로 수령할 수 있다.

연금계좌에 이체된 퇴직급여를 일시금으로 수령할 경우 퇴직 시 확정된 퇴직소득세 전액을 납부해야 한다. 지금까지 설명한 연금계좌 적립금의 인출방법에 따른 세금을 요약하면 〈표 4-6〉과 같다.

DC계좌와 IRP계좌는 법에서 규정하는 사유를 제외하고는 중도인출이 불가능하다. 근로자퇴직급여보장법에 의한 사유에 해당해 일부 금액을 중도인출할 때도 일시금으로 인출할 때와 마찬가지로 인출금액의 16.5%에 해당하는 기타소득세를 납부해야 한다. 중도인출 사유에 해당되어 DC계좌 또는 IRP계좌에서 일부 금액을 인출하기 위해 예금 등 원

표 4-6 연금계좌 적립금의 인출방법별 세금

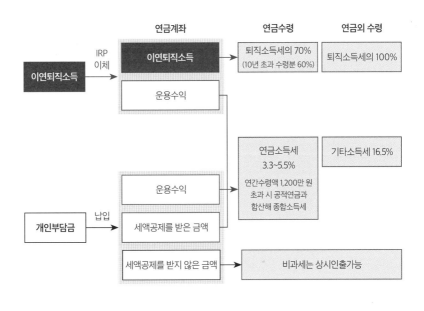

리금보장상품을 중도해지하는 경우가 있다. 이때는 일반중도해지이율보다 높은 특별중도해지이율을 적용 받을 수 있는 장점이 있다. 근로자퇴직급여보장법에 명시된 중도인출 사유는 다음과 같다.

근로자퇴직급여보장법의 중도인출이 가능한 조건

- 무주택자인 가입자가 본인명의로 주택을 구입하는 경우(공동명의 포함)
- 무주택자인 가입자가 주거 목적으로 전세금 또는 전세보증금을 부담하는 경우
- 가입자 본인, 배우자 및 부양가족이 6개월 이상 요양을 필요로 하는 부상이나 질

병에 대한 요양비용(연간 임금총액의 12.5% 초과)을 부담하는 경우

- 천재지변 등으로 피해를 입는 경우(고용노동부장관의 고시 요건 해당)
- 중도인출 신청일 기준 과거 5년 이내 가입자가 파산선고를 받거나 개인회생절차 개시 결정을 받은 경우

소득세법에서 규정한 '의료 목적 또는 부득이한 인출 요건'에 해당되면, IRP계좌 또는 연금저축계좌에서 중도에 인출하더라도 연금으로 수령하는 것과 동일한 세제혜택을 받을 수 있다. 질병·부상으로 3개월 이상의 요양이 필요한 경우에 인출할 수 있는 금액은 다음과 같이 계산한다.

1. 생계비에 해당하는 200만 원
2. 의료비: 의료기관 지급비용, 의약품구입비용, 보청기, 의료기기 구입 및 임차비용, 그리고 50만 원 이내의 안경 구입
3. 간병인 비용
4. 휴직 또는 휴업 1개월당 150만 원

IRP계좌는
다양한 상품을 제공하는
금융기관에서 개설하자

IRP계좌를 개설할 퇴직연금사업자(금융기관)를 선택할 때 가장 중요한 기준은 제공하는 상품의 경쟁력이다.

퇴직연금사업자가 제공하는 상품만 투자 가능

IRP계좌와 연금저축펀드계좌는 가입자가 투자할 상품을 직접 선택한다. 그러나 퇴직연금 가입자가 투자할 수 있는 상품은 계좌가 개설된 금융기관(퇴직연금사업자)이 제공하는 상품으로 제한된다. 그렇기 때문에 아무리 우수한 상품이더라도 해당 퇴직연금사업자가 제공하지 않으면 투자할 수 없다.

IRP계좌에서 투자할 수 있는 상품은 크게 원리금보장상품과 원리금

표 4-7 **공모형 퇴직연금펀드 현황**

펀드유형	국내펀드		해외펀드	
	펀드 수	투자비중	펀드 수	투자비중
주식형	164	6.7%	274	12.1%
채권형	167	25.3%	98	6.2%
혼합형	332	33.3%	266	16.4%
합계	663	65.3%	638	34.7%

자료: 금융투자협회

을 보장하지 않는 실적배당상품이 있다. 일부 보험사를 제외하고는 타 업권의 원리금보장상품도 취급하고 있다. 증권사에서 저축은행 정기예금이나 보험사의 이율보증형상품에 가입할 수 있고, 은행에서도 증권사의 원리금보장상품에 가입할 수 있다.

실적배당상품 대부분은 펀드이다. 〈표 4-7〉은 2019년 말 기준으로 출시된 퇴직연금펀드의 유형별 현황이다. 펀드 수 기준으로는 국내투자 펀드와 해외투자 펀드가 약 600여 개로 비슷하다. 아직은 국내펀드 수탁고가 전체의 65%를 차지하고 있지만, 최근 퇴직연금 가입자들의 해외펀드 투자가 증가하고 있다.

퇴직연금사업자별로 다른 투자상품

퇴직연금계좌 적립금 기준 상위 20개 퇴직연금사업자들이 제공하는 펀드 수를 〈표 4-8〉에서 비교했다. 대형증권사들이 200여 개가 넘는 해외펀드를 제공하고 있는 반면, 대형은행들은 100~150개의 해외펀드를 제공하고 있다.

해외펀드는 투자국가와 투자자산이 다양하기 때문에 100여 개 펀드를 제공하고 있더라도, 퇴직연금 가입자 입장에서는 제한적인 경우가 많

표 4-8 퇴직연금사업자별 퇴직연금계좌 적립금 및 제공 펀드 수

순위	사업자	적립금(조 원)				제공 펀드(개)		
		DC	IRP	합계	시장 점유율	국내펀드	해외펀드	합계
1	KB국민은행	7.92	4.82	12.73	15.3%	116	145	261
2	신한은행	7.48	4.27	11.75	14.1%	153	144	297
3	IBK기업은행	6.77	1.09	7.86	9.5%	118	113	231
4	하나은행	4.10	2.92	7.02	8.4%	133	133	265
5	우리은행	4.37	2.55	6.92	8.3%	111	101	212
6	삼성생명	3.95	1.38	5.33	6.4%	116	157	273
7	NH농협은행	3.97	1.31	5.28	6.4%	99	96	195
8	미래에셋대우	3.53	1.57	5.10	6.1%	227	310	537
9	근로복지공단	2.64	0	2.64	3.2%	10	14	24
10	삼성증권	1.20	1.06	2.26	2.7%	157	248	405
11	교보생명	1.92	0.33	2.25	2.7%	127	141	263
12	한국투자증권	1.35	0.48	1.82	2.2%	148	245	393
13	NH투자증권	0.60	0.49	1.09	1.3%	164	217	381
14	미래에셋생명	0.84	0.14	0.98	1.2%	73	104	177
15	신한금융투자	0.72	0.24	0.96	1.2%	141	163	304
16	삼성화재해상	0.69	0.19	0.89	1.1%	24	11	35
17	DGB대구은행	0.70	0.13	0.83	1.0%	49	35	84
18	한화생명	0.60	0.15	0.75	0.9%	82	69	151
19	현대차증권	0.16	0.58	0.73	0.9%	121	125	245
20	BNK부산은행	0.48	0.22	0.70	0.8%	56	26	82

자료: 금융감독원, 금융투자협회, 2019년 12월 31일 기준

다. 여러 자산운용사가 운용하는 타깃데이트펀드 등 특정 유형의 펀드 위주로 제공하는 퇴직연금사업자들도 많기 때문이다. 2020년에 IRP사업을 시작한 한국포스증권(펀드슈퍼마켓)은 아직 제공하는 상품이 200여 개에 불과하다.

퇴직연금사업자들은 근로자퇴직급여보장법의 투자제한 사항을 준수해 출시된 상품이라면 모두 판매할 수 있지만, 자체적인 평가분석을 통해 가입자들에게 제공하는 펀드를 선정한다. 따라서 퇴직연금사업자별로 제공하는 펀드의 종류나 개수에 큰 차이가 있다. 일부 사업자들은 중국 주식형펀드 같은 이머징마켓주식형펀드가 글로벌 금융위기를 전후해 수익률 변동성이 과도하다고 판단, 아예 판매하지 않거나 제한적으로 판매하고 있다.

투자전략별 최소 2~3개 펀드를 제공하는 퇴직연금사업자 선택

펀드는 실적배당상품이기 때문에 수익률이 항상 좋은 펀드는 없다. 투자전략이 동일하더라도 시장 상황과 자산운용사 역량에 따라 펀드별로 수익률 차이가 크게 나타나기도 한다. 연금계좌 가입자별로 펀드투자 경험과 역량이 상이하고 선호하는 상품이 다르다. 따라서 퇴직연금사업자가 일률적으로 특정 상품을 제한하는 것은 가입자의 상품선택권을 과도하게 제한할 우려가 있기도 하다.

퇴직연금사업자별로 제공하는 펀드 숫자뿐만 아니라 제공하는 펀드의 다양성도 비교·평가해야 한다. 물론 제공하는 펀드 수가 많은 퇴직연금사업자일수록 더 다양한 펀드를 제공하는 경향이 있다. 관심 있는 퇴직연금사업자들이 판매하는 퇴직연금펀드 또는 연금저축펀드는 해당 금융기관의 홈페이지나 앱에서 파악할 수 있다. 연금계좌를 개설하기 전에 관심 있는 금융기관들을 대상으로 비교할 것을 권한다.

연금저축펀드는 퇴직연금펀드보다 더 다양하다. 하지만 일부 은행은 연금저축펀드보다는 IRP계좌 위주로 영업을 하고 있어 제공하는 연금저축펀드가 제한적이다. 보험사들은 연금저축펀드보다는 연금저축보험이나 IRP에 더 적극적이다. 따라서 연금저축펀드는 다양한 펀드를 제공하고 있는 대형증권사나, 업계의 거의 모든 연금저축펀드를 제공하고 있는 한국포스증권에서 가입하는 것이 바람직하다.

IRP계좌 관리수수료,
너무 높은 곳은 제외하라

IRP계좌 관리수수료는 가입자가 부담

퇴직연금 관리수수료는 운용관리수수료와 자산관리수수료로 구성된다. DC계좌는 사용자(기업)가 관리수수료를 부담하지만, IRP계좌는 가입자가 부담한다. 퇴직연금사업자들은 동일한 IRP계좌에 예치된 경우에도 사용자부담금(퇴직급여)의 관리수수료를 개인부담금보다 높게 책정한다. 또한 개인부담금에 대한 관리수수료를 면제해주는 퇴직연금사업자들도 있다.

IRP계좌의 관리수수료가 가장 낮은 기관은 한국포스증권(펀드슈퍼마켓)으로 사용자부담금은 연 0.2%, 가입자부담금은 관리수수료를 면제하고 있다. 삼성증권, 한국투자증권, 신한금융투자, NH투자증권도 가입자부담금에 대한 관리수수료를 면제한다(미래에셋대우증권은 비대면으로 계좌개설 시 면제). 대형증권사들의 사용자부담금(퇴직급여)에 대한 관리수수료는 연 0.25~0.30% 수준으로 비교적 낮다.

대형은행 퇴직연금사업자들의 관리수수료는 사용자부담금은 연 0.45%, 가입자부담금은 연 0.28%이다. 비대면으로 계좌를 개설하는 경 우 최대 0.1%포인트 이내에서 할인해주고 있다. 보험권 퇴직연금사업자 들의 관리수수료는 타 업권보다 높은 편이다. 최근에는 운용수익률은 저 조함에도 불구하고 관리수수료가 높다는 인식이 확산되면서, 일부 퇴직 연금사업자들이 관리수수료를 인하하고 있다.

은행별 관리수수료 비교

〈표 4-9〉는 은행권 퇴직연금사업자들의 IRP계좌 관리수수료이다. 과거에 는 사업자별 관리수수료 차이가 컸지만 최근 수익률이 1%대로 낮은 수 준임에도 불구하고 관리수수료가 높다는 비판이 커지면서 경쟁사업자 군별로 비슷한 수준의 수수료를 부과하고 있다.

국민은행, 신한은행, 우리은행, 하나은행 등 은행권에서 퇴직연금사업 을 주도하고 있는 대형은행 사업자들은 사용자부담금(퇴직소득)과 가입자 부담금(개인부담금) 관리수수료(적립금이 1억 원 미만 기준)가 각각 연 0.45%와 연 0.28%로 동일하다. 1억 원을 초과하는 적립금에 대한 관리수수료도 각각 연 0.38%와 연 0.25%로 동일하다. 비대면으로 IRP계좌를 가입하는 경우 0.35~0.42%, 0.22~0.25%로 사업자별로 약간 차이가 있을 뿐이다.

나머지 은행들은 대형은행 사업자들보다 약간 높거나 낮은 수준의 관 리수수료를 부과하고 있다. 대부분 은행권 사업자들은 1년 이상 장기 가 입하는 경우 관리수수료를 10% 이상 할인해주고 있다. 또한 사회적 기

표 4-9 은행권 퇴직연금사업자별 IRP계좌 관리수수료

(단위: %)

사업자	사용자부담금 관리수수료				가입자부담금 관리수수료				개인형 IRP 적립금 (억 원)
	창구 계좌개설		비대면 계좌개설		창구 계좌개설		비대면 계좌개설		
	1억 미만	1억 이상	1억 미만	1억 이상	1억 미만	1억 이상	1억 미만	1억 이상	
KB국민은행	0.45	0.38	0.42	0.35	0.28	0.25	0.25	0.22	48,162
신한은행	0.45	0.38	0.37	0.33	0.28	0.25	0.25	0.22	42,672
우리은행	0.45	0.38	0.35	0.33	0.28	0.25	0.22	0.20	25,521
하나은행	0.45	0.38	0.35	0.33	0.28	0.26	0.23	0.21	29,226
NH농협은행	0.37	0.35	0.37	0.35	0.37	0.35	0.37	0.35	13,148
IBK기업은행	0.48	0.38	0.48	0.38	0.28	0.26	0.28	0.26	10,920
산업은행	0.30	0.25	0.30	0.25	0.22	0.20	0.22	0.20	845
BNK부산은행	0.50	0.46	0.30	0.26	0.50	0.46	0.30	0.26	2,152
DGB대구은행	0.40	0.36	0.40	0.36	0.28	0.24	0.28	0.24	1,310
경남은행	0.50	0.45	0.30	0.25	0.50	0.45	0.30	0.25	1,206

자료: 금융감독원, 퇴직연금사업자 홈페이지(계좌개설 후 1년 이내 기준), 적립금은 2019년 12월 말 기준, 관리수수료는 2020년 6월 말 기준

업, 중소기업 및 34세 이하 청년 가입자들을 대상으로는 수수료 감면 정책도 시행하고 있다. 대형은행 사업자들은 누적수익률이 마이너스인 경우 펀드평가금액에 해당하는 관리수수료를 면제하고 있다.

증권사별 관리수수료 비교

증권업 퇴직연금사업자들은 전 업권을 통들어 가장 낮은 관리수수료를 부과하고 있다(《표 4-10》). 사용자부담금 관리수수료는 대형은행 사업자들

표 4-10 증권업 퇴직연금사업자별 IRP계좌 관리수수료

(단위: %)

사업자	사용자부담금 관리수수료				가입자부담금 관리수수료				개인형 IRP 적립금 (억 원)
	창구 계좌개설		비대면 계좌개설		창구 계좌개설		비대면 계좌개설		
	1억 미만	1억 이상	1억 미만	1억 이상	1억 미만	1억 이상	1억 미만	1억 이상	
미래에셋대우	0.30	0.28	0.30	0.28	0.24	0.22	면제	면제	11,138
삼성증권	0.30	0.28	0.30	0.28	면제	면제	면제	면제	10,584
현대차증권	0.35	0.30	0.35	0.30	0.35	0.30	0.35	0.30	5,785
NH투자증권	0.30 (1.5억 미만)	0.25 (1.5억 이상)	0.30 (1.5억 미만)	0.25 (1.5억 이상)	면제	면제	면제	면제	4,950
한국투자증권	0.25 (3억 미만)	0.20 (3억 이상)	0.25 (3억 미만)	0.20 (3억 이상)	면제	면제	면제	면제	4,760
신한금융투자	0.25 (1.5억 미만)	0.20 (1.5억 이상)	0.25 (1.5억 미만)	0.20 (1.5억 이상)	면제	면제	면제	면제	2,405
KB증권	0.30 (1.5억 미만)	0.25 (1.5억 이상)	0.30 (1.5억 미만)	0.25 (1.5억 이상)	0.3 (1.5억 미만)	0.25 (1.5억 이상)	0.3 (1.5억 미만)	0.25 (1.5억 이상)	2,262
하이투자증권	0.38 (1.5억 미만)	0.35 (1.5억 이상)	0.38 (1.5억 미만)	0.35 (1.5억 이상)	0.38 (1.5억 미만)	0.35 (1.5억 이상)	0.38 (1.5억 미만)	0.35 (1.5억 이상)	1,502
하나금융투자	0.35	0.30	0.35	0.30	0.15	0.15	0.15	0.15	1,089
대신증권	0.30	0.25	0.30	0.25	0.30	0.25	0.30	0.25	871
신영증권	0.35 (2억 미만)	0.30 (2억 이상)	0.35 (2억 미만)	0.30 (2억 이상)	0.35 (2억 미만)	0.30 (2억 이상)	0.35 (2억 미만)	0.30 (2억 이상)	499
유안타증권	0.35 (3억 미만)	0.51 (3억 이상)	0.55 (3억 미만)	0.51 (3억 이상)	0.55	0.51	0.55	0.51	260
한국포스증권 (펀드슈퍼마켓)	-	-	0.20	0.20	-	-	면제	면제	

자료: 금융감독원, 퇴직연금사업자 홈페이지(계좌개설 후 1년 이내 기준), 2020년 6월 30일 기준(적립금은 2019년 12월 말 기준)

보다 연 0.1%포인트 낮고, 개인부담금 관리수수료는 면제하고 있다.

비대면으로 펀드를 판매하는 한국포스증권이 2020년부터 IRP사업을 개시했는데, 개인부담금 관리수수료는 무료이고 사용자부담금 관리수수료 연 0.2%로 퇴직연금사업자 중에서 가장 낮다. 대부분의 증권사들이 계좌개설 2차 연도부터 관리수수료를 10% 정도 할인해준다. 대신증권은 IRP계좌에서 실적배당상품에 투자하는 경우, 해당 금액에 대한 관리수수료를 면제해준다. 이와 비슷하게 장기가입자 등을 대상으로 관리수수료 할인제도를 제공하는 사업자들도 있다.

보험사별 관리수수료 비교

보험권 퇴직연금사업자별 관리수수료는 〈표 4-11〉에 요약했는데 전반적으로 은행권보다 높다. IBK연금보험과 현대해상화재보험의 관리수수료가 가입방법에 따라 연 0.25~0.35% 수준으로 보험권에서는 가장 저렴하다. 보험권에서 IRP계좌 적립금이 가장 큰 삼성생명의 사용자부담금과 가입자부담금 관리수수료(적립금 1억 원 미만 기준)는 각각 연 0.5%와 연 0.4%(비대면으로 가입 시 각각 연 0.4%와 0.3%)이다.

총비용부담률이 아닌 퇴직연금 관리수수료를 비교하라

모든 퇴직연금사업자들은 분기별로 퇴직연금계좌의 관리수수료 및 총비용부담률을 공시하고 있다. 총비용부담률은 퇴직연금 관리수수료와 펀드 등 투자상품의 보수비용을 합산한 총비용을 퇴직연금적립금으로 나눈 것이다. 이때 퇴직연금사업자가 부과하는 비용은 총비용이 아닌 퇴직연금 관리수수료로 비교하는 것이 맞다.

금융기관도 영리법인이기 때문에 제공하는 모든 금융상품에 수수료

표 4-11 보험업 퇴직연금사업자별 IRP계좌 관리수수료

(단위: %)

사업자	사용자부담금 관리수수료				가입자부담금 관리수수료				개인형 IRP 적립금 (억 원)
	창구 계좌개설		비대면 계좌개설		창구 계좌개설		비대면 계좌개설		
	1억 미만	1억 이상	1억 미만	1억 이상	1억 미만	1억 이상	1억 미만	1억 이상	
삼성생명	0.50	0.45	0.40	0.39	0.40	0.40	0.30	0.30	13,816
교보생명	0.41 (0.5억 미만)	0.4 (0.5억 이상)	0.41 (0.5억 미만)	0.4 (0.5억 이상)	0.41	0.40	0.41	0.40	3,256
IBK연금보험	0.35 (2억 미만)	0.3 (2억 이상)	0.35 (2억 미만)	0.3 (2억 이상)	0.25	0.25	0.25	0.25	2,805
삼성화재	0.50	0.50	0.50	0.50	0.50	0.50	0.50	0.50	1,919
한화생명	0.45 (3억 미만)	0.4 (3억 이상)	0.45 (3억 미만)	0.4 (3억 이상)	0.40	0.40	0.36	0.36	1,487
미래에셋생명	0.50	0.45	0.40	0.38	0.50	0.46	0.40	0.38	1,383
KB손해보험	0.40	0.40	0.40	0.40	0.40	0.40	0.40	0.40	982
현대해상 화재보험	0.30	0.30	0.30	0.30	0.30	0.30	0.30	0.30	459

자료: 금융감독원, 퇴직연금사업자 홈페이지(계좌개설 후 1년 이내 기준), 2020년 6월 말 기준(적립금은 2019년 12월 말 기준)

(Commission) 또는 보수(Fee)를 부과한다. 은행예금 등의 원리금보장상품이 제시하는 금리에는 이미 수수료가 반영되어 있다. 실적배당상품인 펀드의 수익률은 자산운용사 역량에 따라 다르고 펀드보수도 자산운용사가 결정하기 때문에, 보수를 별도로 공시하도록 하고 있다.

퇴직연금사업자의 관리수수료가 동일하더라도 IRP가입자들이 원리금보장상품 위주로 운용하는 경우, 총비용부담률은 낮게 계산된다. 반면

펀드에 투자하는 IRP계좌가 많은 퇴직연금사업자의 총비용부담률은 높아지게 된다. 펀드수익률은 보수가 차감된 후 계산한 수익률이기 때문에 펀드가 계속해 우수한 수익률을 달성한다면 펀드보수는 별 의미가 없다.

이는 장기투자 상품인 퇴직연금계좌의 수익률을 높이기 위해서는 실적배당상품인 펀드투자를 증가시킬 필요가 있지만, 펀드비중이 높을수록 수수료가 증가하기 때문에 총비용부담률은 의미가 없는 것이다. 그러므로 총비용보다는 관리수수료 차감 전 연금계좌의 수익률과 관리수수료 수준을 중심으로 퇴직연금사업자를 평가하는 것이 바람직하다.

IRP/연금저축펀드 계좌를
잘 활용할 수 있는 방법

목적자금별로 연금계좌를 개설

인출시기가 상이한 목적자금은 별도의 연금계좌에서 관리하는 것이 바람직하다. 특히 퇴직급여가 이체되는 IRP계좌는 별도로 개설하는 것이 좋다. 개인부담금과 퇴직급여가 동일한 IRP계좌에서 관리되는 경우, 2가지 문제가 발생한다. 첫째, DC계좌와 마찬가지로 IRP계좌는 법에서 규정한 사유를 제외하고는 중도인출(일부 해지)이 불가능하다. 일부 금액을 인출하고 싶어도 전액을 해지해야 한다. 이때는 퇴직급여에 대한 퇴직소득세 100%와 세제혜택을 본 개인부담금과 투자수익에 대한 16.5%의 기타소득세를 인출과 동시에 납부해야 한다.

둘째, 55세 이후에는 퇴직급여는 언제든지 연금으로 수령할 수 있지만, 개인부담금이 납입된 IRP계좌로 퇴직급여가 이체되면 IRP계좌 개설일 이후 5년이 경과되어야 연금으로 수령할 수 있다. 55세 이후에 IRP계좌를 개설해 개인부담금을 납입했는데 동 계좌로 퇴직급여가 이체된다면, IRP계좌 개설일 이후 5년이 경과할 때까지 기다려야 한다.

퇴직연금을 도입하지 않은 기업에서 퇴사할 경우 퇴직금을 수령할 때에는 퇴직소득세를 납부한 후 일반 급여계좌로 퇴직급여가 이체된다. 퇴직 시 퇴직금을 IRP계좌나 연금저축계좌로 이체하면 퇴직소득세를 납부하지 않은 전액이 이체된다. 이미 퇴직소득세를 납부한 금액을 수령했더라도, 60일 이내에 IRP계좌 또는 연금저축계좌로 납입하면 퇴직소득세가 환급된다. 퇴직금을 IRP계좌에 납입한다면 사용자부담금에 해당하는 관리수수료가 발생하지만, 연금저축펀드계좌에 납입하면 관리수수료가 없다. 이연된 퇴직소득세는 인출하는 시점에 납부한다.

원리금보장상품 위주 투자라면, IRP계좌 활용

원리금보장상품 위주로 적립금을 운용하고 싶은 가입자는 IRP계좌만 개설해도 된다. 연금저축펀드계좌는 펀드만 투자할 수 있고, 모든 펀드는 원리금보장이 금지되어 있기 때문이다. MMF나 단기채권형펀드처럼 안정적으로 은행예금과 비슷한 수준의 수익률을 달성하는 펀드도 있다. 당분간은 제로금리 시대가 유지될 가능성이 높기 때문에 수익률을 높이려면, 일부는 펀드에 투자하는 것이 바람직하다.

펀드투자를 한다면, 연금저축펀드계좌가 유리

연금저축펀드는 퇴직연금펀드보다 더 다양하다. 퇴직연금계좌(DC, IRP)는 파생형펀드 등 레버리지가 있는 펀드에는 투자할 수 없고, 주식(위험자산)

투자 비중이 40%를 초과하는 펀드는 적립금의 70% 이내에서 투자해야 하는 등 제약이 많다. 반면에 연금저축펀드계좌는 레버리지/인버스펀드를 제외한 거의 모든 펀드에 투자할 수 있다.

퇴직연금계좌는 상품 갈아타기를 할 때 연금저축계좌 또는 일반계좌보다 시간이 더 걸린다. 매입할 때 1영업일, 매도할 때 1영업일, 총 2영업일이 더 소요되는 것이 단점이다. 퇴직연금사업자들의 시스템이 퇴직연금시스템(신탁시스템)과 펀드판매시스템으로 분리되어 있어, 퇴직연금시스템에서 펀드판매시스템으로 운용지시가 실행되는 과정에서 하루가 더 소요되기 때문이다.

ETF에 투자하려면, 증권사에서 연금계좌 개설

퇴직연금계좌와 연금저축펀드계좌에서는 ETF에도 투자할 수 있다. ETF는 주식시장에서 거래되는 펀드로, 특정 자산군 또는 섹터의 지수수익률을 달성하고자 하는 인덱스펀드의 일종이다. 연금저축펀드계좌에서는 약 320여 개, 퇴직연금계좌(DC, IRP)에서는 290여 개의 ETF에 투자할 수 있다. 파생상품에 주로 투자하는 ETF는 퇴직연금계좌에서 투자할 수 없기 때문에, 연금저축펀드계좌보다 투자할 수 있는 ETF가 제한적이다. 또한 국내주식형펀드(ETF 포함)를 일반 계좌에서 투자하면 자본수익(매매차익)은 비과세이지만, 연금계좌에서 투자하면 과세 대상이므로 주의할 필요가 있다.

ETF의 약 80%는 국내자산, 특히 국내주식에 투자한다. ETF는 펀드보수비용이 저렴하고 실시간으로 국내거래소에서 매매할 수 있는 장점이 있다. 반면 해외자산에 투자하는 ETF는 거래량이 적고 국내 증시 개장시간에 해당 시장이 종료된 경우가 많다. 그렇기 때문에 이론 가치 대비 괴리가 큰 폭으로 발생할 수 있으니, 거래량이 많은 ETF 위주로 투자해야 한다. ETF에 투자하고 싶은 경우 증권회사(한국포스증권 제외)에서 계좌를 개설해야 한다. 은행권과 보험사의 연금계좌에서는 ETF에 투자할 수 없기 때문이다.

펀드투자 시 비대면 가입이 유리

IRP계좌 혹은 연금저축펀드계좌를 은행이나 증권사에서 개설하더라도 펀드가입은 모바일이나 인터넷에서 비대면으로 가입할 것을 추천한다. 비대면채널에서 펀드에 가입할 경우 창구 혹은 전화로 가입하는 것보다 펀드판매회사가 징수하는 판매수수료와 판매보수가 50% 낮아지기 때문이다. 예를 들어 주식형펀드의 연금클래스 기준 판매보수는 대략 연 0.5~0.8%이지만, 비대면으로 가입하면 연 0.25~0.4%로 낮아진다. 한국포스증권에서 가입할 경우 펀드보수비용이 가장 낮지만, 타 판매사에서 제공하는 비대면 연금클래스와의 비용 차이는 크지 않다. 한국포스증권이 IRP계좌 가입자들에게 타 판매사에서도 가입할 수 있는 비대면 퇴직연금클래스를 제공하는 경우도 적지 않다.

연금계좌 통합과 미성년 자녀 증여도 좋은 방법

연금저축펀드계좌는 소득이 없는 미성년자를 포함한 모든 개인이 가입할 수 있기 때문에, 자녀명의로 연금저축펀드계좌를 개설해 증여하는 것도 좋다. 미성년자의 경우 2천만 원까지는 증여세가 면제된다. 과거에는 자녀명의로 어린이펀드를 개설해 증여하는 경우도 있었지만, 요즘은 연금저축펀드계좌를 증여하는 것이 여러모로 유리한다. 어린이펀드는 대부분 국내주식에 투자하는 펀드인 반면, 연금저축펀드계좌에서는 국내

표 4-12 **유기정기금에 의한 자녀 증여**

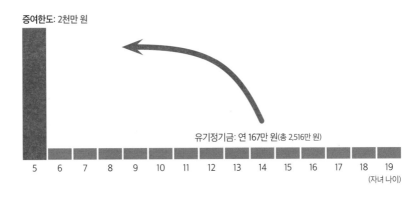

증여한도: 2천만 원

유기정기금: 연 167만 원(총 2,516만 원)

| 5 | 6 | 7 | 8 | 9 | 10 | 11 | 12 | 13 | 14 | 15 | 16 | 17 | 18 | 19 |

(자녀 나이)

및 해외 자산을 포트폴리오에 포함한 다양한 펀드에 투자할 수 있다. 투자수익에 대한 세금 처리도 연금저축펀드계좌가 유리하다.

자녀에게 연금저축펀드계좌를 증여해 적립식으로 투자하고자 하는 경우 유기정기금 형태로 증여를 선택하는 것이 좋다. 유기정기금이란 일정 기간에 걸쳐 동일한 금액을 증여하는 금액이다. 유기정기금에 의한 증여 시, 증여세 면제 기준 2천만 원은 미래에 증여하는 정기금을 증여세 신고시점의 가치로 할인한 시가평가액이 된다. 이는 증여세 신고시점의 시가평가액을 기준으로 증여세가 산정되기 때문이다. 예를 들어 현재 5세인 미성년 자녀명의로 연금저축펀드계좌를 개설해 15년 동안 일정 금액을 증여하는 유기정기금 경우를 보자. 최초 납입시점에 증여세를 신고하게 되면, 증여세 없이 2,516만 원까지 증여할 수 있다(2020년 6월 말 기준으로 상속세·증여세법 시행규칙에 규정된 3.0% 할인율 기준).

자녀명의 연금계좌에서 일시금으로 인출하는 경우 세액공제혜택을 받지 않았기 때문에 납입한 원금에 대해서는 별도의 세금 없이 자유롭게 인출할 수 있다. 운용수익을 일시금으로 인출하는 경우 16.5%의 기타소득세를 부담한다. 따라서 납입금액의 범위 이내에서 필요한 만큼만 자녀 명의 연금저축계좌에서 인출하고, 자녀가 나중에 연금저축계좌에 납입해 활용할 수 있도록 하는 것이 바람직하다.

자녀 학자금이나 사회통념상 인정되는 결혼자금은 증여세가 없다. 그러니 여유가 된다면 연금저축계좌에서 인출하지 않고 자녀가 계속 납입해 다양한 목적자금으로 활용할 수 있도록 한다. 자녀명의로 연금저축펀드계좌에서 적립식으로 펀드에 투자하면, 어려서부터 경제 및 금융에 대한 관심을 갖고 금융지식을 키울 수 있다는 장점도 있다.

연금계좌를 이체하면 유리한 경우

연금계좌에서 상품을 교체매매할 때는 계좌별로 운용지시를 해야 한다. 따라서 목적이 동일하거나 인출시기가 비슷한 연금계좌끼리 통합해 관리하는 것이 편리하다. 또한 연금을 수령할 때 연금계좌가 많으면 불편하기 때문에 55세 이후에는 연금계좌를 통합해 관리할 필요가 있다.

55세 미만인 가입자의 경우 IRP계좌는 IRP계좌로만 통합할 수 있고, 연금저축계좌는 연금저축계좌로만 통합할 수 있다. 55세 이후에는 IRP계좌와 연금저축계좌 간 이체가 가능하다. 이를 요약하면 〈표 4-13〉과 같다.

한편, 2013년 3월 1일 이후에 개설한 계좌를 그 전에 개설된 계좌로 이체할 수는 없다. 해당 시점을 기준으로 소득세법이 개정되어 연금계좌의 연금수령 조건 등이 변경되면서 이체가 금지되었기 때문이다. 연금계좌를 통합할 때 세제혜택이나 인출조건이 불리하게 변경되지 않도록 고려해 이체해야 한다.

표 4-13 연금계좌 간 이체 가능 여부

계좌 이전 및 통합	만 55세 전	만 55세 후
IRP → IRP	가능	가능
연금저축 → 연금저축	가능	가능
IRP → 연금저축	불가능	가능
연금저축 → IRP	불가능	가능

먼저 개설한 연금계좌로 통합하고, 55세 이후를 체크하라

만 55세 이상인 연금계좌 가입자는 계좌개설 이후 5년(2013년 3월 이전 개설한 계좌는 10년)이 경과된 연금계좌에서 연금으로 수령할 수 있다. 연금계좌를 통합할 경우 계좌개설 이후 5년 경과 규정은 이체 받은 계좌를 기준으로 산정되기 때문에, 나중에 개설한 계좌를 먼저 개설한 계좌로 이전시키는 것이 유리하다.

55세 이후에는 연금저축계좌를 IRP계좌로 이체할 수 있고, IRP계좌도 연금저축계좌로 이체할 수 있다. IRP계좌의 관리수수료가 부담되고 펀드 위주로 적립금을 운용하고 싶다면, 55세가 되었을 때 IRP계좌를 연금저축펀드계좌로 이전하는 것이 유리하다. 연금저축펀드계좌는 관리수수료가 없다. 원리금보장상품에는 투자할 수 없지만 MMF, 단기채권형펀드 등 안정적으로 운용할 수 있는 펀드도 있다.

퇴직급여의 이연퇴직소득세가 크지 않을 때가 있다. 이때 퇴직급여가 이체된 IRP계좌를 해지하고 신규 IRP계좌 또는 연금저축펀드계좌를 개설해 퇴직급여를 개인부담금 형태로 납입하는 것이 유리할 수도 있다. IRP계좌 내 퇴직급여로 남아 있으면 매년 관리수수료를 부담하지만, 개인부담금에 대해서는 관리수수료를 면제해주는 퇴직연금사업자가 많기 때문이다.

퇴직급여를 일시금으로 인출하면 55세 이후에 연금으로 수령 시 절감되는 퇴직소득세 30%(10년 초과해 수령분은 40%)를 포기해야 한다. 하지만 퇴직소득세 절감효과보다 관리수수료가 크다면, IRP계좌를 해지한 후 다시 연금계좌에 납입하는 것이 유리하다. 세액공제한도 700만 원을 채우지 않았다면 추가 한도 이내에서 세액공제혜택도 볼 수 있다.

연금계좌를 이체하는 방법

예를 들어보자. A금융기관에 개설된 연금계좌를 B금융기관으로 이체하고자 한다. B금융기관에 연락해 A금융기관 연금계좌를 이체 받도록 요청한다. B금융기관에 연금계좌가 개설되어 있지 않은 경우 연금계좌를 먼저 개설한다. 대부분 비대면으로 연금계좌를 개설할 수 있기 때문에 영업점을 방문할 필요는 없다. 나중에 B금융기관의 이체 요청을 받은 A금융기관으로부터 이체를 요청했는지 확인하는 전화가 오는데, 이를 승인하면 며칠 후에 B금융기관 연금계좌로 입금된다.

연금계좌 이체 신청을 하기 전에 적립금을 모두 현금화해야 하며, 펀드를 교체매매하거나 원리금보장상품의 만기가 도래한 직후에 이체하는 것이 바람직하다. 펀드를 보유하고 있는 연금계좌를 이체할 때 펀드를 환매한 후 이체할 때까지 약 2주가 소요되어, 이 기간 중 시장이 급격히 변동하면 예기치 않은 손실을 볼 수 있기 때문이다. 원리금보장상품을 중도해지할 경우에도 대부분의 이자를 포기해야 한다.

5장

연금으로
마련할 수 있는
노후자금 규모는?

노후생활에 필요한
적정 생활비를 계산해보자

4명 중 1명만 부모부양을 가족이 책임져야 한다고 생각

2017년 미래에셋은퇴연구소의 설문조사 결과에 따르면 5060세대의
53.2%가 성인 자녀를 부양하고 있고 62.4%가 노부모를 부양하고 있다.
성인 자녀와 노부모를 부양하기 위한 비용이 월평균 118만 원에 달한다
고 한다. 5060세대 75%가 자녀의 대학학자금을 지원했고, 기혼 자녀의
40%에게 결혼자금, 25%에게는 주택자금을 지원했다. 하지만 5060세대
가 자녀로부터 노후생활 지원이나 간병을 기대하는 비율은 20%에 불과
했다.

한국보건사회연구원 2019년 조사에 따르면 자녀지원에 관한 사회적
인식은 빠르게 변하고 있다. 2003년 조사에서는 결혼할 때까지 자녀지

표 5-1 우리나라 자녀양육 책임 범위 인식의 변화

(단위: %)

연도	고등학교 졸업	대학 졸업	자녀 취업	자녀 결혼	언제든지	기타
2003	8.3	40.2	11.5	32.1	6.3	1.6
2018	14.7	59.2	17.4	7.1	1.6	0

자료: 한국보건사회연구원(2019)

원을 하겠다고 한 비율이 32%였고, 대학을 졸업할 때까지 지원하겠다고 한 비율도 40%였다. 하지만 2018년에는 결혼할 때까지 지원하겠다는 비율은 7%로 감소한 반면, 대학 졸업 때까지만 지원하겠다는 비율은 59%로 증가했다.

누가 부모를 부양할 것인지에 대한 설문에서도 가족이 부모부양에 책임이 있다는 답변은 2003년 70.7%에서 2018년 26.7%로 감소했다. 반면 사회공동체가 책임이 있다는 답변은 19.7%에서 54%로 증가했다. 스스로 책임을 져야 한다는 답변도 9.6%에서 19.3%로 증가했다. 노인의 부양 책임은 사회공동체 또는 본인 스스로에 있다고 답한 비율이 73.3%에 달한 것이다.

두 기관의 조사결과에 따르면 70% 이상의 부모는 자녀들이 대학을 졸업한 후 또는 자녀가 취업할 때까지만 지원하고, 노후자금은 자녀에게 의존하기보다 스스로 마련하거나 국가의 지원이 필요한 것으로 생각하고 있다. 현재의 5060세대가 자녀를 지원하고 동시에 노부모를 부양하는 마지막 세대일 것 같다. 주거비용의 증가, 취업난 등을 온몸으로 겪고 있는 젊은 세대가 과거처럼 부모를 부양할 수 있는 사회적 환경은 더 이상 지속가능하지 않을 것이다. 따라서 지금의 부모 세대들은 자녀들이 사회에 잘 적응할 수 있도록 대학학자금 등을 지원하면서도 은퇴자금은 본인이 마련해야 하는 상황이다. 젊어서부터 체계적으로 노후자금을 마련하기 위한 노력을 하지 않으면 노후생활이 많이 힘들어질 수밖에 없다.

부부 기준 은퇴가구 적정 생활비는 월 300만 원

그렇다면 어느 정도의 재산을 모아야 편안한 노후생활을 보낼 수 있을까? 통계청과 금융권에서 조사한 결과를 토대로 정리해보자. 먼저 KB금융지주의 「2018 KB골든라이프보고서」에 따르면 노후에 기본적인 의식주를 해결하는 데 필요한 최소 생활비는 월 184만 원, 여가 등을 즐기기 위한 적정 생활비는 월 263만 원이다. 모든 연령층에서 최소 생활비는 적정 생활비의 70% 수준으로 생각하고 있지만, 이를 달성할 수 있다고 생각한 응답자는 40% 미만으로 나타났다. 통계청의 '2019 가계금융복지조사' 결과에서도 은퇴 후 적정 생활비는 월 291만 원이다. 노후준비가 '잘되어 있다'는 가구는 전체 가구의 8.6%에 불과했고, '잘되어 있지 않다'는 55.7%, '보통이다'는 35.6%로 나타났다. 은퇴가구 생활비 24.4%는 가족의 수입이나 자녀에게 받는 용돈 등이었다.

신한은행의 「2020 보통사람 금융생활보고서」에서 60~64세의 가구 중 중위소득가구의 생활비는 월 261만 원, 평균생활비는 월 320만 원으로 조사되었다. 하나금융지주의 「2020 대한민국 퇴직자들이 사는 법」에서는 퇴직 후 생활비가 퇴직하기 전보다 29% 감소한 월 252만 원이다. 퇴직가구 중 8.2%만이 충분한 노후자금을 가지고 있다고 응답했고, 이들의 평균생활비는 월 308만 원이었다. 이러한 조사결과를 종합하면 부부 기준 은퇴가구 적정 생활비는 2020년 기준으로 월 300만 원, 최소 생활비는 월 200만 원 수준으로 보면 무난할 것 같다.

1장에서 2019년 50대 후반 연령의 가처분소득 대비 60대 전반 연령의 소비지출액 비율인 목표소득대체율을 정리했다. 우리나라 목표소득대체율은 중간 소득 가구는 64%, 소득 상위 가구(25%)는 60%, 소득 하위 가구(25%)는 79%이다. 월생활비 기준으로 중간 소득 가구는 193만 원, 소득 상위 가구는 282만 원, 소득 하위 가구는 126만 원이다. 이러한 것을 봤을 때 적정 생활비 300만 원을 마련할 수 있는 가구는 소득 상위 25% 수준보다 약간 나은 은퇴생활를 보낼 수 있고, 최소 생활비 200만 원을 마련할 수 있는 가구는 중간 소득 가구 수준보다 약간 나은 은퇴생활을 보낼 수 있다.

02

연금을 일시금으로
계산해보자

현재가치와 미래가치

편안한 노후생활을 위해 30년 이상의 소득활동기간 중 저축과 투자를 통해 마련해야 하는 자금이 얼마인지 계산하기 앞서, 현재가치와 미래가치 개념을 정리해보자. 투자수익률이 연 5%인 펀드에 1년 동안 100만 원을 투자하면 1년 후 투자수익은 5만 원이 된다. 발생한 수익은 인출하고 원금을 계속 펀드에 투자한다면, 1년 후 투자수익은 5만 원이다. 매년 투자수익을 인출하고 원금만 5년 동안 펀드에 재투자하는 경우, 5년 동안 발생한 투자수익은 총 25만 원이 된다.

그런데 발생한 투자수익을 인출하지 않고 재투자한다면, 5년 후 투자수익은 얼마일까? 1년 후 투자총액은 105만 원으로 증가하고, 2년 후에는 110.25만 원이 된다(= 100 × 1.05 × 1.05). 그리고 5년 후 총금액은 127.6만 원이 되는데, 다음과 같이 계산한다.

$$5년 후 총액 = 100 \times (1 + 0.05)^5 = 127.6만 원$$

5년 동안 투자수익을 재투자해 달성한 수익 27.6만 원은, 매년 투자수익을 인출해 달성한 수익 25만 원보다 2.6만 원 많다. 투자수익을 인출하지 않으면 수익에 수익이 발생하기 때문에 재투자하지 않는 경우보다 투자수익이 많아지는 것이다.

수익을 재투자하는 방식으로 계산된 수익률을 복리수익률, 수익을 인출하는 방식으로 계산된 수익률을 단리수익률이라고 한다. 수익률이 동일하더라도 복리수익률이 단리수익률보다 수익이 더 크고, 그 차이는 투자기간이 길어질수록 커진다. 이를 복리효과라고 한다. 투자의 귀재 워런 버핏은 이를 눈덩이효과(Snowball effect)라고 하면서 장기투자의 중요성을 강조했다.

투자원금 P원을 N년 동안 복리수익률 i로 투자할 경우, N년 후 원리금 총액은 다음과 같이 계산할 수 있다.

$$원리금총액 \ F = P \times (1 + i)^N$$

앞의 식을 원금 P에 대해 풀면 다음과 같다.

$$원금 \ P = F \times \frac{1}{(1 + i)^N} = F \times (1 + i)^{-N}$$

표 5-2 현재가치와 미래가치

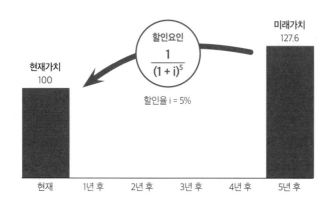

앞의 산식에서 원금 P는 현재시점의 금액이기 때문에 현재가치라고 하고, 원리금총액(F)은 미래시점의 금액이기 때문에 미래가치라고 한다. 현재가치는 미래가치를 적정한 할인율로 계산한 가치이다. 미래가치를 현재가치로 환산할 때 사용되는 이자율 i를 할인율(Discount rate)이라고 하고, 현재가치 P를 산출하기 위해 미래가치 F에 곱해지는 값 $(1+i)^{-N}$을 할인요인이라고 한다. 따라서 현재가치는 미래가치와 할인요인을 곱한 값이다.

연금일시금승수: 연금을 현재가치로 환산하는 승수

연금은 확정기간 또는 사망할 때까지 정기적으로 수령하는 현금흐름이다. 미래 확정기간 동안 수령하는 연금을 확정연금, 사망할 때까지 수령하는 연금을 종신연금이라고 한다. 수령하는 연금이 일정하면 정액연금, 증가하면 증액연금이라고 한다. 향후 5년 동안 매년 초 1원의 연금을 수령하는 정액확정연금의 현금흐름은 〈표 5-3〉과 같다.

표 5-3 5년 정액연금의 현금흐름

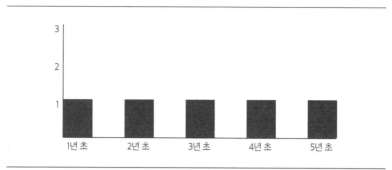

표 5-4 5년 정액연금의 현재가치 계산

수령시점		1년 초	2년 초	3년 초	4년 초	5년 초	현재가치의 합계
연금수령액(a)		1원	1원	1원	1원	1원	
할인요인	공식	1	$(1+i)^{-1}$	$(1+i)^{-2}$	$(1+i)^{-3}$	$(1+i)^{-4}$	
	값(b)	1	0.971	0.943	0.915	0.888	
현재가치(a × b)		1	0.971	0.943	0.915	0.888	4.717원

　　여러 기간에 걸쳐 수령하는 연금의 현재가치는 매 기간별로 수령하는 연금액에 동 기간의 할인요인을 곱한 후, 이를 모두 합산한 값이다. 〈표 5-4〉는 할인율 3%를 가정해 향후 5년 동안 매년 초에 1원을 수령하는 정액연금의 현재가치를 계산 과정을 요약하고 있다.

　　〈표 5-4〉에서 계산한 현재가치 합 4.717원은 5년 동안 매년 초에 1원을 연금으로 수령하는 정액연금의 현재가치이다. 이를 연금일시금승수라고 한다. 연금일시금승수는 매년 초에 1원을 수령하는 연금의 현재가치

이다. 연금일시금승수를 알면 매년 특정 금액을 수령하는 연금의 현재가치(일시금)를 계산할 수 있다. 연금일시금승수는 연금을 수령하는 기간과 할인율에 따라 달라진다. 연금의 현재가치는 미래에 수령하는 현금흐름을 현재시점의 금액으로 환산한 값이기 때문에 일시금이라고도 한다. 연금일시금은 연간 연금수령액에 연금일시금승수를 곱해 계산한다.

등비수열의 합을 계산하는 공식을 사용하면 연금일시금승수를 간단히 계산할 수 있다. 등비수열이란 첫 항부터 일정한 비율을 곱해 만든 수열로, 여기서 일정한 비율을 공비라고 한다. 첫 항이 1이고 공비가 w인 N개의 항을 가지고 있는 등비수열의 합 m은 다음과 같이 계산한다.

$$m = \left(\frac{1}{1-w}\right)(1-w^N)$$

〈표 5-4〉에서 계산된 연금일시금승수는 N=5, 공비 $w=(1+i)^{-1}$를 등비수열의 합인 m 산식에 대입해 계산할 수 있다. '할인율 i=3%'이기 때문에 공비 w는 0.971이고 연금일시금승수는 4.717원이다.

증액연금의 일시금승수

국민연금관리공단에서 지급하는 노령연금은 매년 물가상승률만큼 증가하는 증액연금이다. 증액연금의 일시금승수는 어떻게 계산할까? 〈표 5-5〉는 첫해에 1원을 수령하고 매년 물가상승률만큼 연금수령액이 증가하는 증액연금을 30년 동안 수령할 때 연도별 연금수령액과 할인요인을 보여준다. i는 할인율 또는 이자율, 파이(π)는 물가상승률을 나타낸다.

연금의 일시금은 매년 연금수령액과 할인율을 곱한 값을 합산한 금액이기 때문에 〈표 5-5〉를 〈표 5-6〉과 같이 표시할 수 있다. 즉 할인율을

표 5-5 증액연금의 연금수령액과 할인요인

연금수령 시점	1년 초	2년 초	3년 초	...	30년 초
연금수령액	1	$1 \times (1 + \pi)$	$1 \times (1 + \pi)^2$	...	$1 \times (1 + \pi)^{30}$
할인요인	1	$(1 + i)^{-1}$	$(1 + i)^{-2}$	...	$(1 + i)^{-30}$

표 5-6 정액연금으로 변환한 증액연금의 할인요인

연금수령 시점	1년 초	2년 초	3년 초	...	30년 초
연금수령액	1	1	1	...	1
할인요인	1	$\dfrac{1 + \pi}{1 + i}$	$\left(\dfrac{1 + \pi}{1 + i}\right)^2$	...	$\left(\dfrac{1 + \pi}{1 + i}\right)^{30}$

조정하여 증액연금을 정액연금으로 변형시킬 수 있다.

경제학에서 가장 중요한 방정식 중 하나가 피셔방정식이다. 피셔방정식은 물가가 상승할 때 실질이자율(r)과 명목이자율(i)과 관계를 나타내는 식으로 $1+i=(1+r) \times (1+\pi)$를 말한다. 피셔방정식을 단순화해 명목이자율에서 물가상승률을 차감해 실질이자율을 계산하기도 한다.

매년 물가상승률만큼 증액되어 지급되는 노령연금 일시금승수는 정액연금 일시금승수와 공식이 동일하고, 공비만 명목이자율(i) 대신 실질이자율(r)을 사용한 $(1+r)^{-1}$이다. 매년 초 수령하는 노령연금이 1,200만 원이고 명목이자율(i)이 3%, 물가상승률(π)이 1%라고 할 때 노령연금의

표 5-7 노령연금의 현재가치

구분	실질이자율	공비	수령기간	일시금승수	현재가치
공식	$r = \dfrac{1+i}{1+\pi} - 1$	$\dfrac{1}{1+r}$	N	22.90226	2억 7,482만 원
값	1.98%	0.98058	30		

일시금은 얼마일까? 연금수령자는 30년 후에 사망한다고 가정해보자. 그러면 〈표 5-7〉에서 보는 바와 같이 노령연금 일시금승수는 22.90226, 노령연금 현재가치는 2억 7,482만 원이다.

03

국민연금 · 퇴직연금으로
가능한 노후자금을 계산해보자

2~3장에서 사례로 든 2020년에 35세인 직장인 A씨를 기준으로 국민연금과 퇴직연금으로 마련할 수 있는 노후자금의 규모를 계산해보자. 앞에 나왔던 A씨는 30세가 된 2015년에 월임금총액 300만 원을 받는 직장에 취직했고, 30년 후인 2045년에 은퇴해 90세까지 30년 동안의 노후생활을 계획하고 있다. 임금과 물가는 각각 연 3%와 연 1%로 상승하고 투자수익률은 연 3%로 가정한다.

월 131만 원: 국민연금 예상노령연금

현재의 국민연금제도가 유지된다면 A씨는 65세가 되는 25년 후부터 노령연금을 수령한다. 2장에서 계산한 A씨의 노령연금 예상수령액은 〈표

표 5-8 **A씨의 노령연금 예상 월수령액**

금액 기준	A값	B값	노령연금	소득대체율
수령시점(2050)	588만 원	585만 원	176만 원	30.1% (30년 가입)
현재시점(2020)	436만 원	434만 원	131만 원	

A값: 전체 가입자의 소득평균, B값: A씨의 평균소득

5-8〉에 요약하였다. 노령연금 예상수령액은 현재 물가 기준으로 월 131만 원이고, 평생소득 평균(B값) 기준으로 계산된 국민연금 소득대체율은 30.1%이다.

배우자도 소득활동에 종사해 월 50만 원의 노령연금을 수령한다고 가정하자. 부부가 수령하는 노령연금은 현재가치 기준으로 월 181만 원이다. 소득활동에 종사하지 않더라도 임의가입자로 20년 이상 최저보험료(2020년 기준 월 9만 원)를 납부할 경우, 비슷한 금액의 노령연금을 수령할 수 있다. 이 경우 부부는 국민연금을 통해 적정 생활비 300만 원의 60%, 최소 생활비 200만 원의 90%를 노령연금으로 해결할 수 있다.

월 232만 원: 은퇴시점 물가로 계산된 예상노령연금

노령연금은 65세부터 수령하고 생활비는 60세부터 필요하기 때문에, 연금 수령기간과 생활비 지출기간이 정확히 일치하지 않는다. 따라서 부족한 금액을 정확히 계산하기 위해서는 은퇴시점의 일시금으로 환산할 필요가 있다. 이를 위해 생활비와 노령연금액을 은퇴시점 물가 기준 금액으로 환산해보자.

표 5-9 은퇴시점 미래가치로 환산된 A씨 부부의 적정 생활비 · 최소 생활비 · 노령연금

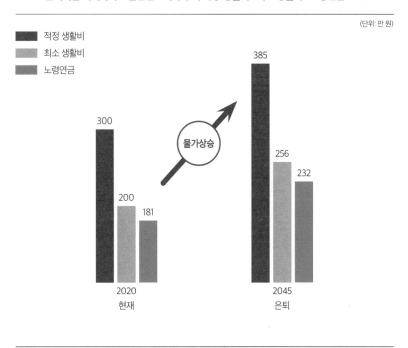

(단위: 만 원)

A씨 부부가 수령하는 노령연금 월 181만 원과 생활비는 부부가 35세 인 2020년 금액이다. 그렇기 때문에 물가상승률 1%를 사용해 25년 후인 2045년 물가 기준 적정 생활비는 월 385만 원, 최소 생활비는 월 256만 원, 노령연금은 월 232만 원이 된다(《표 5-9》).

25년 후 은퇴시점 생활비와 노령연금의 계산(은퇴시점 물가 기준)

- 적정 생활비 = 300 × (1 + 0.01)^{25} = 385만 원/월

- 최소 생활비 = 200 × (1 + 0.01)^{25} = 256만 원/월

- 노령연금 = 181 × (1 + 0.01)^{25} = 232만 원/월

5억 370만 원: 노령연금 일시금

생활비와 노령연금은 물가상승률만큼 증가한다. 그렇기 때문에 증액연금의 일시금승수 공식을 사용해 생활비와 노령연금의 일시금을 계산할 수 있다. 주의해야 할 것은 노령연금은 은퇴 5년 후인 2050년부터 수령하는 반면, 생활비는 은퇴시점인 2045년부터 발생하기 때문에 일시금승수가 서로 다르다.

〈표 5-10〉을 기준으로 설명하겠다. 표를 보면 A씨는 2045년에 은퇴하지만, 65세가 되는 2050년부터 월 232만 원(2045년 물가 기준)의 노령연금을 수령한다. 노령연금은 연초에 수령하고 A씨 부부는 90세가 되는 2075년 초 사망하기 때문에 A씨는 89세인 2074년 초에 마지막으로 연금을 수령한다.

노령연금 일시금승수는 60~89세의 연금일시금승수에서, 연금을 수

표 5-10 A씨 부부 노령연금의 현금흐름

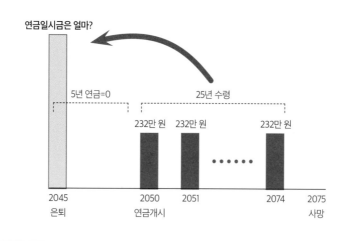

표 5-11 A씨 부부의 노령연금 일시금 계산

| 연수령액 | 할인율 | 공비 | 연금일시금승수 | | | 일시금 |
			60~89세	60~64세	노령연금	
2,784만 원	1.98%	0.98058	22.90226	4.80956	18.0927	5억 370만 원

령하지 않는 기간인 60~64세에 수령하는 5년 확정연금 일시금승수를 차감해 계산하면 편리하다. 계산을 간단히 하기 위해 노령연금은 매년 초에 1년치를 전부 수령한다고 가정한다. 〈표 5-11〉에서 65~89세까지 수령하는 노령연금일시금승수 18.0927은 60~89세까지 수령하는 연금 일시금승수 22.90226에서 60~64세까지 연금일시금승수 4.80956를 차감해 계산한다.

A씨 부부의 노령연금 일시금은 노령연금일시금승수 18.0927과 노령연금 연수령액 2,784만 원을 곱한 값인 5억 370만 원이다. 다시 말해 65세부터 25년 동안 연 2,784만 원(월 232만 원)의 노령연금을 수령하는 것은 60세에 일시금으로 5억 370만 원을 수령하는 것과 같다.

10억 5,808만 원: 은퇴 후 적정 생활비 일시금

생활비 일시금을 계산해보자. 생활비는 60세부터 사망할 때까지 매년 발생하고, 매년 물가상승률만큼 증가하기 때문에 생활비 일시금승수는 60~89세 연금일시금승수와 같은 22.90226이다. 따라서 적정 생활비와 최소 생활비 일시금은 〈표 5-12〉와 같이 각각 10억 5,808만 원, 7억 356만 원이다.

표 5-12 **2045년 물가 기준으로 계산한 생활비 일시금**

항목	연간 금액	할인율/기간	일시금승수	일시금
적정 생활비	4,620만 원	1.98%/30년	22.90226	10억 5,808만 원
최소 생활비	3,072만 원	1.98%/30년	22.90226	7억 356만 원

5억 5,438만 원: 적정 생활비 기준 총은퇴일시금

국민연금과 별도로 노후생활에 필요한 자금을 은퇴시점까지 마련해야 하는 금액을 총은퇴일시금이라고 한다. 총은퇴일시금은 은퇴시점을 기준으로 계산된 노후생활비 일시금에서 노령연금 일시금을 차감해 계산한다.

총은퇴일시금 = 생활비 일시금 - 노령연금 일시금

은퇴기간 중 적정 생활비에 상응하는 생활 수준을 유지하기 위해서는 지금부터 25년 후인 2045년(은퇴시점)에 10억 5,808만 원의 일시금이 필요하다. 노령연금 일시금 5억 370만 원을 차감하면 5억 5,438만 원이 추가로 필요하다. 최소 생활비 기준으로는 1억 9,986만 원이 추가로 필요하다.

총은퇴일시금(은퇴시점 물가 기준)
- 적정 생활비 기준의 총은퇴일시금 = 5억 5,438만 원(2020년 물가 기준 4억 3,229만 원)
- 최소 생활비 기준의 총은퇴일시금 = 1억 9,986만 원(2020년 물가 기준 1억 5,584만 원)

적정 생활비 기준 총은퇴일시금 5억 5,438만 원은 은퇴시점인 2045년에 수령하는 노령연금과 필요한 생활비를 기준으로 산출된 금액이다. 즉 2045년 화폐가치 또는 물가 기준으로 계산된 일시금이다. 하지만 2045년은 25년 후이기 때문에 현재시점에서 어느 정도 금액인지 감을 잡기 어렵다. 예상물가상승률 1%를 할인율로 사용해 현재가치 산식에 대입해 계산해보자. 2020년 물가 기준 적정 생활비 총은퇴일시금은 4억 3,229만 원이다. 따라서 은퇴시점인 25년 후 필요한 총은퇴일시금을 현재 물가 기준 금액으로 환산하면 4억 3,229만 원이다.

2억 1,200만 원: 퇴직연금으로 마련할 수 있는 노후자금

우리나라의 퇴직연금은 DB퇴직연금제도라도 연금의 형태가 아닌 일시금으로 수령한다(참고로 미국 등의 DB퇴직연금제도의 연금가입자들은 사망할 때까지 연금을 받는다). 3장에서 계산한 것처럼, 30세에 월 300만 원 급여 수령, 급여는 매년 1%씩 증가, 30년 동안 동일한 회사에서 근무한다고 가정해보자.

이때 퇴직금제도 또는 DB퇴직연금제도를 운영하는 회사에서 평생 근무한 가입자의 퇴직급여는 2억 1,200만 원이다. 또 DC퇴직연금제도를 운영한 회사에서 근무하는 근로자가 은퇴할 때까지 적립금을 운용하여 임금상승률과 동일한 연 3% 수익률을 달성한다면, DC계좌에서도 DB계좌와 동일한 2억 1,200만 원의 퇴직급여를 수령할 수 있다.

3억 4,238만 원: 부족한 적정 생활비 기준 일시금

지금까지 계산한 금액을 A씨가 은퇴하는 2045년 물가 기준 금액으로 정리하면 〈표 5-13〉과 같다. 직장인 A씨의 노령연금 일시금은 5억 370만 원이고 퇴직급여는 2억 1,200만 원, 이를 합산하면 7억 1,570만 원이다. 적

표 5-13 **적정 생활비 기준 A씨 부부의 예상 노후자금 현황**

적정 생활비	노령연금	총은퇴일시금	퇴직연금	부족금액
10억 5,808만 원	5억 370만 원	5억 5,438만 원	2억 1,200만 원	3억 4,238만 원

2045년(은퇴시점) 물가 기준 금액

정 생활비 일시금은 10억 5,808만 원, 최소 생활비 일시금은 7억 356만 원이다. 적정 생활비를 마련하기 위한 총은퇴일시금은 5억 5,438만 원, 최소 생활비 기준으로는 1억 9,986만 원이다.

퇴직급여를 노후자금으로 활용한다면 최소 생활비 수준 이상의 노후생활을 할 수는 있다. 하지만 〈표 5-13〉에서 보듯이 적정 생활비 300만 원의 노후생활을 하려면 3억 4,238만 원이 부족하다. 그러면 남은 금액은 어떻게 해야 할까?

04

부족한 노후자금 마련을 위한
연금계좌·주택연금 활용 방법

노후자금 마련을 위한 연금계좌 활용의 증가

A씨 부부는 25년 후 적정 생활 수준의 노후생활을 위해 은퇴할 때까지 3억 4,238만 원을 마련해야 한다. 제로금리 시대가 지속될 전망이기 때문에 은행에 예금을 하더라도 이자는 매우 적을 것이다. 보험사 연금상품도 매력적이지 못할 가능성이 높다.

부족한 금액은 IRP계좌나 연금저축계좌 등의 세제혜택계좌를 활용하는 것이 최선이다. 매년 700만 원을 한도로 세액공제혜택을 받을 수 있고, 연금계좌에서 펀드에 투자하게 되면 펀드보수도 낮아지기 때문이다.

「2018 KB골든라이프보고서」에 따르면 2018년 기준 퇴직연금과 연금저축 등 사적연금에 가입한 비중은 79.1%로, 전년보다 6.8%포인트 증가했다. 특히 40대 이하 가구는 83%가 사적연금에 가입하고 있는 것으로 나타나, 60대 가구 가입비중 56.5%보다 현저히 높다.

하나금융지주의 「2020 대한민국 퇴직자들이 사는 법」에서는 노후자금을 충분히 마련했다고 판단하는 가구를 '금퇴족'으로 정의해 이들을 분석했다. 금퇴족의 34.1%가 35세가 되기 전에 노후준비를 시작했는데, 이는 금퇴족이 아닌 15.6%보다 2배 이상 높다. 금퇴족들은 생활비의 47.1%를 사적연금(퇴직연금, 개인연금)으로 마련하고 있는데, 이는 일반 퇴직자 평균 30.6%보다 높다. 금퇴족은 일반 퇴직자보다 모든 연령대에서 노후자금을 마련하기 위해 사적연금을 활용하는 비중이 8~17%까지 높은 것으로 나타났다.

표 5-14 생활비에 쓰이는 금융자산의 비중

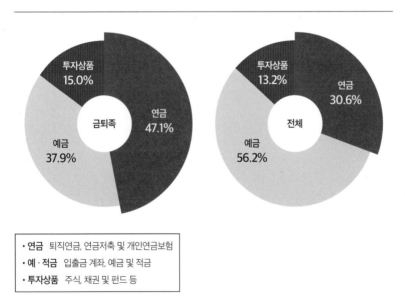

- **연금** 퇴직연금, 연금저축 및 개인연금보험
- **예·적금** 입출금 계좌, 예금 및 적금
- **투자상품** 주식, 채권 및 펀드 등

자료: 하나금융지주, 「2020 대한민국 퇴직자들이 사는 법」

노후 부족 자금을 마련하기 위한 적립식 투자금액은?

은퇴할 때까지 25년에 걸쳐 3억 4,238만 원을 마련하기 위해서 현재 어느 정도의 금융자산을 가지고 있으면 될까? 투자수익률을 연 3%로 가정한다면 현재 1억 6,352만 원이 있어야 한다. 즉 현재 1억 6,352만 원을 보유하고 있고 매년 3%의 수익률을 달성한다면, 25년 후에는 3억 4,238만 원을 마련할 수 있다. 하지만 직장생활 초기에 약 1억 6천만 원의 금융자산을 보유한 사람은 많지 않다. 대부분 직장인들은 적립식 투자가 노후자금을 마련할 수 있는 유일한 방법이다.

부족한 자금을 마련하기 위해 필요한 적립식 투자금액은 투자수익률 뿐만 아니라 적립식 투자금액의 증가율에 따라 달라진다. 적립식 투자는 매년 일정 금액을 투자하는 정액적립식과 일정 수준을 증가시켜 투자하는 증액적립식이 있다. 대표적인 증액적립식 상품은 사용자부담금이 매년 임금증가률만큼 증가하는 DC퇴직연금이다.

〈표 5-15〉는 25년 후 3억 4,238만 원을 마련하기 위해 투자수익률을 1%부터 5%까지, 적립금액 증가율을 0%부터 5%까지 증가시킬 때, 35세인 현재시점에서 처음 납입하는 연간 적립금을 보여주고 있다.

매년 적립식 납입금액이 일정하고(적립금액 증가율 0%) 투자수익률이 연 3%이면, 매년 917만 원을 적립식으로 투자하면 필요한 금액을 마련할 수 있다. A씨가 본인의 임금상승률 3%와 동일한 비율로 적립식 투자금액을 매년 증가시키고 투자수익률 연 5%를 달성할 수 있다면, 첫해에 508만 원을 납입하면 필요한 금액을 마련할 수 있다.

이는 A씨의 30세 연봉이 3,600만 원이고 매년 3%씩 증가한다고 가정하기 때문이다. A씨의 35세 현재 연봉은 4,224만 원이다. 연봉의 12%인 508만 원을 매년 적립식으로 투자해 연간 5% 수익률을 달성할 수 있다

표 5-15 **총은퇴일시금을 마련하기 위한 초기저축금액**

(단위: 만 원)

		적립금액 증가율					
		0%	1%	2%	3%	4%	5%
투자수익률	1%	1,207	1,074	952	841	739	648
	2%	1,054	943	840	745	659	580
	3%	917	824	738	658	585	517
	4%	795	718	646	579	517	460
	5%	687	624	564	508	455	407

면, 노령연금과 퇴직연금을 합산해 은퇴 후 월 300만 원의 생활비를 지출할 수 있는 자금을 마련할 수 있다. 투자수익률이 연 3%라면 연봉의 15.6%인 658만 원, 연 1%라면 연봉의 20%인 841만 원을 적립식으로 납입해야 한다. 이때 적립식 투자금액 증가율은 투자수익률이 증가하는 것과 동일한 정도로 필요 저축액을 감소시키는 역할을 한다.

높은 투자수익률을 달성하면 적립식 투자 부담이 줄어들지만, 미래의 투자수익률을 예측하는 것은 거의 불가능하다. 부족한 금액을 마련하는 가장 좋은 방법은 가급적 빨리 연금계좌에서 적립식으로 투자하는 것이다. 투자기간을 늘리면 적립식으로 더 많이 투자할 수 있고, 투자기간이 길수록 주식시장 급변동으로 인한 손실 가능성도 낮아지기 때문이다.

참고로 〈표 5-15〉에서 투자기간별로 적립금액 증가율과 투자수익률이 변동할 때 목적자금을 마련하기 위한 초기 적립금액을 계산하는 방법은 뒤에 나오는 부록에서 설명하겠다.

은퇴자들의 주택연금 수요 증가

앞에서 설명한 대로 퇴직연금이나 연금저축 등 세제혜택상품을 활용해 부족한 노후자금을 마련할 수 있다. 하지만 내 집을 마련해 55세 이후에 주택연금에 가입하면 노후자금 부담을 줄일 수 있다. 주택연금에 가입하면 평생 주택에 거주하면서 매월 일정액을 연금 형식으로 받아 노후생활비로 사용할 수 있다. 60세에 은퇴하더라도 노령연금은 65세부터 수령하게 되며, 은퇴 후 5년 동안 별다른 소득이 없다면 주택연금을 신청해 일부 생활비를 조달할 수도 있다.

주택연금은 2007년 우리나라에 도입된 이후, 주택연금 가입자가 급증하면서 2020년 6월 말 기준으로 7만 6천 명을 돌파했다. 한국주택금융공사가 2017년 60~80세 노년가구를 대상으로 실시한 주택연금 설문조사에 따르면 주택을 자녀에게 상속하지 않겠다는 노년가구의 비율이 과거보다 높아지고 있고, 주택연금에 가입한 가구들의 만족도도 높았다. 노후자금을 마련할 다른 방법이 없거나, 자녀로부터 생활비 지원을 받고 싶지 않아 주택연금에 가입한다는 노년가구가 많았다.

하나금융지주 「2020 대한민국 퇴직자들이 사는 법」 조사결과에 따르면 금퇴족의 46.1%가 노후자금이 부족해지면 주택연금을 활용할 계획이라고 답했다. 다만 주택가격 대비 주택연금 수령액이 작다고 생각하거나 상속재산이 사라진다는 불안감이 주택연금을 적극적으로 활용하지 못하는 걸림돌로 조사되었다.

주택연금은 부부 중 1명이 만 55세 이상이고 부부합산 기준 시가 9억 원(2020년 주택연금관련법이 개정되면 공시지가 9억 원) 이하의 주택을 보유한 가구가 신청할 수 있다. 여러 주택을 보유하고 있더라도 합산가격이 9억 원 이하인 주택보유자, 또는 9억 원 초과 2주택자라도 3년 이내에 1주택을 매도하면 주택연금에 가입할 수 있다. 주택연금에 관한 최신 정보는 한국주택금융공사 홈페이지(www.hf.go.kr)에서 확인할 수 있다.

주택연금은 확정기간방식 또는 종신방식 등 다양한 형태로 수령할 수 있다. 또한 주택연금 수령예상액의 대출한도 내에서 부부, 부부의 직계가족 또는 형제자매의 의료비, 교육비, 주택수리비, 관혼상제비 등을 목돈으로 인출할 수 있다. 대출한도는 주택연금 신청 시 확정된 주택연금 수령액을 100세까지 수령한다고 가정하여 계산된 현재가치의 50%이다. 2020년 주택연금관련법이 개정되면 신탁형 주택연금에 가입해 주택 일부를 임대하는 경우에도 주택연금을 신청할 수 있다. 현재는 병원, 요양원 또는 자녀 봉양을 받기 위해 이사하는 경우에만 보증금이 없는 월세로만 임대할 수 있다.

주택연금은 노후자금을 충분히 마련하지 못했을 경우 일부 노후자금을 조달할 수 있는 좋은 상품이다. 주택연금은 평균수명 이상으로 장수하는 부부에게 더 유리하다. 주택연금 가입 이후 주택가격이 하락하더라도 주택연금 수령액은 일정하다. 또한 부부 모두 사망해 주택을 매각할 때 주택처분가격이 대출원리금을 하회하더라도, 가입자는 추가부담이 없다는 것도 장점이다.

주택연금은 대출원리금 전액을 상환하면 중도해지수수료를 부담하지 않고 해지할 수 있다. 단, 초기보증료는 환급되지 않는다. 주택가격이 상승하더라도 수령 중인 주택연금액은 일정하기 때문에, 주택연금을 해지한 후 다시 가입하면 주택연금액을 증가시킬 수 있다. 하지만 해지 후 3년이 지나야 재가입할 수 있다는 건 주의해야 한다.

〈표 5-16〉은 주택연금을 신청하는 경우와 주택을 매각한 후 월세 또는 전세금을 제외한 나머지를 즉시연금에 가입하는 경우의 장단점을 비

표 5-16 주택연금과 전월세 차이점

구분	주택연금	월세+즉시연금	전세+즉시연금
이용조건	소유 및 거주	매각 후 월세 입주 (보증금 2천만 원)	매각 후 전세 입주 (보증금 2억 원)
노후자금 마련방법	주택연금 가입	즉시연금 가입 (2억 8천만 원)	즉시연금 가입 1억 원
매월 처분가능소득	주택연금 (72만 원*)	즉시연금-월세 (115만 원-월세 75만 원 =40만 원)	즉시연금 (매월 40만 원)
주거문제	평생 거주	주거불안(이사) 이사 비용 월세 인상	주거불안(이사) 이사 비용 전세보증금 인상

자료: 한국주택금융공사, 종신지급식·정액형 기준, 만 65세 주택가격 3억 원(서울 중계동 소재 아파트 59㎡) 사례

교한 것이다. 주택담보대출은 만기일에 대출금을 상환할 여력이 되지 않는 경우, 주택을 매각해 대출금을 상환해야 하기 때문에 주거가 불안한 점은 전월세와 동일하다.

주택연금 예상수령액 조회

월 104만 원: 5억 원 주택, 60세부터 수령

한국주택금융공사는 국민연금만으로는 노후생활비를 충당할 수 없는 고령자들을 지원하기 위해 주택연금상품을 공급하는 공적인 기능을 수행하는 공기업이다. 수익추구를 목적으로 하지 않고 주택연금에서 발생하는 수익과 비용이 일치하는 선에서 주택연금액을 산정한다. 그렇기 때문에 영리기관인 은행의 역모기론보다 대출금리가 낮다.

주택연금의 대출금리는 3개월 CD금리 +1.1% 또는 신규 취급액 기준 코픽스 금리 +0.85%이다. 한국주택금융공사에 따르면 2020년 7월의 주택연금 금리는 연 1.91%로 대형 시중은행의 우량고객(신용도 1~2등급)의 장기분할상환 대출금리 연 2.5~2.7%보다 낮은 수준이다. 대출이자와 별도로 주택연금 가입자는 주택가격의 1.5%인 초기보증료와 대출원리금잔액의 0.75%인 연보증료를 추가로 부담한다.

연령별·주택가격별 주택연금 예상수령액은 한국주택금융공사 홈페이지 주택연금 '예상연금조회'에서 파악할 수 있다. 〈표 5-17〉은 한국주택금융공사 홈페이지에서 제공하는 주택연금 월지급금 예시이다. 2020년 5억 원의 주택을 보유하고 있는 만 60세 가입자가 주택연금을 신청하면, 매월 103만 9천 원을 수령할 수 있다.

5억 원 주택, 60세 기준 일시금

동갑내기 A씨 부부가 현재 5억 원에 상당하는 주택을 마련해 60세에 주택연금을 신청한다고 해보자. 주택연금은 신청시점의 주택가격을 기준으로 연금액이 확정된다. 〈표 5-17〉의 기준에 따르면 매월 103만 9천 원의 주택연금을 수령한다. 하지만 주택연금은 25년 후인 60세에 신청한다. 그렇기 때문에 다른 조건이 동일하다면, 주택연금은 향후 25년 동안의 주택가격 상승률만큼 증가할 것이다. 주택가격 상승률을 연 1%로 가정한다면, 은퇴시점에 수령하는 주택연금은 133만 원(연 1,596만 원)이 된다.

은퇴시점(60세) 주택연금 월수령액 = $103.9 \times (1 + 0.01)^{25}$ = 133만 원

30년 동안 정액으로 수령하는 주택연금의 일시금승수는 등비수열

표 5-17 종신지급 정액형의 주택연금 월수령액

(단위: 천 원)

나이	주택가격								
	1억 원	2억 원	3억 원	4억 원	5억 원	6억 원	7억 원	8억 원	9억 원
50세	118	236	354	473	591	709	827	946	1,064
55세	154	309	463	618	772	927	1,081	1,236	1,390
60세	207	415	623	831	1,039	1,247	1,455	1,663	1,871
65세	250	501	752	1,003	1,254	1,505	1,756	2,007	2,258
70세	307	614	922	1,229	1,536	1,844	2,151	2,459	2,720
75세	383	767	1,150	1,534	1,917	2,301	2,684	2,936	2,936
80세	489	978	1,468	1,957	2,446	2,936	3,271	3,271	3,271

자료: 한국주택금융공사, 종신지급식 · 정액형 기준, 2020년 2월 3일 기준

표 5-18 주택연금 일시금 계산

구분	연간수령액	할인율/기간	일시금승수	일시금
주택연금	1,596만 원	3%/30년	20.1885	3억 2,221만 원

의 합 산식으로 산정할 수 있다. 〈표 5-18〉에서와 같이 일시금승수는 20.1885, 주택연금 일시금은 3억 2,221만 원이다. 따라서 보유주택을 60세에 주택연금을 신청해 노후생활비 일부를 조달한다면, 추가저축을 통해 부족한 노후자금을 마련하기 위한 부담이 크게 낮아질 수 있다.

Part 2

연금계좌에서 투자할 수 있는 펀드는 어떤 것이 있을까?

6장

채권형펀드 투자 핵심 노하우는?

채권의 신용등급과
만기를 이해하자

2019년 말 기준으로 퇴직연금계좌에서 투자하고 있는 펀드 15조 원 중 4조 5천억 원이 채권형펀드이다. 채권혼합형펀드 5조 원까지 합하면, 퇴직연금 가입자들이 투자하고 있는 펀드 60% 이상이 채권 관련 펀드이다.

많은 퇴직연금 가입자들이 채권형펀드에 투자하는 이유는 간단하다. 안정적으로 이자수익을 얻으면서, 금리가 하락하면 채권가격 상승으로 인한 자본수익을 달성하고자 하기 때문이다. 물론 금리가 상승하면 손실이 발생할 수도 있다. 채권형펀드는 채권의 신용등급과 만기에 따라 예상수익률이 달라지므로 이를 이해하는 것이 중요하다.

신용등급이 낮은 채권일수록 금리가 높다

국채, 통화안정채권 및 지방채를 제외한 채권을 발행하기 위해서는 국내 신용평가기관 2곳 이상의 신용평가등급을 받아야 한다. 신용평가등급은 신용평가회사가 기업의 채무상환 능력을 평가해 등급화한 것이다. 제일 좋은 등급부터 순서대로 나열하면 AAA, AA, A, BBB, BB, B, CCC, CC, C, D 순이다. BBB 이상 등급의 채권은 투자등급채권, BB등급 이하 채권은 투자부적격채권 또는 하이일드채권(High yield bond)이라고 한다. D등급 채권은 사실상 부도기업의 채권이다.

신용등급이 낮은 채권일수록 부도 가능성이 높아서, 이를 보상하기 위해 높은 금리를 지급한다. 채권금리에서 무위험자산 금리를 차감한 값을 신용스프레드(Credit spread)라고 하는데, 신용도가 취약한 기업이 발행한 채권일수록 신용스프레드가 높다. 무위험자산의 대용치로 만기가 짧은 국채가 주로 사용되고 있다.

만기가 긴 채권일수록 금리가 높다

채권의 만기가 길수록 원금을 상환하는 데 시간이 더 소요된다. 자산을 현금화할 수 있는 정도를 유동성이라고 하는데, 만기가 짧을수록 유동성이 높다. 장기채권에 투자하면 일정 수준의 유동성을 포기한 대가로 단기채권보다 높은 금리를 요구하는 것이 일반적이다. 이를 유동성 프리미엄이라고 한다.

수익률곡선(Yield curve)은 채권의 만기와 금리와의 관계를 나타낸다. 만기가 길수록 유동성 프리미엄이 높기 때문에 〈표 6-1〉과 같이 그래프가 우상향하는 경향이 있다. 물론 경기전망 및 장단기 채권에 대한 수요와 공급에 따라 수익률곡선이 수평에 가까워지거나 우하향하기도 한다. 반

표 6-1 수익률곡선과 신용스프레드

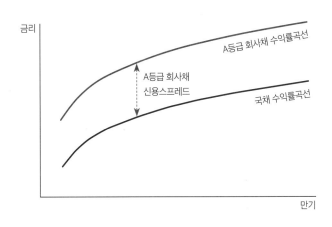

면에 우하향 수익률곡선, 즉 장기금리가 단기금리보다 낮은 현상을 수익률곡선 역전(Yield curve reversal)이라고 한다. 수익률곡선 역전현상이 발생하면 1년 후에 경기침체가 도래한다는 주장도 있다.

수익률곡선은 부도위험이 없는 국채의 수익률곡선을 의미하지만, 회사채 등 타 채권의 수익률곡선도 도출할 수 있다. 〈표 6-1〉은 국채와 A등급 회사채의 수익률곡선을 보여준다. 두 곡선의 차이가 A등급 회사채의 신용스프레드이다. 만기가 긴 회사채일수록 부도위험에 더 노출되고 유동성도 낮기 때문에, 신용스프레드가 상승하는 것이 일반적이다.

채권가격은 금리와 반대로 움직인다

채권도 주식처럼 시장에서 가격이 결정된다. 다만 우리나라에서는 채권가격이 아닌 금리를 기준으로 채권이 매매된다. 따라서 시장에서는 결정된 금리를 기준으로 채권가격을 산정해 평가손익을 계산한다.

채권의 가격은 채권을 보유할 때 발생하는 현금흐름을 해당 채권의 금리로 할인한 현재가치이다. 채권을 보유하면 정기적으로 이자(쿠폰)를 수령하고 만기에는 원금을 상환 받기 때문에 채권가격은 다음 산식으로 계산한다.

$$\text{채권가격(P)} = \frac{C}{1+i} + \frac{C}{(1+i)^2} + \cdots + \frac{C}{(1+i)^n} + \frac{M}{(1+i)^n}$$

C는 이자(쿠폰)수령액이고, M은 액면금액(만기일 상환 원금), n은 채권만기까지의 기간이고, i는 할인율로 시장에서 결정된 해당 채권의 금리이다. 액면금액은 채권의 만기일에 상환되는 금액으로, 쿠폰금액을 계산하는 데 기준이 되는 금액이다. 즉 쿠폰금액은 액면금액에 쿠폰금리를 곱해 산정한다.

채권가격의 쿠폰을 할인하는 식은 초항이 $\frac{C}{1+i}$, 공비(w)가 $\frac{1}{1+i}$ 항이 n개인 등비수열의 합을 계산하는 공식과 같다. 5장에서 설명한 등비수열의 합을 계산하는 공식을 사용해 채권가격식을 다음과 같이 단순화할 수 있다.

$$\text{채권가격(P)} = \frac{C}{1+i} \left(\frac{1}{1-w} (1-w^n) \right) + \frac{M}{(1+i)^n}$$

앞에 나온 산식의 첫 번째 항은 만기일까지 수령하는 이자수령액의 현재가치, 두 번째 항은 만기일에 수령하는 액면금액의 현재가치이다. 액면금액이 100만 원이고 매년 말 4%의 쿠폰이자를 지급하는 채권의 만기일이 5년 후일 때 채권가격을 계산해보자. 연간 쿠폰 수령액(C)은 액면

금액(M) 100만 원에 쿠폰금리 4%를 곱한 4만 원이다. C=4만 원, 할인율 (i)=2%, 공비(w)=0.98039, 만기(n)=5년을 앞의 산식에 대입해 계산하면 채권가격은 18.85+90.57=109.42만 원이다.

시장에서 결정된 채권금리는 채권을 만기까지 보유하면 달성할 수익률으로서, 만기보유수익률(YTM, Yield To Maturity)이라고 한다. 채권가격을 산정할 때 사용하는 할인율(i)은 YTM을 사용한다. 채권가격 P를 수직축, 할인율 i를 수평축으로 해 채권가격 산식을 그래프로 표시하면 〈표 6-2〉와 같이 우하향하는 곡선이다. 할인율이 채권가격식 분모에 있기 때문에 채권금리, 즉 할인율이 상승하면 채권가격은 하락하고 채권금리가 하락하면 채권가격은 상승한다. 금리가 계속 상승하더라도 채권가격이 0에 가까워지지만 마이너스는 되지 않기 때문에 원점에 볼록한 곡선의 형태를 취한다.

표 6-2 채권가격과 채권금리

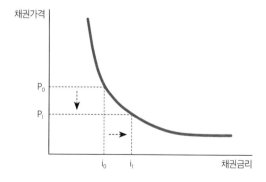

수정듀레이션이 클수록 금리민감도가 크다

수정듀레이션(Modified duration)은 금리가 변동할 때 채권가격의 변화 정도를 측정하는 민감도 지표이다. 채권형펀드를 분석하는 데 가장 중요한 지표 중 하나이다. 수정듀레이션은 금리가 1%포인트 변동할 때 채권가격이 몇 % 변화하는지 나타낸다. 이를 나타내면 다음과 같다.

$$채권가격변동율 = -수정듀레이션 \times 금리변동폭$$

채권가격변동율 산식 앞에 마이너스(-)가 붙는 이유는 〈표 6-2〉에서 보는 바와 같이 채권금리와 채권가격은 반대로 움직이기 때문이다. 수정듀레이션이 2.5라면 채권금리가 1%포인트 상승할 때 채권가격은 2.5% 하락한다. 반대로 채권금리가 1%포인트 하락하면 채권가격은 2.5% 상승한다. 수정듀레이션이 클수록 금리가 변동할 때 채권형펀드의 수익률 변동성이 증가한다.

수정듀레이션은 듀레이션을 (1+채권금리)로 나눈 값인데 듀레이션은 채권투자 원금을 모두 회수할 때까지 소요되는 기간이다. 채권을 보유하면 만기 이전에 이자를 수령하기 때문에 듀레이션은 채권의 잔존만기보다 짧다. 채권의 잔존만기가 길수록 듀레이션, 즉 채권원금 회수기간은 길어지고 이에 따라 수정듀레이션도 증가한다. 반대로 채권의 잔존만기가 짧을수록 수정듀레이션은 감소한다.

대부분 채권은 만기일에 원금이 상환되는 일반채권이다. 하지만 만기일이 도래하기 전에 발행회사 또는 투자자의 요구에 따라 조기상환권리가 결합된 채권의 발행도 최근 증가하고 있다. 조기상환옵션이 있는 채권의 금리민감도를 측정하는 지표는 유효듀레이션(Effective duration)이다.

유효듀레이션은 조기상환 확률을 반영해 계산되기 때문에, 조기상환 옵션이 있는 채권의 유효듀레이션은 수정듀레이션보다 작다. 해외채권은 조기상환옵션이 있는 채권이 많기 때문에 해외채권형펀드를 운용하는 해외자산운용사는 홈페이지에 펀드의 유효듀레이션 정보도 제공한다.

국내채권형펀드 유형을 알아보자

채권형펀드는 보유채권의 신용등급을 기준으로 국공채펀드, 회사채펀드 또는 일반채권형펀드로 분류된다. 듀레이션을 기준으로는 MMF, 단기/중기/장기 채권형펀드 등으로 분류된다. 채권형펀드를 분류할 때 사용되는 신용등급이나 듀레이션은 펀드의 평균신용등급과 평균듀레이션을 기준으로 한다. 비교지수란 펀드가 투자목적을 달성하기 위해 실행하는 투자전략을 가장 잘 반영하는 지수로, 투자설명서 투자전략 항목에 설명된다.

펀드매니저들은 금리 또는 신용스프레드 변동 전망을 기초로, 비교지수 평균듀레이션과 신용등급 대비 펀드의 실제 듀레이션, 그리고 신용등급별 투자비중을 조정한다. 금리 전망에 따라 펀드매니저가 펀드 듀레이션을 단기적으로 크게 조정할 수 있기 때문에, 펀드운용의 기준점이라고 할 수 있는 비교지수를 기준으로 펀드를 분류하는 것이다.

MMF

MMF(Money Market Fund)는 펀드 중에서 가장 안전하고 유동성이 높다. 높은 유동성을 유지하고 신용위험을 최소화하기 위해 채권의 신용등급과 잔존만기에 엄격한 제한을 둔다. 국채, 통화안정채권과 더불어 상위 2개 신용등급인 AAA 및 AA 등급 채권에만 투자할 수 있고, 잔존만기 1년 이하의 채권(국채 및 통화안정채권 제외)에만 투자한다. 보유자산의 평균잔존만기는 75일을 초과할 수 없다.

펀드의 기준가격은 펀드가 투자한 자산의 시장가격을 사용해 산정하는 것이 원칙이지만, MMF 기준가격은 장부가격으로 계산한다. 장부가격이란 펀드가 투자한 채권의 만기보유수익률(YTM)을 기준으로 매일 발생하는 이자만 반영된 가격이다. 따라서 금리변동으로 인한 시가평가손익은 펀드 기준가격에 반영되지 않는다. 금리가 급등해 시가평가손실이 0.5% 이상으로 확대되는 경우에만 일시적으로 시가평가손실을 기준가에 반영해야 하지만, 발생 가능성은 매우 낮다.

MMF 수익률은 1년 만기 정기예금보다 약간 낮은 수준이지만 별도의 수수료 없이 언제나 인출할 수 있다. 그래서 일시적인 여유자금을 예치할 때 활용하는 것이 좋다.

초단기채권형펀드

초단기채권형펀드는 펀드의 비교지수 듀레이션이 6개월 내외이다. MMF 와 다른 점은 장부가격이 아닌 시가를 기준으로 기준가격을 계산한다는 점, 투자하는 자산의 잔존만기에 제한이 없고 투자등급 채권(CP 등 단기자산 포함)을 발행회사별로 펀드 순자산의 10%까지 투자할 수 있다는 점이다.

초단기채권형펀드는 캐피탈, 카드채 등 이자수익이 높은 제2금융권이 발행하는 채권이나 전자단기사채, 기업어음 등에 주로 투자해 정기예금보다 높은 이자수익을 추구한다. 펀드 기준가격은 채권시가로 계산되지만 만기가 짧기 때문에 수익률 변동성은 크지 않다.

높은 이자수익을 달성하기 위해 투자등급 중에서도 상대적으로 신용도가 낮은 자산에 일부 투자하는 경향이 있다. 그래서 경기가 급속히 침체되는 경우 보유자산 일부가 부도위험에 노출되거나, 신용스프레드가 급격히 확대되어 손실이 발생할 수 있다는 점은 주의해야 한다.

단기/중기/장기 채권형펀드

펀드의 비교지수 듀레이션이 1년 내외인 펀드를 단기채권형펀드, 2~3년이면 중기채권형펀드, 3년 이상이면 장기채권형펀드로 분류하는 것이 일반적이다. 최근 우리나라도 장기국채 발행이 증가하면서 유형을 분류하는 듀레이션 기준이 확대되어, 듀레이션이 5년 이상인 펀드를 장기채권형펀드로 분류하는 경우도 있다.

액티브 채권형펀드를 운용하는 펀드매니저는 금리 전망에 따라 듀레이션을 비교지수보다 길거나 짧게 조정하기 때문에, 비교지수가 동일하더라도 듀레이션은 펀드별로 큰 차이를 보이기도 한다. 금리를 예측하는 것이 쉽지 않기 때문에 비교지수 대비 펀드의 듀레이션을 과도하게 변동시키는 펀드의 투자는 신중할 필요가 있다. 비교지수 듀레이션보다 실제 듀레이션을 훨씬 길게 가져가는 경우, 금리가 급등할 때 큰 폭의 손실을 볼 수 있기 때문이다.

국공채펀드, 회사채펀드 및 일반채권형펀드

채권형펀드는 펀드에서 주력으로 투자하는 채권의 종류에 따라 국공채펀드, 회사채펀드, 일반채권형펀드로 분류한다. 국공채펀드는 자산의 70% 이상을 국채, 통화안정채권, 지방채 및 공기업이 발행하는 특수채에 투자하고 나머지는 투자적격등급(보통 A- 이상) 채권 등에 투자한다. 국공채펀드는 보유채권의 신용도가 높기 때문에 부도로 인한 펀드 손실이 발생할 확률은 낮지만, 이자수익이 낮은 단점이 있다.

회사채펀드는 금융기관채 또는 회사채에 투자해 국공채보다 높은 수익률을 달성하고자 하는 펀드이다. 펀드명에 회사채 또는 크레딧(Credit)이란 용어가 포함되어 있는 경우가 많다. 우리나라 채권시장에서 회사채 비중은 10%대로 낮다. 그래서 국내채권형펀드 대부분은 국공채, 금융채, 회사채 등 다양한 채권에 투자하는 일반채권형펀드이다.

채권형펀드를 운용하는 자산운용사들은 펀드에서 투자하는 채권의 최저 신용등급만 투자설명서에 기재하고, 신용등급별 투자비중 등은 공시하지 않고 있다. 따라서 판매회사, 특히 한국포스증권(펀드슈퍼마켓) 홈페이지를 방문해 채권유형별 투자비중이나 신용등급별 보유비중을 파악할 것을 권한다.

채권인덱스펀드

채권인덱스펀드는 비교지수 수익률을 달성하는 것을 목표로 한다. 비교지수의 채권비중과 유사하게 운용하는 전략을 실행하기 때문에 패시브펀드(Passive fund)라고 한다. 우리나라에서 출시된 대부분의 채권형펀드는 액티브펀드이지만, 삼성ABF Korea인덱스채권펀드를 포함해 소수의 채권인덱스펀드가 있다.

채권ETF도 대표적인 패시브펀드로 연금계좌에서도 투자할 수 있다. 채권ETF는 채권인덱스펀드가 증시에 상장되어 주식처럼 거래되는 'Exchange-Traded Fund'로, 펀드보수가 저렴하고 시장에서 실시간으로 매매가 가능하다는 장점이 있다. 하지만 ETF는 시장에서 거래량이 많지 않아 호가공백이 심해 거래비용이 발생하는 단점이 있다. 우리나라에 상장된 채권ETF는 주로 국채ETF 또는 우량회사채ETF이다.

03

해외채권형펀드
유형을 알아보자

해외채권형펀드는 외국 정부 또는 기업이 발행한 채권에 투자하는 펀드로, 환율변동에도 수익률이 영향을 받을 수 있다. 해외채권형펀드는 전세계 채권에 분산투자하는 글로벌채권형펀드, 유럽이나 아시아 등 특정 지역에서 발행된 채권에 투자하는 펀드, 선진국 또는 이머징마켓 채권에 투자하는 펀드, 투자등급채권에 투자하는 펀드, 하이일드채권에 투자하는 펀드 등 다양하다.

해외채권형펀드의 채권신용등급은 S&P, 무디스, 또는 피치 같은 국제 신용평가기관이 평가하는 등급을 기준으로 한다. 평가등급체계는 국내 신용평가등급과 동일하지만 동일한 기업이라고 하더라도 국제신용평가 등급은 국가신용등급도 반영하기 때문에, 국내신용평가등급보다 1~2단계 이상 낮은 것이 일반적이다. 국내 최고 신용등급인 AAA 등급 기업의 국제신용등급은 은행이나 공기업의 경우 A등급, 일반 제조기업의 경우 AA부터 BBB 등급이다. 국내신용등급과 비교하면 최고 3등급 차이가 난다. 우리나라 국가신용등급은 2020년 10월 S&P 기준으로 AA등급이다.

글로벌채권형펀드

글로벌채권형펀드는 선진국의 국공채 및 투자적격등급(BBB 이상) 채권에 주로 투자하는 펀드이다. 주로 채택되는 비교지수는 블룸버그 바클레이즈 글로벌종합지수(Bloomberg Barclays Global Aggregate Index)이다. 2020년 6월 말 기준 해당 지수의 만기보유수익률은 연 0.9%이지만 유효듀레이션은 7.15로 긴 편이다.

동 지수 구성 종목의 80%가 신용등급 A 이상이고 BBB 비중은 15.7%이다. 채권의 발행통화별로는 미국달러채권 44%, 유로채권 24%, 엔화채권 14%, 영국파운드채권 5%, 중국위안화채권 5%, 한국원화채권 1.1% 등 주로 선진국통화채권 중심으로 구성되어 있다. 채권유형별 비중은 국채비중이 54%로 절반 이상을 차지하고 있다.

블룸버그 바클레이즈 글로벌종합지수를 비교지수로 채택하고 있는 펀드는 KB글로벌코어채권펀드, KB PIMCO글로벌인컴셀렉션채권펀드와 삼성글로벌채권펀드(듀레이션 10년 이하) 등이 있다.

글로벌채권형펀드 중 비교지수를 지정하지 않고 지역별로 투자비중을 적극적으로 조정하는 펀드도 있다. 미국, 유럽 및 아시아 채권에 투자하는 미래에셋퇴직플랜글로벌다이나믹채권펀드, 전 세계 국공채 및 회사채에 투자하는 블랙록글로벌채권오퍼튜니티채권펀드 등이다.

국채금리가 마이너스 또는 제로 수준으로 낮아지면서 이자수익에 민감한 투자자들의 관심을 받고 있는 펀드로 글로벌투자등급채권(크레딧)에 주로 투자하는 회사채펀드도 있다. 우리G PIMCO글로벌투자등급채권펀드, 우리G PIMCO분산투자채권펀드, 그리고 NH-Amundi Allset글로벌회사채펀드 등이다.

선진국 중에서 금리가 상대적으로 높은 미국 또는 달러표시채권에 투자하는 펀드도 많이 출시되었다. 미국종합채권지수를 비교지수로 하는 우리G PIMCO토탈리턴채권펀드와 AB미국인컴채권펀드, 미국 회사채지수를 비교지수로 하는 미래에셋미국달러우량회사채펀드 등이다. 기타 NH-Amundi USD초단기채권펀드, 삼성달러표시단기채권펀드, 삼성 미국투자적격중단기채권펀드, 삼성미국투자적격장기채권펀드 등이 국내에서 출시되었다.

이외에도 이머징 아시아 국가의 투자등급채에 주로 투자하면서 일부 하이일드채권에도 투자하는 블랙록아시아퀄리티채권펀드가 있다.

표 6-3 미국 회사채 스프레드 추이

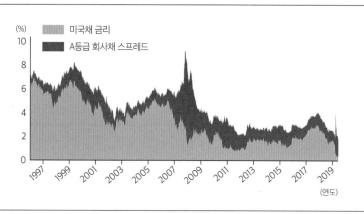

자료: FRED, ICE BofA채권지수 기준

〈표 6-3〉은 미국 국채금리와 A등급 회사채 스프레드 추이를 보여주고 있다. 1996년 이후 A등급 회사채 스프레드는 평균 1.33%포인트이며 글로벌 금융위기 때는 6.49%포인트, 2020년 코로나바이러스 위기 당시에는 3.31%포인트까지 확대되었다.

글로벌하이일드채권형펀드

글로벌하이일드채권형펀드는 선진국의 투자부적격등급인 하이일드채권에 주로 투자하는 채권형펀드이다. 국내하이일드채권과 달리 글로벌하이일드채권은 유동성이 풍부하고 신용도가 높아서 펀드의 가입과 환매가 자유롭다. 국내 투자등급채권이라하더라도 국제신용평가등급은 투자부적격등급인 경우도 많다. 예를 들어 2020년 4월 기준 이마트의 국내신용평가등급은 AA이지만, 국제신용평가등급은 투자부적격등급인 BB이다.

표 6-4 미국 하이일드채권 스프레드 추이

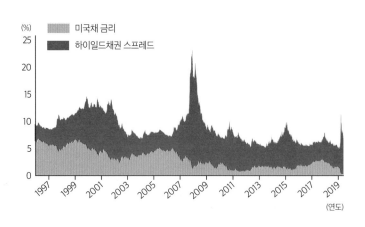

자료: FRED, ICE BofA채권지수 기준

하이일드채권은 신용스프레드가 높아서 높은 이자수익을 얻을 수 있다는 장점이 있다. 〈표 6-4〉는 미국 하이일드채권의 스프레드 추이를 보여주는 그래프이다. 1996년 이후 평균 스프레드가 연 5.56%포인트이고, 글로벌 금융위기 당시 21.82%포인트까지 상승한 바 있다. 2020년 코로나바이러스 위기 때는 연 10.87%포인트까지 상승하기도 했다.

글로벌하이일드채권은 글로벌 경기가 안정적일 때는 높은 이자수익을 달성할 수 있다. 하지만 글로벌 경기가 급격히 침체될 때 부도가 나거나 신용스프레드가 급격히 확대되면서 큰 폭의 손실이 발생할 가능성이 있기 때문에 신중한 투자가 필요하다. 2020년 5월 말 기준으로 미국 하이일드채권의 만기보유수익률이 약 6.9%이고 유효듀레이션은 6.5 수준이다. 유효듀레이션이 6.5이기 때문에 하이일드채권의 금리 또는 스프레드가 1%포인트 상승하면, 채권보유손실이 6.5%에 달해 1년간 발생하는 이자수익 6.9%를 거의 상쇄한다.

국내에 출시된 하이일드채권펀드는 미국 및 이머징마켓 하이일드채권에 주로 투자하는 AB글로벌고수익채권펀드, 미국 하이일드채권에 주로 투자하는 블랙록미국달러하이일드채권펀드와 한화연금단기하이일드채권펀드(만기 3년 이하), 유럽 하이일드채권에 주로 투자하는 피델리티연금유럽하이일드채권펀드, 그리고 아시아 하이일드채권에 투자하는 피델리티연금아시아하이일드채권펀드 등이 있다.

이머징마켓채권형펀드

이머징마켓채권형펀드는 이머징마켓이 발행하는 국채 또는 회사채에 주로 투자하는 펀드이다. 이머징마켓채권형펀드는 채권금리가 높다는 장점은 있지만 글로벌 경기 진폭에 따라 수익률 변동성이 글로벌하이일드채권형펀드보다 높은 경향이 있다. 특히 외채가 많고 경제가 취약한 이머징 국가들은 글로벌 경제 충격이 발생할 때 모라토리엄을 선언하는 경우가 있다. 이때 채무재조정으로 인한 원금 손실이 발생할 수 있다.

JP모간이머징채권지수(JP Morgan Emerging Market Bond Index)가 이머징마 켓채권형펀드의 비교지수로 많이 활용되고 있다. 2020년 5월 말 기준으로 동 지수의 유효듀레이션은 8.1로, 미국 하이일드채권의 유효듀레이션 보다 길다. 글로벌 금융위기가 발생하면 이머징마켓이 1차적으로 큰 충격을 받아 이머징마켓채권형펀드의 손실도 확대되는 경향이 있다. 그렇기 때문에 일반투자자들은 이머징마켓채권형펀드에 대해 보수적 투자 자세를 유지하는 것이 필요하다.

국내에서 출시된 이머징마켓채권펀드는 삼성누버거버먼이머징단기채 권펀드, 삼성누버거버먼이머징국공채플러스채권펀드, 블랙록저변동이머 징마켓채권펀드, 피델리티연금이머징마켓채권펀드, 한화이머징국공채펀 드 등이 있다.

04

채권형펀드는
이렇게 투자하자

채권형펀드 유형별 투자유니버스 구성

투자유니버스는 시장 상황에 따라 투자하기 위해 미리 선정한 펀드 리스트를 말한다. 퇴직연금계좌 또는 연금저축펀드계좌에서 투자할 수 있는 국내채권형펀드와 해외채권형펀드의 수는 각각 100개가 넘는다. 이때 채권형펀드 유형별로 규모가 크고 성과가 우수한 펀드 2~3개 정도로 선별해 투자유니버스를 구성하는 것이 좋다.

투자유니버스를 선정할 때는 자산운용사의 채권형펀드 운용규모 및 운용역량, 동일유형 내의 과거 투자성과와 변동성 등을 종합적으로 고려한다. 자산운용사의 역량이 가장 중요하지만 이를 평가할 수 있는 정보를 개인투자자들이 파악하기는 어렵다. 그러니 채권형펀드 운용규모를 기준으로 판단하는 것이 좋다. 국내채권형펀드 대부분은 국민연금 등 기관투자자들이 투자하고 있는데, 운용규모가 크다는 것은 기관투자자들로부터 인정을 받고 있다는 반증이기도 하다.

자산운용사의 채권 운용규모는 금융투자협회 하단 바로가기에 있는 종합통계서비스(freesis.kofia.or.kr)를 이용하면 된다. 해당 사이트에서 '펀드 → 회사별설정규모' 메뉴에서 확인할 수 있다. 자산운용사는 펀드뿐만 아니라 기관투자자의 투자일임 계정도 운용하기 때문에 펀드와 투자일임액을 합산해 비교한다.

국내에서 출시된 해외채권형펀드 중 상당수는 핌코(PIMCO) 등 유명한 해외자산운용사들이 운용하는 펀드에 투자하는 재간접펀드이기 때문에, 규모가 큰 펀드들은 이미 검증된 펀드라 할 수 있다. 재간접펀드에서 투자하는 피투자펀드의 운용규모, 펀드매니저 경력 및 해당 펀드의 운용을 담당한 기관 및 과거 투자성과 등은 해당 펀드를 운용하는 해외자산운용사 홈페이지에서 자세히 파악할 수 있다.

투자유니버스에 포함된 펀드는 만기보유수익률(YTM), 듀레이션, 평균 신용등급, 최저신용등급, 총보수비용 등 주요 특성을 엑셀에 정리하는 것이 좋다. 6장의 마지막 부분에서 주요 채권형펀드의 특성을 요약했다.

재간접펀드로 출시되는 해외채권형펀드는 해외자산운용사 또는 해외 펀드평가기관인 모닝스타의 홈페이지에서 확인할 수 있다. 전월 말 기준 펀드의 신용등급별 투자비중, (수정)듀레이션, 만기보유수익률(YTM) 및 총 보수비용 등 펀드의 특성을 파악할 수 있는 모든 정보들이 공개되어 있다.

반면에 국내 자산운용사들이 직접 운용하는 해외채권형펀드는 운용현황에 관한 정보가 거의 공개되지 않고 있다. 펀드평가회사들이 채권형 펀드의 성과를 분석해 평가등급이나 유형별 성과 순위를 발표하지만, 이를 활용하는 것도 한계가 있다. 우리나라 채권형펀드의 투자전략은 펀드별로 차이가 많고 외부에 공개되는 투자 정보도 제한적이다. 그래서 유형을 분류하고 성과를 비교하는 것이 쉽지 않다.

경기변동국면 파악

경제는 〈표 6-5〉처럼 장기성장 추세를 중심으로 확장과 수축을 반복하는 경기변동을 겪는다. 경기가 저점을 지나면 경제성장률이 장기성장 추세에 근접하는 회복기, 장기성장 추세보다 높아지는 호황기를 거친 후 경기 고점을 지나면 장기성장 추세로 복귀하는 후퇴기를 거쳐, 장기성장 추세 밑으로 하락하는 침체기를 반복한다. 각 경기국면별 지속기간은 일

표 6-5 경기변동과 금리의 관계

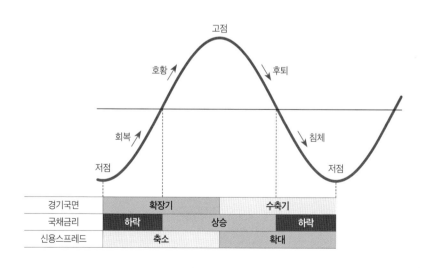

정하지 않고 시대에 따라 다르다. 하지만 일반적으로는 확장기가 수축기보다 길게 유지된다.

금리는 경기 상황보다 지체되어 변동하는 것으로 알려져 있다. 즉 경기회복기에는 금리가 하락하고, 호황기와 후퇴기에는 금리가 상승하고, 침체기에는 다시 금리가 하락하는 경향이 있다. 경기침체가 예상될 경우, 중앙은행은 정책금리(우리나라의 경우 콜금리)를 인하해 경기가 급격히 침체하는 것을 완화시키고자 한다. 경기회복이 가시화되면 점진적으로 금리를 인상해 경기호황이 장기간 유지될 수 있도록 한다. 경기가 회복할것으로 예상되면 기업의 실적이 개선되어 부도 가능성이 낮아지기 때문에 신용스프레드는 축소된다. 반대로 경기가 침체될 것으로 예상되면 신용스프레드가 확대되는 경향이 있다.

현재의 경기가 어느 국면에 위치하고 있는지 정확히 판단하는 것은 매우 어렵다. 통계청에서도 경기침체 또는 호황 국면에 대한 판단을 보통 1년 후 데이터를 보고 사후적으로 결정한다. 채권형펀드에 투자하기 위해서는 현재의 경기국면을 추정해 시장금리나 신용스프레드의 변화를 예측할 수밖에 없다.

경기변동과 금리 및 신용스프레드와의 관계도 시중에 돈이 얼마나 풀렸느냐에 따라 달라질 수 있다. 최근 금리가 마이너스 또는 제로금리 수준으로 하락하면서 금리정책이 작동하지 않게 되자, 중앙은행이 시중에 엄청난 규모의 화폐를 공급하고 있다. 과거에는 시중에 돈이 많이 풀리면 물가가 상승하는 인플레이션이 발생했다. 최근에는 이러한 부작용은 발생하지 않으면서도 금융자산에 대한 수요가 증가하면서, 채권금리가 하락하고 주가는 상승하는 현상이 발생하고 있다. 경기의 회복 또는 침체 시에 나타나는 경제 변수들의 추이와 중앙은행의 통화정책, 시중의 유동성을 종합적으로 판단해야 한다. 그리고 금리 및 신용스프레드의 변동을 예측하고 이를 기반으로 투자할 채권형펀드를 선택하는 것이 바람직하다.

펀드의 듀레이션과 신용등급 정보 파악

채권형펀드 수익률은 이자수익과 금리변동 시 발생하는 자본수익으로 결정된다. 펀드의 만기보유수익률은 펀드의 이자수익이고, 펀드의 자본수익은 시장금리 및 펀드의 신용스프레드 변동폭과 수정듀레이션 크기에 영향을 받기 때문이다. 채권형펀드의 듀레이션과 평균신용등급은 펀드의 만기보유수익률, 수정듀레이션, 신용스프레드를 추정할 수 있어 미래 수익률과 변동성을 예측할 수 있는 중요한 정보이다.

금리가 상승할 것으로 예상되는 경우 수정듀레이션이 작은 펀드에 투자하고, 금리가 하락할 것으로 예상되는 경우 수정듀레이션이 큰 펀드에 투자한다. 하지만 금리가 예상과 반대로 움직인다면 수정듀레이션이 큰 펀드일수록 손실도 증가할 위험이 있다.

펀드 평균신용등급이 낮을수록 신용프리미엄이 높아서 추가적으로 이자수익을 확보할 수 있다. 하지만 신용등급이 하락해 채권금리가 높아지거나 부도가 발생할 경우 투자손실이 발생할 수 있다. 펀드가 투자할 수 있는 최저신용등급도 알아야 한다. 보유채권이 부도나면 원금을 회수하지 못해 큰 폭의 손실이 발생할 가능성이 있기 때문이다. 일부 국내채권형펀드는 신용등급 BBB 채권에도 투자하지만, 대부분은 신용등급이 A- 이상인 채권에 투자한다.

펀드의 만기보유수익률 추정

펀드의 만기보유수익률은 펀드 내 자산의 만기보유수익률을 투자비중으로 가중평균한 수익률이다. 채권형펀드 만기보유수익률은 향후 예상 수익률을 가늠할 수 있는 가장 중요한 지표이다. 일반적으로 신용등급이 낮은 채권이나 장기채권의 투자비중이 높을수록 만기보유수익률은 증가한다. 즉 신용위험이나 시장위험이 큰 펀드일수록 만기보유수익률이 높은 경향이 있다.

만기보유수익률을 어디서 조회할 수 있을까? 해외자산운용사들은 채권형펀드의 듀레이션, 신용등급뿐만 아니라 만기보유수익률도 매월 말 기준으로 홈페이지에 공시한다. 따라서 해외채권형펀드에 투자하는 재간접펀드는 피투자펀드를 운용하는 해외자산운용사 홈페이지에서 파악할 수 있다.

국내자산운용사들은 만기보유수익률을 공시하지 않는다. 한국포스증권(펀드슈퍼마켓)에서도 듀레이션이나 신용등급은 공시하지만 만기보유수익률은 공시하지 않는다. 우리은행 등 일부 판매사가 채권형펀드 만기보유수익률을 공시하고 있지만, 해당 금융기관에서 판매하고 있는 펀드만 정보를 제공하고 있다.

공시되지 않은 채권형펀드 만기보유수익률은 어떻게 추정해야 할까? 먼저, 한국포스증권에서 투자하고자 하는 펀드의 듀레이션을 조회한 후, 동 듀레이션과 동일한 잔존만기를 갖는 채권의 시장금리를 만기보유수익률 대용으로 사용할 수 있다. 채권별 시장금리는 판매사의 모바일앱이나 금융투자협회 홈페이지 하단 바로가기 메뉴에 있는 '채권정보센터'에서 조회할 수 있다. 또한 국공채펀드는 펀드 듀레이션에 근접한 잔존만기의 국채금리를 만기보유수익률로 사용하고, 기타 채권형펀드는 신용평가등급 AA인 금융기관채 또는 회사채의 시가평가기준수익률을 사용한다. 이렇게 하면 정확하지는 않지만 어느 정도 신뢰할 수 있는 만기보유수익률을 추정할 수 있다.

금리변동에 따른 예상수익률 추정

채권형펀드 예상수익률은 다음 산식으로 추정할 수 있다.

채권형펀드 예상수익률 = 예상만기보유수익률 + 예상자본수익률 - 펀드총보수율

투자기간 동안 금리변동이 없다면 자본수익률은 발생하지 않는다. 그래서 예상수익률은 만기보유수익률(이하 YTM)에서 펀드보수를 차감한 값과 같다. 투자기간 중 금리가 상승하는 경우 자본수익률은 마이너스이고 금리가 하락하는 경우 플러스가 된다.

투자기간 중 금리가 변동될 때 YTM은 금리변동 전 YTM과 금리변동 후 YTM을 가중평균한 값이다. 예를 들어 예상투자기간은 1년이고, 3개월 후 시장금리가 1.5%에서 1.3%로 하락하면서 펀드 YTM도 2.0%에서 1.8%로 하락하는 어떤 채권형펀드가 있다고 하자. 사례의 채권형펀드의 투자기간 동안 YTM과 자본수익률을 계산해보자. 펀드의 수정듀레이션은 5이다. 첫 3개월 동안 YTM은 연 2.0%이고, 나머지 9개월 동안 YTM은 연 1.8%가 적용된다. 전체 투자기간 동안 YTM은 다음과 같이 추정한다.

예상YTM = 금리변동 전 YTM × 0.25년 + 금리변동 후 YTM × 0.75년

= 금리변동 전 YTM + YTM 변동폭 × 0.75

= 2.0% + (1.8% - 2.0%) × 0.75 = 1.85%

금리가 변동할 때 자본수익률은 다음과 같이 계산한다.

$$\text{예상자본수익률} = -\text{수정듀레이션} \times \text{금리변동폭}$$
$$= -5 \times (1.8\% - 2.0\%) = 1\%$$

펀드총보수율이 연 0.2%라면 전체 투자기간 동안의 펀드의 예상수익률은 2.65%(= 1.85% + 1% - 0.2%)이다.

금리가 낮아질수록 채권형펀드 수익률 잠재력은 감소

자산운용사나 펀드판매사는 펀드의 수익률을 광고할 때 "과거 성과가 미래 성과를 보장하지 않는다"는 문구를 반드시 표시해야 한다. 투자자들이 단순히 과거 수익률을 기준으로 투자할 펀드를 고르는 실수를 예방하기 위한 조치이다. 이러한 경고성 문구는 채권형펀드에 특히 맞는 말이다.

과거 1년 동안 금리가 하락한 경우 채권형펀드는 시장금리보다 높은 수익률을 달성한다. 그러나 금리가 낮아졌기 때문에 이자수익도 낮아진다. 금리가 추가적으로 하락하지 않으면 자본수익도 발생하지 않는다. 따라서 채권형펀드 예상수익률은 금리가 하락한 후의 만기보유수익률(보수차감 전)이며, 채권형펀드 투자 시 과거 수익률이 높을수록 미래 수익률은 낮아질 가능성이 있다는 것을 고려해야 한다.

금리상승기는 단기채권형펀드, 금리하락기는 장기채권형펀드

금리가 안정적으로 움직이거나 하락이 예상되는 경우에는 투자유니버스 내에 있는 장기채권형펀드에 분산투자하라. 반대로 금리가 상승할 것으로 예상되는 경우에는 MMF 또는 단기채권형펀드에 분산투자한다. 금리가 단기적으로 상승할 가능성이 높은 경우에는 MMF에 투자해 금리가 상승한 이후, 장기채권형펀드에 투자하는 것이 좋다. 경기침체가 예상되면 국채 등 AAA등급 채권비중이 높은 채권형펀드에 투자한다. 경기회복이 예상되는 경우에는 AA 또는 A 등급 채권비중이 높은 채권형펀드에 투자한다.

주가와 마찬가지로 금리나 신용스프레드도 경제나 기업의 펀더멘털과 무관하게 변동하는 경우가 많아 이를 예측하는 것이 어렵다. 투자자들의 심리 또는 전문가들의 컨센서스에 따라 변동하는 경우도 많다. 금리가 예측과 반대로 변동할 때 발생할 수 있는 손실률을 추정해, 손실감당 범위 이내에 있도록 투자펀드를 결정하는 것이 바람직하다.

해외채권형펀드는 환헤지 여부 파악

해외채권형펀드와 국내채권형펀드의 가장 큰 차이점은 해외채권형펀드는 환율변동에 따라 펀드수익률이 영향을 받는다는 것이다. 환율은 원화와 해외통화의 교환 비율이다. 우리나라에서 환율은 해외통화 가치를 원화로 표시하는 방법을 채택하고 있다. 즉 원화환율이 미국달러당 1,150원, 1유로당 1,300원 등으로 표시된다. 원화환율이 상승하면 해외통화의 가치가 상승(원화가치 하락)하고, 원화환율이 하락하면 해외통화의 가치는 하락(원화가치 상승)한다. 환율변동으로 인한 수익률은 다음과 같이 계산한다.

환율변동으로 인한 수익률 = (현재환율 - 투자시점 환율) ÷ 투자시점 환율

원달러 환율이 1,200원일 때 달러로 환전해 미국달러채권형펀드에 투자하고 있는데, 환율이 1,080원으로 하락했다고 가정하자. 이때 환율변동폭은 -120원이다. 이를 투자시점 환율 1,200원으로 나눈 값인 -10%가 환율변동으로 인한 수익률이다. 앞의 예시에서는 원달러 환율이 하락해 환손실이 발생했다. 반대로 원달러 환율이 상승하는 경우 미국달러채권형펀드를 보유하고 있으면 환차익이 발생한다.

향후 원달러 환율이 하락해 투자하고 있는 미국달러자산에서 환손실이 발생하는 것을 예방하는 방법은 환헤지(FX hedge)를 실행하는 것이다. 우리나라에서 판매되고 있는 해외채권형펀드 중에는 환헤지전략을 실행하는 펀드가 많다. 환헤지가 100% 이루어지면 환율변동으로 인한 투자손실은 최소화된다. 반면에 원달러 환율이 상승해 환헤지를 하지 않았더라면 환차익을 볼 수 있었는데, 투자하는 펀드가 환헤지를 함으로써 수익을 얻지 못하기도 한다. 그러므로 투자하고 있는 해외자산의 통화 대비 원화가치가 상승할 것으로 예상하는 투자자들은 환헤지펀드에 투자하는 것이 바람직하고, 원화가치가 하락할 것으로 예상하는 투자자들은 환헤지를 하지 않는 펀드를 선택하는 것이 좋다.

주의할 점은 100% 환헤지를 실행하는 펀드라도 환손실 또는 환차익이 발생할 수 있다는 점이다. 펀드 내 보유자산 가격은 매일 변동되지만, 환헤지는 실시간으로 하는 것이 불가능하기 때문이다. 또한 선물환 등 파생상품을 활용해 환헤지를 실행하기 때문에 환헤지 비용이 추가로 발생할 수도 있다.

환헤지가 불완전한 이머징마켓 투자펀드

환헤지펀드에 투자할 때 주의할 점이 또 있다. 해외펀드의 환헤지는 달러, 유로, 엔, 파운드 등 주요 통화에 대해서만 실행한다. 브라질 헤알화 등 이머징마켓 통화는 환헤지를 실행하지 않는다. 이는 우리나라에서는 이머징마켓통화에 대한 환헤지를 실행할 수 있는 수단이 없기 때문이다. 이머징마켓에 투자하는 펀드가 환헤지를 실행한다 해도, 주로 미국달러와 현지통화 간 환율변동에 따라 환차익이 발생하거나 환차손이 발생할 수 있다.

해외펀드의 환헤지 여부, 환헤지 방법 및 목표환헤지 비율은 투자설명서에 나와 있다. 대부분 자산운용사는 펀드명에 환헤지 여부를 표시한다. 펀드명에 'H'가 포함되어 있으면 환헤지펀드이고, 'UH'가 있으면 환헤지를 실행하지 않는 펀드이다(H는 Hedged, UH는 Unhedged의 약어이다). 펀드명에 이러한 약어가 없는 경우에는 펀드의 간이투자설명서 또는 투자설명서 위험관리 '환위험관리' 부분에서 환헤지전략을 파악할 수 있다.

개별 채권형펀드를
알아보자

국내채권형펀드

국내채권형펀드는 퇴직연금계좌에서 가장 많이 투자하는 펀드유형 중 하나이다. 〈표 6-6〉은 순자산이 2천억 원 이상이면서 퇴직연금클래스와 연금저축클래스를 보유한 채권형펀드이다. 펀드규모가 크다는 것은 수익률 등 성과 측면에서 투자자들에게 인정 받고 있는 펀드라고 할 수 있다.

국내채권형펀드는 개별 펀드별로 투자전략을 설명할 정도로 차별적이지 않다. 그래서 개별 펀드별 투자전략의 설명은 생략한다. 하지만 〈표 6-6〉에서 제공된 정보를 기준으로 펀드별 투자전략과 운용현황을 파악할 수 있다.

〈표 6-6〉 첫 번째 열에 있는 펀드유형은 비교지수 듀레이션을 기준으

표 6-6 유형별 주요 국내채권형펀드 현황

유형	펀드명	순자산 (억 원)	듀레이션 (연)	최저 신용등급	변동성 (%, 3년)	펀드보수 (%)
초단기	유진챔피언단기	20,124	1.34	A0	0.17	0.21
	우리단기채권	5,433	1.51	A0	0.24	0.22
	한국투자e단기채권	2,133	0.92	A-	0.28	0.18
	한화단기국공채	4,238	0.60	A-	0.16	0.16
단기	우리하이플러스단기우량채	3,833	1.80	A-	0.42	0.26
	한국투자크레딧포커스	3,894	2.56	A-	0.46	0.30
	유진챔피언중단기	3,272	1.40	A-	0.47	0.23
중기	우리 하이플러스채권1호	19,135	1.99	BBB-	0.45	0.27
	한화 코리아밸류채권	5,258	2.03	A-	0.62	0.27
	미래에셋 솔로몬중기	4,459	1.82	A-	0.69	0.23
장기	교보악사Tomorrow 장기우량K-1	9,424	3.55	A-	1.62	0.23
	미래에셋솔로몬 중장기 1호	2,293	3.72	A-	1.63	0.26
	KB스타막강국공채	3,058	3.45	A-	1.53	0.32
	삼성ABF Korea 인덱스	7,388	8.27	국공채	3.00	0.37
	미래에셋 솔로몬장기국공채1호	2,562	6.33	A-	2.50	0.29
	NH-Amundi Allset 국채10년인덱스	1,966	8.04	국채	3.58	0.25

자료: 한국포스증권(펀드슈퍼마켓), 2020년 6월 30일 기준, 각 펀드 투자설명서, 펀드보수는 퇴직연금온라인클래스 기준

로 초단기형은 6개월 내외, 단기형은 1년 내외, 중기형은 2~3년 내외, 장기형은 3년 이상으로 분류했다. 듀레이션은 2020년 6월 말 기준으로 한국포스증권(펀드슈퍼마켓) 홈페이지에 공시된 자료 기준이다.

국내채권형펀드는 이름을 자세히 보면 투자전략을 파악할 수 있다. 펀드명은 해당 펀드를 운용하고 있는 자산운용사, 펀드 브랜드, 펀드의 평균만기, 그리고 주로 투자하는 채권명으로 구성된다. 예를 들어 유진챔피언단기채권형펀드는 유진자산이 운용하고, 브랜드는 챔피언, 펀드 내 보유자산 평균만기는 단기, 주로 투자하는 채권은 표시되어 있지 않기 때문에 다양한 채권에 투자하는 펀드이다. 펀드 브랜드명은 선택 사항으로 브랜드명을 포함하지 않는 채권형펀드가 다수이다. 펀드명에 '인덱스'가 포함된 펀드는 채권인덱스펀드이다.

펀드명에 표시된 펀드 보유자산의 평균만기는 자산운용사가 내부 기준에 따라 독자적으로 결정하기 때문에 타 펀드와의 비교 가능성은 떨어진다. 펀드의 평균만기는 〈표 6-6〉의 펀드유형을 기준으로 파악하는 것이 좋다.

펀드매니저들은 자본수익을 얻기 위해 시장을 예측하여 펀드 듀레이션을 수시로 조정할 수 있다. 펀드의 비교지수 듀레이션과 펀드의 실제 듀레이션을 비교해서, 실제 듀레이션이 더 크면 펀드매니저는 향후 금리하락을 예상하고 있는 것이다. 반대로 실제 듀레이션이 더 작으면 금리상승을 예상하고 있는 것이다.

표에서 '최저신용등급'은 펀드가 투자할 수 있는 최저신용등급으로, 투자설명서에 기술되어 있다. 국내채권형펀드 대부분은 A-가 최저신용등급이지만, 우리하이플러스1호펀드 같은 일부 채권형펀드는 BBB+를 최저신용등급으로 하고 있다. 국내하이일드채권(신용등급 BB 이하)은 시장에서 유동성이 취약하기 때문에, 하이일드채권에 투자하는 공모채권형 펀드는 출시되지 않았다. BBB등급 채권도 채권시장이 경색되면 거래가 부진하기 때문에 자산운용사의 크레딧 분석 역량이 중요하다.

'변동성'은 일간수익률 3년치를 사용해 계산된 표준편차이다. 변동성 이 높을수록 펀드수익률 변화가 심하다. 채권형펀드 수익률의 변동성은 비교지수의 듀레이션이 클수록 높아진다. 국내채권형펀드의 보수는 연 0.2~0.4% 이내로 펀드전략별로 차이는 크지 않다.

글로벌채권형펀드

'우리G PIMCO글로벌투자등급채권펀드'는 채권형펀드로 유명한 기업 핌코가 운용하는 해외펀드인 글로벌투자등급크레딧펀드(PIMCO GIS Global Investment Grade Credit Fund)에 투자하는 재간접펀드이다. 환헤지를 실행하 는 펀드(H)와 실행하지 않는 펀드(UH) 모두 출시했다. 피투자펀드인 핌코 글로벌투자등급크레딧펀드는 미국채권에 약 50% 정도 투자하고, 나머지 는 유럽 또는 이머징마켓 우량 투자등급채권에 투자한다. 듀레이션은 비 교지수(약 6.7년) 대비 ±2년 이내에서 조정한다. 비교지수는 블룸버그 바 클레이즈 글로벌크레딧지수이지만, 투자부적격등급인 하이일드채권에 도 순자산의 15% 이내로 투자할 수 있다. 2020년 6월 기준으로 펀드의 유효듀레이션은 6.54, 만기보유수익률(YTM)은 연 3.81%, 평균신용등급은 A이다. 하이일드채권에 10%, 이머징마켓채권에 19% 투자하고 있다.

미래에셋글로벌다이나믹플러스채권펀드는 주로 미주, 유럽 또는 아 시아 채권에 투자하는 펀드로 국가별·채권유형별 투자비중을 적극적으 로 조정하는 전략을 실행한다. 국내채권은 국내신용등급 기준 A- 이상 채권에 투자하고, 해외채권은 국제신용등급 기준 BB- 이상 채권에 투자

표 6-7 유형별 주요 글로벌채권형펀드 현황

채권 유형	퇴직연금펀드명	환헤지	순자산 (억 원)	수정 듀레이션	만기 수익률 (%)	평균신용 등급	변동성 (%, 3년)	펀드 보수 (%)
일반	우리GPIMCO글로벌 투자등급자투자신탁 [채권_재간접형](H)	O/X	5,345	6.54	3.81	A	6.75	0.94
	미래에셋 글로벌다이나믹플러스 증권자투자신탁1(채권)	O	7,931				3.55	0.65
	삼성글로벌 채권증권자투자신탁H [채권]	O	1,158		공시자료 없음		3.47	0.62
	KB글로벌코어본드 증권자투자신탁(채권)	O	1,487				5.41	0.50
	삼성달러표시단기채권 증권자투자신탁UH[채권]	O/X	311				1.62	0.26
크레딧	우리GPIMCO분산투자 증권자투자신탁 [채권_재간접형](H)	O	984	5.65	5.49	A	7.42	0.47
	우리GPIMCO토탈리턴 증권자투자신탁 [채권_재간접형](H)ClassP1	O	1,057	5.15	2.56	AA-	4.64	0.42
	NH-Amundi Allset 글로벌회사채 증권투자신탁(H) [채권-재간접]	O/X	328	6.76	3.21	BBB	11.88	0.91

자료: 금융투자협회, 2020년 6월 30일 기준, 펀드별 운용보고서 및 팩트시트, 펀드총보수는 피투자펀드보수 포함 온라인퇴직연금클래스

한다. 글로벌하이일드채권은 순자산 20% 이내에서 투자한다. 주요 선진국통화채권에 대해 환헤지를 실행한다. 2020년 6월 말 기준으로 국채에 42%, 회사채에 33%, 유동화증권에 11% 등을 투자하고 있다. 주요 국가별 투자비중은 미국 48%, 한국 12%, 중국 4%, 멕시코 3.6%, 인도네시아 2.9%이다.

미래에셋자산은 이외에도 다양한 해외채권형펀드를 운용하고 있다. 미국 국채와 국내 은행, 국내신용등급 AAA 공기업 및 기업이 발행 또는 보증한 미국달러표시채권(KP)에 주로 투자하고 국제신용등급 A- 이상 선진국 회사에 일부 투자하는 미래에셋달러단기채권(UH), 미국달러표시 회사채(국제신용등급 BBB- 이상)에 60% 이상 투자하는 미래에셋우량달러회사채펀드를 출시했다. 미래에셋달러단기채권펀드, 미래에셋우량달러회사채펀드와 미래에셋달러우량중장기채권펀드에 분산투자하는 미래에셋미국달러채권(UH)도 출시했다. 미래에셋달러우량중장기채권펀드는 미국채와 선진국에서 발행된 신용등급 AA 이상 미국달러표시 국채, 공사채, 국제기구발행채권에 투자하는 펀드이다. 목표 듀레이션은 5.5년으로 비교지수는 블룸버그 바클레이즈 미국종합채권지수이다.

삼성글로벌채권펀드는 해외 국공채 및 투자적격등급 이상 회사채에 분산투자해 자본수익과 이자수익을 추구한다. 비교지수는 바클레이즈 글로벌종합 1~10년 총수익 지수이고, 듀레이션은 1~7년 이내에서 조정한다. 환헤지를 실행하는 펀드와 실행하지 않는 펀드 모두 출시했다.

삼성달러표시단기채권펀드는 미국 국채는 국제신용등급 기준 투자적격등급 미국 회사채와 미국 달러표시 아시아 채권 등 미국달러화로 발행된 채권에 주로 투자한다. 듀레이션은 2년 이내에서 조정한다. 비교지수는 바클레이즈 단기국채/회사채지수이다. 환헤지를 실행하는 펀드와 실행하지 않는 펀드로 출시했다. 2020년 6월 기준 채권유형별 비중은 국채 9.3%, 회사채 82.1%, 현금성 8.6%이다. 주요 국가별 투자비중은 미국 54%, 국내 34%, 독일 5.57%, 영국 4.3% 등이다.

삼성자산은 이외에도 삼성미국투자적격중단기채권펀드(H)와 삼성미국투자적격장기채권펀드(H)를 출시했다. 두 펀드 모두 미국 채권시장에서 발행된 미국 달러화 표시 투자적격채권(국제신용등급)에 주로 투자해 안정적인 수익을 추구한다. 미국 국채, 외국 정부가 발행한 미국 달러화 채권, 국제기구가 발행하는 채권에도 일부 투자한다. 중단기채권펀드의 비교지수는 블룸버그 바클레이즈의 7년 이하 미국 회사채(A-등급 이상)지수와 미국채지수에 각각 70%와 30%로 가중평균한 지수이다. 장기채권펀드의 비교지수는 블룸버그 바클레이즈 미국크레딧지수로 주로 잔존만기 8~10년 이상 채권에 투자한다.

KB글로벌코어본드펀드는 선진국 국채 및 선진국 통화표시채권에 주로 투자한다. 글로벌 우량 회사채 및 글로벌채권 ETF에도 투자해 자본수익과 이자수익을 추구한다. 하이일드채권에 대한 투자는 순자산의 10% 이내로 제한한다. 비교지수는 블룸버그 바클레이즈 글로벌종합총수익지수이고, 외화자산의 70~100% 이내에서 환헤지를 실행한다.

우리G PIMCO분산투자채권펀드는 핌코분산투자인컴펀드(PIMCO Funds GIS Diversified Income Fund)에 주로 투자하는 재간접펀드이다. 비교지수는 글로벌크레딧, 선진국 하이일드채권, 그리고 미국 달러표시 이머징마켓 국공채에 동일 비중으로 구성된다. 달러 대비 환헤지를 실행하고 목표환헤지 비율은 95~105% 수준이다. 듀레이션은 비교지수 대비 ±2년 이내에서 조정한다. 2020년 6월 현재 유효듀레이션은 5.65, 만기보유수익률은 연 5.49%, 평균신용등급은 A이다. 글로벌크레딧펀드로 분류되고 있지만 비교지수 기준으로 글로벌하이일드채권과 이머징채권에 순자산의 67%를 투자하고 있는 점을 고려하면, AB글로벌고수익채권과 동일한 유형으로 비교하는 것이 타당하다.

우리G PIMCO 토탈리턴채권펀드는 핌코토탈리턴펀드(PIMCO Funds GIS Total Return Bond Fund)에 투자하는 재간접펀드이다. 비교지수는 바클레이즈 캐피탈 미국종합지수이다. 달러 대비 환헤지를 실행하고 목표환헤지 비율은 95~105%이다. 주로 미국채권에 투자하고 유럽채권에도 일부 투자한다. 2020년 6월 기준 미국채권 투자비중은 93%이다. 듀레이션은 비교지수(6년 내외) 대비 ±2년 이내에서 조정한다. 유효듀레이션은 5.15, 만기보유수익률은 연 2.6%, 평균신용등급은 AA-이다. 10% 이내에서 하이일드채권에 투자할 수 있고 전환사채 또는 지분증권에도 일부 투자할 수 있다.

NH-Amundi Allset글로벌회사채펀드는 해외자산운용사인 아문디(Amundi)가 운용하는 글로벌회사채펀드(Amundi Funds Bond Global Corporate Fund)에 투자하는 재간접펀드이다. 비교지수는 유럽과 미국에서 발행된 대기업 투자등급채권으로 구성된 뱅크오브아메리카메리린치글로벌대형주회사채달러지수이다. 피투자펀드는 순자산의 66% 이상을 세계 각국의 회사채에 투자하고 일부는 전환사채에도 투자한다. 또한 15% 내에서 하이일드채권에 투자한다. 환헤지펀드와 환오픈펀드 모두 출시했다. 환헤지펀드의 목표환헤지 비율은 해외자산 총액의 80% 이상으로 원달러에 대한 환헤지를 실행한다. 2020년 6월 기준 유효듀레이션 6.76, 만기보유수익률은 3.21, 평균신용등급은 BBB이다. 타 펀드보다 수익률변동성이 연 11.9%로 높은 편이다.

글로벌하이일드채권형펀드

AB글로벌고수익채권펀드는 미국 자산운용사인 얼라이언스번스타인이 운용 중인 글로벌하이일드채권포트폴리오(AB FCP I Global High Yield Bond Portfolio)에 투자하는 재간접펀드이다. 피투자펀드는 미국 및 이머징마켓을 비롯한 전 세계 고수익채권에 주로 투자하지만 미국을 제외한 국가의 국가별 비중은 순자산의 20% 이내로 제한한다. 시장전망을 기초로 미국 하이일드채권, 이머징마켓 하이일드채권, 이머징마켓 국채의 투자비중을 적극적으로 조정한다. 외화자산의 미국 달러 환산금액의 60~100% 수준에서 환헤지를 실행한다. 2020년 6월 기준 순자산의 45% 정도를 미국 하이일드채권에 투자하고 있으며 브라질 4.5%, 인도네시아 3.1%, 멕시코 2.4% 등 이머징마켓채권에 21.2% 투자하고 있다. 기타 투자등급회사채 9.4%, 상업용-MBS 4.5% 등 고수익채권에 투자하고 있다.

표 6-8 유형별 주요 글로벌하이일드채권형펀드 현황

채권 유형	퇴직연금펀드명	환헤지	순자산 (억 원)	수정 듀레이션	만기 수익률 (%)	평균신용 등급	변동성 (%, 3년)	펀드 보수 (%)
글로벌	AB글로벌고수익 증권투자신탁 (채권-재간접형)	O	5,752	4.16	11.07	BB+	11.60	1.10
미국	블랙록미국달러하이일드 증권투자신탁 (채권-재간접형)(H)	O	212	4.23	6.89	BB-	7.90	1.04
유럽	피델리티유럽하이일드 증권자투자신탁 (채권-재간접형)	O	330	3.70	6.52	BB	9.85	1.25

자료: 금융투자협회, 2020년 6월 30일 기준, 펀드별 운용보고서 및 팩트시트, 펀드총보수는 피투자펀드보수 포함 온라인퇴직연금클래스

블랙록미국달러하이일드채권펀드는 해외자산운용사 블랙록이 운용하는 미국달러하이일드채권펀드(BGF US dollar high yield bond fund)에 투자하고 있는 재간접펀드이다. 피투자펀드의 비교지수는 바클레이즈 캐피탈 하이일드 채권지수이고, 목표환헤지 비율은 100%이다. 2020년 3월 기준 미국 하이일드채권 비중이 82%, 듀레이션 4.23, 만기보유수익률 6.85%, 평균신용등급 BB-이다.

피델리티유럽하이일드채권펀드는 피델리티자산운용이 운용하는 유럽하이일드펀드(Fidelity European High Yield Fund)에 투자하는 재간접펀드이다. 주로 동유럽을 포함한 유럽지역 기업이 발행하는 하이일드채권에 투자한다. 비교지수는 뱅크오브아메리카글로벌하이일드유럽기업지수이다. 기본적으로 유로화 대비 100% 환헤지를 목표로 한다. 2020년 6월 기준 피투자펀드 듀레이션은 3.7, 만기보유수익률은 연 6.5%, 평균신용등급은 BB이다.

이머징마켓채권형펀드

삼성누버거버먼이머징국공채플러스채권펀드는 해외자산운용사인 뉴버거버먼 달러표시이머징채권펀드(Newberger Berman Emerging Markets Debt-Hard Currency Capabilities Fund)에 투자하는 재간접펀드이다. 피투자펀드는 이머징마켓이 발행하는 달러표시(유로화, 엔화, 파운드화 등 통화 일부 포함) 채권에 투자함으로써 자본수익과 인컴수익을 추구한다. 주로 이머징마켓의 국공채, 지방채 등에 투자하고 15% 이내에서 회사채에 투자한다. 비교지수는 제이피모간이머징채권글로벌분산지수이다. 2020년 6월 현재 피투자펀드의 만기수익률은 6.5%로 높은 수준이고, 수정듀레이션이 6.5이다. 미국달러자산의 80~110% 이내에서 환헤지를 실행하고 주요 투자국가

표 6-9 유형별 주요 이머징마켓채권형펀드 현황

채권 유형	퇴직연금펀드명	환헤지	순자산 (억 원)	수정 듀레이션	만기 수익률 (%)	평균신용 등급	변동성 (%, 3년)	펀드 보수 (%)
달러 표시	삼성누버거버먼 이머징국공채플러스 증권자투자신탁H [채권-재간접형]	O/X	742	6.48	6.47	BBB	9.91	1.23
달러 표시	한화이머징국공채 증권투자신탁 (채권-재간접형)	O	189	7.93	5.21	BB-	12.26	1.03
달러 표시	피델리티이머징마켓 증권자투자신탁 (채권-재간접형)	O	458	7.10	7.80	BB-	13.79	1.46
달러 표시	삼성누버거버먼 이머징단기채권 증권자투자신탁H [채권-재간접형]	O/X	452	2.31	4.47	BBB-	6.97	1.03
크레딧	블랙록아시아퀄리티 증권투자신탁 (채권-재간접형)(H)	O	413	5.27	4.60	BBB	6.93	1.04

자료: 금융투자협회, 2020년 6월 30일 기준, 펀드별 운용보고서 및 팩트시트, 펀드총보수는 피투자펀드보수 포함 온라인퇴직연금클래스

는 터키, 아르헨티나, 러시아, 멕시코 등이다.

한화이머징국공채펀드는 해외운용사인 JP모간이머징채권펀드(JP Morgan Emerging Market Debt fund)에 투자하는 재간접펀드이다. 이머징마켓의 국공채에 주로 투자하고 회사채 또는 현지통화채권에도 일부 투자한다. 브래디본드, 양키본드, 유로본드 형태의 국채 및 회사채, 국내시장에서 거래되는 채권 및 어음에도 투자한다. 원달러에 대한 환헤지를 실행하는데 환헤지 비율은 70~100%에서 조정한다. 2020년 6월 기준 국공

채 77%, 회사채 13%에 투자하고 있고 국내에서 출시된 주요 이머징채권 펀드 중에서 가장 길다.

피델리티이머징마켓채권펀드는 피델리티 이머징채권펀드(Fidelity Emerging Market Debt Fund)에 투자하는 재간접펀드이다. 피투자펀드는 대부분 달러표시 이머징마켓 국공채에 투자하지만 일부는 회사채 또는 현지통화채권에도 투자한다. 2020년 6월 기준 국공채에 66%, 회사채에 32% 투자하고 있다. 평균신용등급 BB-, 유효듀레이션은 7.1이다.

삼성누버거버먼이머징단기채권펀드는 뉴버거버먼단기듀레이션이머징마켓달러표시채펀드(Neuberger Berman Short Duration EM Debt USD)에 투자하는 재간접펀드이다. 피투자펀드는 주로 듀레이션 2년 내외의 달러표시 이머징마켓의 단기채권에 투자한다. 2020년 6월 기준으로 국공채 45%, 회사채비중이 48% 수준이고 주요 투자국은 중국 16.5%, 브라질 8.3%, 터키 5.4%, 멕시코 5.4% 등이다.

블랙록아시아퀄리티채권펀드는 주로 아시아 지역에 소재하거나 해당 지역을 대상으로 사업을 영위하는 국가 또는 기업 등이 발행하는 채권에 투자해 총수익을 추구하는 BGF아시아타이거채권펀드(BGF Asia Tiger bond fund)에 투자하는 재간접펀드이다. 피투자펀드의 비교지수는 JP모간아시아크레딧지수(JP Morgan Asia Credit Index)이다. 피투자펀드가 주로 미국달러표시채권에 투자하는데 원칙적으로 원달러 기준 100% 환헤지를 실행한다. 주로 투자등급채권에 투자하지만 하이일드채권에도 일부 투자할 수 있다. 2020년 6월 기준 국가별 투자비중은 비교지수의 투자비중과 비슷한 중국 50%, 인도네시아 10.8%, 인도 8.4%, 홍콩 6.6%, 필리핀 4.7% 등이다.

주식형펀드 투자 핵심 노하우는?

01

제로금리 시대에는
해외주식형펀드로
시야를 넓히자

주식형펀드는 순자산의 60% 이상을 주식에 투자해 배당수익뿐만 아니라 중장기적으로 주가 상승으로 인한 자본수익을 얻는 것을 목표로 한다. 2000년대 초반까지만 하더라도 국내주식형펀드가 대부분이었지만, 지금은 세계 각국 주식에 투자하는 해외주식형펀드가 다수 출시되었다. 투자전략도 개별 국가펀드에서 글로벌분산투자펀드, 인덱스펀드에서 섹터펀드까지 다양화되고 있다.

연금계좌에서의 해외주식형펀드 투자 증가

연금계좌(DC연금계좌, IRP계좌, 연금저축펀드계좌)에서 투자할 수 있는 주식형펀드는 2019년 말 기준으로 국내주식형펀드가 200여 개, 해외주식형펀드

표 7-1 **연금계좌의 주식형펀드 투자현황**

펀드유형	투자전략	순자산
국내주식형	액티브	9,880억 원
	인덱스	1,350억 원
	소계	1조 1,230억 원
해외주식형	글로벌	6,620억 원
	중국	2,930억 원
	미국	1,800억 원
	베트남	1,220억 원
	기타 아시아	2,240억 원
	기타 선진국	760억 원
	기타	270억 원
	소계	1조 5,840억 원
합계		2조 7,070억 원

자료: 금융투자협회, 2019년 12월 31일 기준

가 300개가 넘는다. 투자규모도 국내주식형펀드가 1조 1천억 원, 해외주식형펀드가 1조 6천억 원에 이른다. 〈표 7-1〉은 연금계좌 가입자들이 투자하고 있는 주식형펀드의 규모를 지역별·국가별로 요약한 것이다.

국내주식형펀드 1조 1천억 원 중 액티브펀드가 90%, 나머지는 패시브펀드이다. 특히 액티브펀드 중에서 배당주펀드 비중이 상대적으로 높다. 노후자금을 운용하는 연금가입자들은 주가차익보다는 배당수익률이 높은 곳에 투자해 안정적인 수익률을 달성하는 펀드를 선호하기 때문인 것으로 추측된다.

연금계좌에서 투자하고 있는 1조 6천억 원의 해외주식형펀드 중 42%

가 전 세계 주식에 분산투자하는 글로벌주식형펀드이고, 16%가 선진국 주식형펀드, 나머지 42%가 이머징마켓주식형펀드이다. 이머징마켓주식형펀드 대부분은 아시아 이머징마켓에 투자하고 있고, 개별 국가별로는 중국, 미국, 베트남, 인도 순으로 펀드규모가 크다.

연금계좌에서 국내주식형펀드에 투자할 경우 일반계좌에서 투자할 때보다 세금 측면에서 불리하다. 일반계좌에서 국내주식형펀드에 투자할 때 배당수익을 제외한 자본수익은 비과세이지만, 연금계좌에서는 배당수익뿐만 아니라 자본수익도 과세대상이 되기 때문이다. 운용수익을 연금으로 인출하면 3.3~5.5%의 연금소득세가 부과되고, 일시금으로 인출할 경우 16.5%의 기타소득세가 부과된다. 그럼에도 불구하고 연금계좌에서 국내주식형펀드에 왜 투자할까? 아마도 세제상 불리함을 모르거나, 국내주식형펀드에 투자하는 것을 선호하거나, 퇴직연금사업자가 추천했기 때문일 것으로 추정된다.

글로벌주식형펀드에 분산투자하는 것이 바람직

주식형펀드에 투자할 때는 전 세계 주식시장을 투자대상으로 하는 것이 바람직하다. 특정 국가의 주식형펀드에만 투자할 경우, 해당 국가가 경제위기에 봉착하게 되면 큰 폭의 손실을 볼 수 있기 때문이다. 미래의 주가를 예측해 주가가 급락하기 전에 빠져나오면 된다고 생각할 수 있지만, 이는 매우 어렵다. 주가를 정확하게 예측했다고 주장하는 전문가는 많지만, 지속적으로 주식시장을 정확히 예측한 전문가는 과거에도 없었고 미래에도 없을 것이다.

글로벌주식형펀드가 비교지수로 사용하는 주가지수는 MSCI 전 국가 세계지수(MSCI ACWI, MSCI All Country World Index)이다. MSCI ACWI는 23개

표 7-2 MSCI ACWI의 국가별 비중

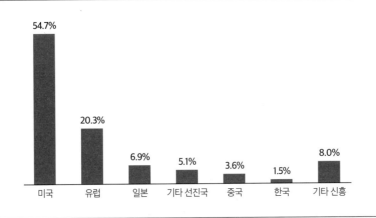

자료: 2020년 3월 기준, MSCI

선진국과 24개 이머징국가에 상장된 3천 개가 넘는 종목으로 구성된 주가지수이다. 2020년 3월 기준 MSCI ACWI의 국가 또는 지역별 투자비중은 미국 54.7%, 유럽 24.3%, 일본 6.9% 등 선진국 비중이 86.9%이고, 이머징주식 비중이 13.1%를 차지한다.

선진국 주가가 이머징마켓보다 변동성이 낮다

MSCI ACWI와 별도로 MSCI 세계지수(MSCI WI, MSCI World Index)와 MSCI 이머징마켓지수(MSCI Emerging Markets Index)가 있다. MSCI WI는 선진국 주식으로 구성된 지수이고, MSCI 이머징마켓지수는 이머징마켓 주식으로 구성된 지수이다.

〈표 7-3〉은 2005년 이후 글로벌 주가지수 추이이다. 글로벌 금융위기로 주가가 급락한 기간을 제외한 2010년 이전에는 이머징마켓의 수익률이 높았고 2011년 이후에는 선진주식시장의 수익률이 높다. 2005년 이

표 7-3 글로벌 주가지수

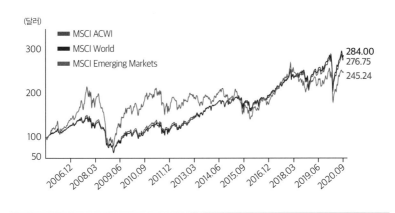

자료: MSCI

후 15년 동안의 총수익률은 선진국 주식증시와 이머징마켓 증시가 비슷하지만, 이머징마켓 증시가 더 큰 폭의 상승과 하락을 반복하는 높은 변동성을 보였다. 이는 이머징마켓 주가가 선진국 주가보다 투자위험이 훨씬 크다는 의미이다. 변동성이 높은 자산에 투자할 경우 어느 시점에서 투자했느냐에 따라 수익률에 큰 차이가 발생하지만, 변동성이 낮은 자산에 투자하면 투자시기에 상관없이 수익률 차이가 크지 않은 경향이 있다.

향후 경제성장은 아시아 이머징마켓이 주도

주식시장은 국가별로 나름 특징적인 변동 추세가 있다. 한 나라의 주식시장은 그 나라의 경제상황을 종합적으로 반영한 결과이기 때문이다. 또한 국가의 경제는 그 국가의 경쟁력을 결정하는 부존자원, 인적자원, 제도적 인프라 등으로 특징된다. 이것은 단기에 바꿀 수 있는 것이 아니다.

글로벌 컨설팅기관인 프라이스워터하우스쿠퍼스(이하 PWC)가 2015년부터 2050년까지 주요 국가들의 경제규모를 전망하는 자료를 발표했다. 경제규모가 큰 G20 국가와 베트남, 나이지리아, 말레이시아 등 총 32개 국가를 대상으로 2050년까지의 경제성장률을 예상했다.

원유자원이 풍부하면서 인구증가율이 높은 나이지리아와 양질의 노동력을 기반으로 세계의 새로운 제조기지로 성장하고 있는 베트남이 가장 높은 연 5%대 경제성장률을 기록할 것으로 예상되었다. 인도, 필리핀, 인도네시아, 파키스탄, 말레이시아 등 동남아시아와 남아시아 국가가 연 4%대 성장률, 멕시코, 태국, 중국, 터키, 브라질 등이 연 3%대 성장률, 한국을 비롯한 미국, 영국, 러시아 등이 연 2%대 성장률을 기록할 것으로

표 7-4 2050년 GDP 예상 순위

Top 10 국가		기타 주요 국가	
순위	국가명	순위	국가명
1(2)	중국	15(13)	대한민국
2(1)	미국	21(28)	필리핀
3(10)	인도	22(30)	파키스탄
4(17)	인도네시아	23(27)	말레이시아
5(7)	브라질	24(25)	태국
6(3)	일본	25(31)	베트남
7(15)	멕시코		
8(9)	러시아		
9(20)	나이지리아		
10(4)	독일		

자료: PWC(2015), ( )안의 수치는 2014년 순위

전망되었다.

〈표 7-4〉는 PWC가 예상한, 2050년 세계에서 경제규모(GDP)가 큰 Top 10 국가를 정리한 것이다. 이 순위는 예측이라기보다 정치, 경제, 사회적 환경이 순조롭게 진행될 때 실현될 수 있는 결과이다. 향후 30년 동안 세계 경제를 주도하거나 성장잠재력이 높은 국가들을 선별했다고 볼 수 있다. 2050년까지 경제성장률이 가장 높을 것으로 예상되는 Top 10 국가는 모두 이머징마켓에 속하고, 이 중에서 7개 국가가 동남아시아와 남아시아 국가들이다. 경제규모가 큰 Top 10 국가 중 중국(1위), 인도(3위), 인도네시아(4위), 일본(6위)은 아시아 국가들이다.

장기성장률뿐만 아니라 국가들의 건전성도 분석할 필요가 있다. 아르헨티나처럼 채무불이행 상태가 되면 주가가 하락할뿐만 아니라, 환율도 폭등하면서 주식형펀드에서 큰 손실이 발생하게 된다. S&P 같은 국제신용평가기관은 국가의 외채상환능력을 평가해 기업처럼 신용등급을 부여한다. PWC는 이머징국가 중 중국(A+), 말레이시아(A-), 필리핀(BBB+), 인도(BBB-), 인도네시아(BBB), 러시아(BBB-)는 투자적격등급이고 베트남(BB)과 브라질(BB-)은 투자부적격등급으로 봤다.

이머징국가들은 경제규모 대비 과도한 외채로 인해, 글로벌 헤지펀드의 공격대상이 되거나 경제위기에 봉착하기도 한다. GDP 또는 외환보유고 대비 외채규모가 큰 국가일수록, 글로벌 경기침체가 심화되면 국내금융시장이 큰 충격을 받는다. PWC가 분석한 국가 중 외채규모가 GDP의 30% 내외이면서 외환보유고의 1배가 넘는 국가로는 브라질, 인도네시아, 말레이시아 등이 있다. 우리나라를 포함해 러시아, 필리핀, 태국, 베트남은 외채규모가 GDP 대비 20%대이고, 외환보유고의 0.6배에서 1배 수준이다.

표 7-5 미국 및 아시아 이머징마켓의 주가 추이

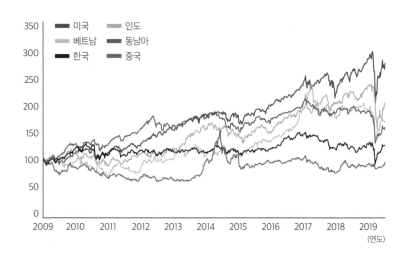

미국과 아시아 이머징국가별 주가 추이

미국과 주요 아시아 이머징마켓 국가의 과거 10년 동안 주가 추이를 〈표 7-5〉에 비교했다. 동남아는 베트남을 제외한 아세안 5개국의 평균수익률을 지수화했다. 과거 10년 동안 미국 증시가 2.8배 상승해 수익률이 가장 양호했고 인도가 2배, 베트남과 동남아가 약 1.6배, 한국이 1.3배 상승했다. 반면에 중국은 10년 전 수준을 유지하고 있다.

〈표 7-5〉 그래프에서 보듯이 많은 국가들의 주가가 장기추세 관점에서는 동조화현상을 보이지만, 일부 국가는 상당기간 다르게 변동했다. 이 국가들은 향후 30년 동안 세계 경제를 주도하거나 가장 빠르게 성장하는 국가들로, 주가가 큰 폭으로 상승할 잠재성이 높을 것으로 전망된다.

02

투자국가를 고를 때
유용한 지표가 있다

주가는 경제와 기업의 펀더멘털을 반영

주가는 기업실적에 영향을 미치는 경기변동과 시중에 풀린 돈의 양인 유동성에 의해 변동하는 경향이 있다. 경제가 침체국면을 지나 회복기에 진입할 것으로 예상되면 투자자들이 주식을 매수하면서 주가가 상승하기 시작하고, 정점을 지나 수축국면으로 진입할 것으로 예상되면 주가는 하락하는 경향이 있다. 시중에 돈이 많이 풀리면 주식시장의 유동성이 풍부해 펀더멘털과 상관없이 주가가 큰 폭으로 상승하기도 한다.

유동성이 주가를 끌어 올린 가장 대표적인 경우가 코로나 바이러스가 심각하게 확산된 2020년 3월 하순 이후 미국 증시라고 할 수 있다. 미국 중앙은행인 연방준비위원회가 정책금리를 제로금리 수준으로 인하하고 무제한으로 돈을 풀겠다고 하면서, 주가는 저점에서 40% 이상 상승하며 전고점을 돌파했다. 그럼에도 불구하고 실업률이 두 자리 수를 유지하는 등 미국 경제의 펀더멘털은 매우 취약한 상황이다.

투자하고자 하는 국가의 주식형펀드를 고를 때, 해당 주식시장이 저평가되었는지 고평가되었는지를 파악하는 것이 중요하다. 투자자들의 군중심리나 시장의 유동성으로 인해 주가가 내재가치보다 큰 폭으로 상승할 수는 있어도, 실적이 이를 뒷받침하지 못하면 다시 하락할 수밖에 없기 때문이다. 따라서 주식시장이 기업실적이나 경제 펀더멘털 대비 과도하게 상승했는지를 판단하는 것이 중요하다.

쉴러PER: 기업 펀더멘털 대비 주가 적정성 평가

쉴러PER(Shiller PER)는 예일대의 로버트 쉴러 교수가 주가의 적정성을 평가하기 위해 개발한 지표이다. 2000년 IT버블이 붕괴되기 직전, 쉴러PER를 기준으로 주가가 고평가되었다고 주장한 이후 유명해졌다. 주가순이익비율인 PER는 주가를 주당순이익(EPS, Earnings Per Share)으로 나눈 값으로, 현재 주가 수준이 주당순이익의 몇 배인지를 나타낸다.

공시된 최근 1년 순이익을 기준으로 산정된 PER를 트레일링PER(Trailing PER)라고 하고, 1년 예상순이익을 기준으로 산정된 PER를 포워드PER(Forward PER)라고 한다. 주식시장을 전망할 때는 보통 포워드PER를 기준으로 분석한다.

PER가 낮다는 것은 주당순이익 대비해 주가가 낮은 것을 의미하기 때문에, 주가가 저평가되었다고 한다. 주가의 저평가 여부를 판단할 때는 PER의 절대적인 수준보다는 과거평균 PER, 업종평균 PER, 시장평균 PER 등 평균 PER와 상대적으로 비교한다.

PER 계산 시 분모인 기업의 순이익은 경기가 호황일 때는 증가하고 불황일 때는 감소하는 등 경제상황에 따라 변동한다. 그렇기 때문에 PER의 적정 수준을 파악하는 것이 어렵다는 단점이 있다. 쉴러 교수는 이러한 PER의 단점을 해소하기 위해 1년 순이익 대신 과거 10년 평균순이익을 사용해 쉴러PER를 계산했다.

$$쉴러PER = 주가지수 \div 순이익의 10년 평균$$

쉴러PER는 1년 순이익이 아닌 10년 동안의 순이익 평균치를 사용해 경기변동효과를 제거한 순이익으로 계산하기 때문에 CAPE(Cyclically Adjusted Price Earning)비율이라고도 한다. 현재 주가 수준이 버블 상태인지 아니면 적정 수준인지를 파악하기 위해서는 쉴러PER의 과거 추이를 계산해야 한다. 이때 과거시점의 쉴러PER는 과거 주가지수와 10년 평균순

표 7-6 미국 주가와 쉴러PER(CAPE)의 추이

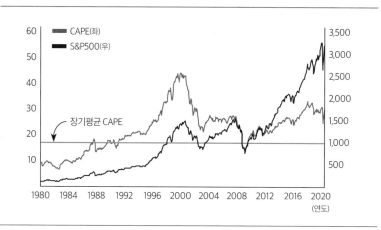

이익을 물가상승률을 사용해 현재가치로 환산한 후 계산한다. 〈표 7-6〉은 S&P500지수와 쉴러PER 추이를 보여주고 있다.

쉴러 교수가 예측한 2000년 IT버블이 붕괴되기 직전에 CAPE비율은 〈표 7-6〉에서 보는 바와 같이 급격히 증가하면서 장기평균치보다 매우 큰 폭으로 상승했다. 하지만 글로벌 금융위기로 주가가 폭락하기 시작한 2008년 버블붕괴 이전에는 CAPE비율에 큰 변화가 없어 버블 붕괴를 예측하지 못했다. 2019년에도 로버트 쉴러 교수가 미국 주가가 고평가되었다고 경고했지만 버블 붕괴는 없었다. 버블이란 것이 시간이 경과된 후에야 확인할 수 있는 한계는 있지만, 쉴러PER도 절대적 기준이 아닌 주가의 적정성을 평가하기 위한 참고지표 중 하나라고 할 수 있다.

미국의 쉴러PER는 로버트 쉴러 교수의 홈페이지(www.econ.yale.edu/~shiller/data.htm)에서 조회할 수 있다. 투자 관련 사이트 어드바이저퍼스펙티브(Advisor Perspectives, www.Advisorperspectives.com)에서는 미국 증시의 쉴러PER 분석정보를 얻을 수 있다. 또한 스타캐피탈(Star Capital, www.starcapital.de/en/research/stock-market-valuation/)에서는 세계 각국의 쉴러PER를 조회할 수 있다.

버핏지수: 경제 펀더멘털 대비 주가 적정성 평가

버핏지수(Buffet indicator)는 한 국가의 주식시가총액 대비 GDP 비율이다. 워런 버핏이 주식시장의 저평가 여부를 판단할 수 있는 가장 좋은 지표라고 언급하면서 유명해진 지표이다. GDP는 한 국가에서 생산된 최종 재화와 서비스의 생산액이기 때문에, 한 나라의 경제활동 수준을 나타내는 대표적 경제지표이다. 주식시가총액은 상장된 기업의 주가와 주식 발행총수를 곱한 값으로 기업의 시장가치를 나타낸다. 한 국가의 주식시가총액은 증시에 상장된 모든 기업의 시가총액을 합한 값이다.

버핏지수 = 주식시가총액 ÷ GDP

경기가 호황일 때는 GDP 증가율도 높고 기업실적이 호전되면서 주가도 상승하기 때문에, 주식시장의 시가총액도 증가한다. 반면에 경기가 침체할 때는 GDP가 감소하거나 증가율이 둔화하고 주가도 하락하기 때문에, 시가총액도 감소한다. 버핏지수가 높으면 GDP 대비 기업의 시장가치가 높다는 의미이다. 일반적으로 버핏지수 비율이 80% 이하이면 저평가되어 있고, 120% 이상이면 고평가되어 있다고 판단한다.

하지만 〈표 7-7〉에서 보듯이 버핏지수는 추세적으로 상승하는 경향이 있다. 국가별로 저평가 또는 고평가 기준이 상이할 수 있다는 점을 유의할 필요가 있다. 일부 전문가는 버핏지수가 장기추세선을 이탈한 정도

표 7-7 미국 시장의 버핏지수 추이

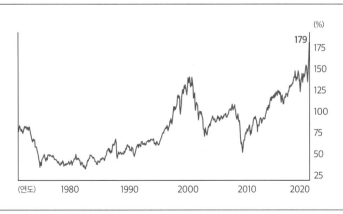

자료: Guru focus(gurufocus.com)

를 기준으로 주식시장 적정성을 판단하기도 한다.

쉴러PER가 기업의 펀더멘털 지표인 기업순이익을 사용해 주가 수준의 적정성을 평가하는 지표라면, 버핏지수는 국가의 펀더멘털 지표인 GDP를 사용해 주가 수준의 적정성을 평가하는 지표이다. 따라서 서로 보완적으로 사용하는 것이 좋다. 국가별 버핏지수는 전 세계 200여 국가의 거시경제 데이트를 제공하는 웹사이트 CEIC Data(www.ceicdata.com)에서 조회할 수 있다. 또 다른 웹사이트 구루포커스닷컴(www.gurufocus.com)은 미국의 버핏지수에 대한 상세한 분석 내용을 제공하고 있다.

주식스타일별로 수익률이 다르다

주식시장이 상승과 하락을 반복할 때, 동시에 모든 주식들이 상승과 하락을 반복하기보다 소그룹별로 서로 다른 추세를 가지고 변동하는 경향이 있다. 일단의 주식군이 별도의 추세를 가지고 타 종목군과 상이하게 움직이는 공통적인 특성을 주식스타일(Equity style)이라고 한다.

특정 주식군이 하나의 스타일로 인정받기 위해서는, 타 종목군과 비교해 다른 수익률 추세를 보이고 동 추세가 일정 기간 지속되어야 한다. 가장 널리 인정되고 있는 주식스타일은 주가의 저평가 여부로 분류되는 가치주와 성장주, 그리고 시가총액을 기준으로 분류되는 대형주와 소형주 스타일이 있다. 가치주는 PER가 상대적으로 낮은 저평가주식을 말하고 성장주는 PER가 높은 고평가주식을 말한다.

2000년 이후 미국 주가는 두 번의 강세장이 연출되었다. 첫 번째 강세장은 2000년 IT버블이 붕괴된 이후부터 2008년 글로벌 금융위기가 발생하기 전까지이다. 두 번째 강세장은 글로벌 금융위기로 인한 버블이 붕괴된 2009년 이후부터 2020년까지도 지속되고 있다.

표 7-8 미국 스타일지수 추이

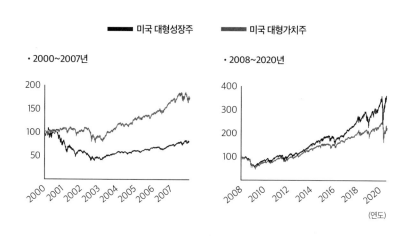

자료: FRED St Louis

〈표 7-8〉은 두 강세장 기간 중 윌셔(Wilshire) 사의 미국 대형주 스타일 지수 추이를 비교하고 있다. 두 기간 모두 버블이 붕괴되고 시작된 새로 운 강세장이었다. 다만 2000년대에는 가치주가 주도하는 강세장이, 2010 년대 이후로는 성장주가 주도하는 강세장이 펼쳐지고 있는 것이다.

03

주식형펀드
고르는 기준을 세우자

펀드의 주식스타일

동일한 지역이나 국가에 투자하는 주식형펀드라고 하더라도, 펀드 스타일별로 성과를 비교하는 것이 중요하다. 성장주펀드 수익률이 가치주펀드의 수익률을 압도하는 최근 같은 장세에서는, 아무리 우수한 가치주펀드라고 하더라도 성장주펀드의 평균수익률보다 낮을 수 있다. 이를 단순히 비교해 가치주펀드의 펀드매니저 성과가 저조하다고 결론짓는 것은 잘못된 판단이다. 이는 사과와 배를 서로 비교하는 것과 같은 우를 저지르게 된다.

주식스타일박스는 주식형펀드의 운용특성을 한 번에 보여주는 주식형펀드의 얼굴이라고 할 수 있다. 주식스타일박스(Equity style box)는 수평

표 7-9 **주식형펀드의 스타일박스**

축에는 PER, PBR 지표 등으로 측정된 가치주/성장주 척도, 수직축에는 기업규모인 대형주/소형주 척도를 사용해 펀드의 위치를 표시한 것이다. 〈표 7-9〉의 스타일박스에 따르면, 해당 펀드는 대형주 중에서도 성장주 위주로 투자하는 대형성장주펀드라고 할 수 있다.

주식스타일박스는 미국 등 선진국 주식형펀드의 주식스타일을 평가하고, 펀드매니저가 자신의 운용철학에 맞춰 일관성 있게 운용하고 있는지 점검할 때 유용하다. 우리나라에서도 펀드평가회사들이 주식형펀드의 주식스타일을 분석하고 있고, 한국포스증권(펀드슈퍼마켓)에서도 주식스타일박스를 제공하고 있다. 하지만 선진국과 비교하면 유용성이 떨어진다.

일단 국내는 가치주지수와 성장주지수가 별도의 스타일로 분류될 수 있을 정도는 아니다. 추세의 지속성이 부족하고, 펀드매니저들이 주식스타일별로 운용하는 경우도 많지 않으며, 시장 상황에 따라 주식스타일을 변경하는 스타일드리프트(Style drift) 현상이 많이 관찰되기 때문이다. 일부 자산운용사들은 우수한 수익률을 달성한 후 투자자가 몰려 펀드규

모가 커지거나, 반대로 성과가 저조해 판매회사 또는 투자자들의 불만을
극복하지 못해 자신의 운용스타일을 변경하기도 한다.

펀드의 운용규모

펀드의 운용규모는 순자산 기준으로 최소 500억 이상인 펀드가 안전하
다. 펀드의 운용규모가 크다는 것은 과거 운용성과가 좋아서 많은 투자
자들이 가입하고 있음을 의미한다. 펀드순자산이 작은 경우 투자전략을
효과적으로 실행하기 어려운 점이 있다. 특히 해외주식형펀드는 주식거
래 시 거래금액이 작을수록 건당 수수료 및 보관비용이 크기 때문에 수
익률에 부정적인 영향을 미친다. 펀드순자산이 50억 원보다 작아서 소규
모펀드로 지정되면, 감독규제로 인해 청산될 가능성도 있다.

펀드의 규모를 파악할 때는 펀드의 종류(클래스)별 순자산이 아닌 펀드
의 순자산을 기준으로 한다. 펀드는 판매방식에 따라 다양한 클래스가
있는데, 동일한 펀드 모든 클래스의 순자산을 합한 금액이 펀드의 순자
산이다. 개인투자자들이 가입할 수 있는 펀드클래스는 판매형태 및 가입
자격에 따라 〈표 7-10〉과 같이 구분될 수 있다.

A 또는 C 클래스는 은행, 증권 또는 보험 등 금융기관에서 가입할 수
있는 클래스이고, 비대면(온라인)클래스에는 e가 붙는다. A클래스는 판매
수수료와 판매보수가 있고, C클래스는 판매수수료는 없고 판매보수만
있다.

선취수수료가 있는 A클래스의 판매수수료 및 판매보수를 산정할 때,
1년 투자 시 발생하는 C클래스 판매보수금액과 비슷한 수준이 되도록
결정하는 것이 보통이다. 예를 들어 특정 펀드의 C클래스 판매보수가 연
1.5%일 경우, A클래스의 선취판매수수료는 1%이고 판매보수는 연 0.5%

표 7-10 개인투자자가 가입할 수 있는 펀드클래스

가입자격		일반 금융기관		한국포스증권
		창구/전화	온라인	
일반가입자	선취수수료	A	A-e	S(후취수수료)
	판매보수	C	C-e	
연금계좌 가입자	연금저축	P1	P1-e	S-P, P1-e
	퇴직연금	P2, R	P2e, R-e	S-P2, P2-e

로 결정하는 식이다.

연금저축 또는 퇴직연금 가입자들이 투자할 수 있는 클래스는 클래스 명(A 또는 C) 뒤에 'P, P1, P2, R' 등을 추가해 표시한다. 예를 들어 C-P2클래스는 판매보수만 있는 클래스인데, 퇴직연금 가입자에 한해 가입할 수 있는 클래스이다. 연금클래스를 식별하는 기호는 자산운용사별로 약간 차이가 있기도 하다. 연금계좌(퇴직연금, 연금저축펀드)는 투자기간이 장기이다. 그래서 가입자들의 비용부담을 낮추기 위해 일반 C클래스의 판매보수 대비 80% 수준의 판매보수가 부과된다.

펀드를 금융기관의 창구 또는 전화로 가입하지 않고 모바일 등을 통한 비대면으로 가입할 경우, 판매수수료 및 판매보수가 50% 낮아진다. 비대면으로 가입할 수 있는 클래스는 클래스명 끝에 e 또는 E를 추가한다. 예를 들어 C-P2e클래스는 퇴직연금 가입자(P2)가 비대면으로(e) 판매보수만 있는 클래스(C)에 가입할 수 있는 클래스이다.

A 또는 C 클래스와 별도로 S클래스가 있는데, 이는 비대면 전용 펀드

판매채널인 한국포스증권에서만 가입할 수 있는 클래스이다. 선취판매수수료는 없고 C클래스 대비 약 30% 수준의 판매보수를 징수한다. 단, 3년 이내 환매시 후취수수료를 징수한다(연금계좌클래스는 후취수수료가 없다). 동일한 펀드에 투자하더라도 퇴직연금계좌에서 비대면으로 가입하는 것이 펀드보수비용이 가장 저렴하다. 그다음은 연금저축계좌에서 비대면으로 가입하는 것이다.

우리나라에 가장 많은 수의 펀드를 판매하고 있는 한국포스증권에서 가입할 수 있는 S클래스는 일반 금융기관에서 판매하는 클래스보다 펀드보수비용이 저렴하다. 하지만 연금저축 또는 IRP가입자가 가입할 수 있는 클래스의 보수는 일반 금융기관에서 온라인클래스로 가입하는 것과 차이가 크지 않다. 일부 펀드의 경우 한국포스증권도 일반 금융기관에서 판매하는 온라인 퇴직연금클래스를 제공한다.

과거 장단기 운용성과

성과가 우수한 펀드는 수익률이 비교지수보다 높고, 수익률 순위가 안정적으로 상위권에 있고, 샤프지수가 높다. 수익률은 6개월, 1년, 3년, 5년 기간별로 비교지수 수익률을 지속적으로 초과하는지 검토한다. 동일한 유형 내에서 기간별 수익률 순위도 비교한다. 모든 기간에서 초과수익률을 달성했거나, 수익률 순위가 상위권인 펀드를 선택한다. 기간별로 변동이 심한 펀드는 수익률의 일관성이 떨어지기 때문에 투자에 신중할 필요가 있다.

펀드수익률이 높을수록 변동성이 낮을수록 성과가 우수한 펀드라고 할 수 있지만, 둘 중 하나만 가지고 펀드를 평가할 때는 잘못된 결론을 내릴 가능성이 있다. 펀드수익률이 매우 높다고 하더라도 중간중간 큰 손실을 기록한다면, 투자시기에 따라 큰 폭의 손실을 볼 수도 있다. 변동성이 낮은 펀드는 너무 안전하게 운용해 수익률이 낮을 가능성이 있다. 따라서 수익률과 변동성(위험)을 동시에 고려해 성과를 평가해야 한다.

수익률과 위험을 동시에 평가하는 위험조정성과지표로 가장 널리 활용되는 것이 샤프지수(Sharpe ratio)이다. 샤프지수는 펀드수익률에서 무위험자산 수익률을 차감한 초과수익률을 펀드의 위험지표인 변동성으로 나눈 값이다. 펀드수익률이 높거나 변동성이 낮을수록 샤프지수는 크다.

$$\text{샤프지수} = \frac{\text{펀드수익률} - \text{무위험 수익률}}{\text{펀드변동성}}$$

최근 3년 동안 펀드수익률이 연 8%, 무위험수익률이 0.5%, 수익률변동성이 연 15%였다면 샤프지수는 0.5이다. 현실적으로 무위험자산은 존재하지 않고 최근 단기국채금리가 0% 내외이기 때문에 펀드수익률을 변동성으로 나누어 계산해도 큰 차이는 없다. 동일한 유형에 속한 펀드의 성과를 평가할 때 변동성과 위험조정성과지표를 비교해 수익률 비교의 보조지표로 활용한다. 일반적으로 수익률이 모든 기간에 걸쳐 안정적으로 상위권을 달성하고 있으면, 변동성은 낮고 위험조정성과지표는 우수한 경향이 있다.

투자전략이 같아도 2~3개 펀드에 분산투자

액티브펀드는 비교지수 대비 초과수익률을 추구하는 펀드이고, 패시브펀드는 비교지수와 동일한 수익률을 추구하는 펀드이다. 인덱스펀드로 대별되는 패시브펀드는 비교지수 수익률과 비슷하기 때문에, 인덱스펀드를 여러 개 투자하는 것은 장점이 그다지 크지 않다. 반면 액티브펀드는 동일한 유형 내에서 2~3개 펀드를 골라 분산투자하는 것이 좋다.

　액티브펀드의 초과수익률은 펀드매니저의 역량과 시장에서 유행하는 주식스타일로 결정된다. 둘 다 예측하는 것이 어렵기 때문에 성과가 우수한 액티브펀드 2~3개에 분산투자하는 것이 바람직하다.

펀드를 검색하고
성과를 비교하자

한국포스증권(펀드슈퍼마켓) 홈페이지(www.fosskorea.com)를 방문해 펀드를 검색·비교 후 투자할 펀드를 고르면 여러모로 편리하다. 한국포스증권 홈페이지에서는 고객이 아니더라도 펀드정보를 검색·비교할 수 있다. 한국포스증권의 장점은 가장 많은 펀드를 제공하고 있고, 펀드성과와 운용 현황을 비교할 수 있는 정보가 많다는 것이다. 대부분 금융기관들이 펀드를 내부 기준으로 선별해 판매한다. 여기에서는 한국포스증권 홈페이지에서 제공하는 검색 기능을 사용해 주식형펀드를 검색하고 투자에 도움이 되는 정보를 파악하는 방법을 설명하겠다.

검색 펀드의 기본 정보

한국포스증권 홈페이지에서 '펀드검색' 메뉴를 선택하거나 '연금저축' 메뉴의 '연금펀드 검색'을 선택하자. 그다음 '펀드유형'에서 '북미주식'을 체크하고 하단의 '검색결과 보기'를 클릭하면 〈표 7-11〉처럼 화면이 나온다.

'검색결과 보기'를 선택하면 검색되어 나온 펀드가 3개월 수익률이 높은 순서로 조회된다. 〈표 7-11〉 화면에서 'AB미국그로스증권투자신탁(주식-재간접형) S-P'를 더블클릭하면 〈표 7-12〉 화면이 조회된다.

조회되는 기본 정보는 펀드유형, 펀드규모(1조 3,822억 원), 3년 누적수익률(59.42%), 펀드평가회사(제로인)의 평가등급, 펀드를 운용하는 자산운용사명 등이다. '상품설명서'에서는 투자설명서에 기술된 투자전략, 한국포스증권에서 가입 시 부담하는 펀드보수, 가입 및 환매일정 등이 조회된다.

펀드클래스별로 펀드보수비용을 비교하고 싶다면 '투자설명서' 파일을 다운로드해 목차의 '2부 집합투자기구에 관한 사항' 중 '보수 및 수수료에 관한 사항'을 참조하면 된다. 펀드보수는 항상 합성총보수 기준으로 비교한다. 재간접펀드는 피투자펀드의 보수가 합성총보수에 가산되어 있기 때문에, 펀드의 '총보수'보다 '합성총보수'를 비교하는 것이 맞다. 펀드의 주식스타일은 '어디에 투자하나요?' 메뉴에서 확인할 수 있다.

펀드성과 조회

〈표 7-12〉 화면에서 하단의 '성과는 어땠나요?'를 클릭하면 〈표 7-13〉과 같은 화면이 조회된다.

기간별로 펀드수익률과 비교지수 수익률을 비교할 수 있다. 모든 기간의 펀드수익률이 비교지수 수익률보다 높다면 좋은 펀드라고 할 수 있다. 유형평균 수익률은 표 하단에 기재된 소유형, 여기에서는 북미주식형에

표 7-11 한국포스증권의 펀드유형 조회

자료: 한국포스증권(펀드슈퍼마켓)

표 7-12 AB미국그로스주식펀드의 상세내용

자료: 한국포스증권(펀드슈퍼마켓)

표 7-13 AB미국그로스주식펀드의 기간수익률

구분	1개월	3개월	6개월	1년	2년	3년	5년	설정후
수익률	2.27%	29.91%	9.71%	18.91%	32.49% (연15.08%)	56.94% (연16.19%)	83.69% (연12.92%)	264.80%
비교지수	1.84%	19.95%	-3.76%	5.39%	14.14% (연6.82%)	27.03% (연8.29%)	50.27% (연8.48%)	165.50%
유형평균	2.11%	29.81%	4.26%	13.02%	24.14% (연11.40%)	42.70% (연12.57%)	63.20% (연10.28%)	-
%순위	20/100	18/100	13/100	9/100	11/100	7/100	14/100	-

기간수익률 [수익률 계산기]   기준일 : 2020.07.03

* 비교지수는 펀드평가사(제로인)가 부여한 비교지수로 투자설명서의 비교지수와 다를 수 있습니다.

자료: 한국포스증권(펀드슈퍼마켓)

표 7-14 AB미국그로스주식펀드의 수익률 및 펀드규모

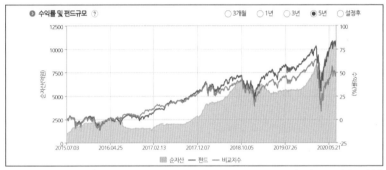

자료: 한국포스증권(펀드슈퍼마켓)

표 7-15 AB미국그로스주식펀드의 위험 및 성과 수준

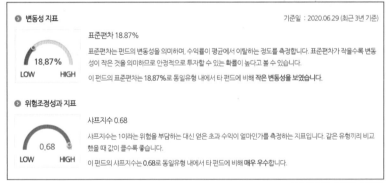

자료: 한국포스증권(펀드슈퍼마켓)

포함된 22개 펀드의 평균수익률을 말한다. %순위는 22개 펀드 중에서 AB미국그로스주식펀드 수익률 순위를 백분위로 보여준다.

〈표 7-13〉을 보면 AB미국그로스주식펀드는 모든 기간에 걸쳐 플러스 수익률을 달성했고 비교지수 수익률을 크게 상회하고 있다. 북미주식형 펀드로 분류된 22개 펀드 중에서 수익률 순위가 항상 상위 20% 이내를 유지하고 있기 때문에, 성과가 매우 우수한 펀드라고 할 수 있다.

비교지수 대비 누적수익률과 펀드순자산 추이를 볼 수 있는 화면도 동시에 조회된다. 〈표 7-14〉처럼 펀드가 비교지수 수익률을 지속적으로 상회하는지 점검할 수 있게 해준다.

펀드의 과거 3년 수익률의 변동성과 위험조정성과지표인 샤프지수도 〈표 7-15〉처럼 조회된다. 샤프지수가 우수하다고 판단할 수 있는 절대적 기준이 없기 때문에 동일유형의 펀드끼리 상대적으로 비교해야 한다. 샤프지수가 높을수록 성과가 우수하다.

주요 주식형펀드를
알아보자

국내주식형펀드

순자산 또는 퇴직연금계좌의 가입금액이 큰 펀드이면서 운용성과가 우수한 펀드와 최근 성과가 저조하지만 확실한 운용철학을 가지고 운용하는 펀드 위주로 소개한다. 최근 성과가 우수하더라도 미래 운용성과가 저조할 수도 있고, 반대로 지금 성과가 저조한 펀드가 미래에는 우수한 운용성과를 기록할 수 있다는 점은 염두에 둬야 한다.

일반성장형펀드들은 특정 주식스타일을 고수하지 않고 시장지수를 비교지수로 설정해 초과성과를 달성하고자 하는 펀드들이다. 자산운용사가 가치주 투자철학을 채택하고 있거나, 펀드명에 가치주라고 명시한 펀드들은 가치주로 분류했다. 배당주펀드와 중소형주펀드는 투자설명서

표 7-16 유형별 주요 국내주식형펀드 현황

투자 전략	펀드명 (퇴직연금C클래스 기준)	순자산 (억 원)	연평균 수익률(%)				변동성 (%, 3년)	샤프 지수	총보수 (%)
			1년	2년	3년	5년			
일반성장	마이다스책임투자 증권투자신탁(주식)C-P2	905	18.2	5.1	6.0		20.4	0.3	1.01
	KB그로스포커스증권자투자신탁 (주식)C-퇴직연금클래스	513	-2.0	-4.7	-3.0		20.2	-0.1	1.04
	메리츠코리아퇴직연금 증권자투자신탁[주식]종류C	420	5.4	-3.6	-0.6	-5.2	20.0	-0.0	0.91
	한국투자퇴직연금한국의힘 증권자투자신탁1(주식)(C)	638	-1.9	-7.4	-4.7	0.1	20.3	-0.2	0.80
인덱스 200	교보악사파워인덱스 증권자투자신탁1[주식]ClassCP	2,895	2.5	-1.6	-1.8	3.6	20.3	-0.1	0.49
	삼성퇴직연금인덱스 증권자투자신탁1[주식]Ce	662	2.3	-1.5			19.4		0.39
가치주	미래에셋퇴직연금가치주포커스 증권자투자신탁1(주식)종류C	120	22.7	2.9	3.5	-1.5	24.7	0.1	0.80
	신영밸류우선주 증권자투자신탁(주식)Cp-2	498	3.4	-0.7	-1.2		18.7	-0.1	0.86
	신영마라톤 증권투자신탁(주식)C-P2형	7,089	-10.3	-8.7	-7.2		18.8	-0.4	0.92
	한국밸류10년투자퇴직연금 증권자투자신탁1(주식)(C)	324	-5.8	-8.0	-5.7	-3.3	17.5	-0.3	0.95
배당주	미래에셋퇴직연금고배당포커스 증권자투자신탁1(주식)종류C	972	4.9	3.5	3.2	0.1	18.2	0.2	1.18
	한국밸류10년투자퇴직연금배당 증권자투자신탁(주식)(C)	198	2.1	2.4			16.9		0.95
	베어링고배당증권자투자신탁 (주식)ClassC-P2	2,486	-8.5	-5.7	-5.0		19.0	-0.3	1.03
	신영퇴직연금배당주식 증권자투자신탁(주식)C형	2,201	-12.6	-8.8	-7.0	-1.0	17.5	-0.4	0.79
중소형주	메리츠코리아스몰캡 증권투자신탁[주식]종류C-P2	1,328	13.2	0.3	3.7	-3.4	20.4	0.2	1.09
	마이다스미소중소형주 증권자투자신탁(주식)C-P2	853	23.1	5.6	9.3		24.9	0.4	0.99
	한국밸류10년투자중소형연금 증권자투자신탁(주식)(C-Re)	131	18.4	6.3			22.2		1.12

자료: 금융투자협회, 한국포스증권, 2020년 6월 30일 기준, 총보수는 온라인 퇴직연금클래스 기준

의 투자전략에서 각각 고배당주식 또는 중소형주에 투자한다고 기술한 펀드를 선정했다.

〈표 7-16〉을 보면 최근 5년 이내 장단기 수익률 기준으로, 인덱스펀드보다 높은 수익률을 달성한 액티브펀드는 한 손가락으로 꼽을 정도이다. 이런 상황에서는 액티브펀드보다 인덱스펀드에 투자하는 것이 바람직할 수 있다. 운 좋게 성과가 우수한 액티브펀드에 투자할 수도 있겠지만, 평균적으로는 인덱스펀드에 투자하는 것이 액티브펀드에 투자하는 것보다 수익률이 좋을 것이기 때문이다.

글로벌주식형펀드

우리나라에서 출시된 글로벌주식형펀드 중 수탁고가 500억 원 이상이면서 퇴직연금클래스가 있고 장단기 성과가 우수한 펀드는 〈표 7-17〉에 포함했다. 참고로 〈표 7-17〉의 수익률은 펀드보수 차감 후의 수익률이다. 세부전략이 일반 유형인 글로벌주식형펀드는 모든 기간에 걸쳐 수익률과 샤프지수가 비교지수보다 높다. 글로벌주식형펀드의 비교지수는 MSCI ACWI이다.

에셋플러스글로벌리치투게더주식펀드는 지속적 기술개발을 통한 생산성 향상에 기여하는 혁신기업과 고차원의 소비문화를 주도하는 고부가 소비재 기업을 중심으로 투자한다. 그래서 소비재, 금융 및 커뮤니케이션서비스의 투자비중이 상대적으로 높고 스타일은 대형성장주이다. 비교지수(MSCI World Index)와 비슷한 국가별 투자비중을 기준으로 적극적 운용을 하고 있다. 한국비중은 6.5%로 정보기술업종 비중이 높다. 환헤지는 50~100% 이내에서 적극적으로 실행한다.

한국투자웰링턴글로벌퀄리티주식펀드는 웰링턴자산운용(홍콩)에 위탁

표 7-17 유형별 주요 글로벌주식형펀드 현황

세부 전략	펀드명 (퇴직연금C클래스 기준)	순자산 (억 원)	연평균 수익률(%)				변동성 (%, 3년)	샤프 지수	총보수 (%)
			1년	2년	3년	5년			
일반형	에셋플러스글로벌리치투게더 증권자투자신탁 1(주식)종류C-P2	6,557	13.7	9.1	11.8	10.2	18.1	0.7	1.25
	한국투자웰링턴글로벌퀄리티 증권자투자신탁H(주식)(C-R)	1,927	8.8	9.4	11.1	-	20.7	0.5	1.43
	이스트스프링글로벌리더스 증권자투자신탁 [주식]클래스C-P(퇴직연금)	885	11.5	12.5	12.9	9.3	16.3	0.8	1.38
배당주	피델리티글로벌배당인컴 증권자투자신탁 (주식-재간접형)종류CP	10,896	0.8	7.5	5.3	6.3	16.4	0.3	1.54
벤치마크	MSCI ACWI(95%)+ 콜금리(5%)		6.4	2.3	4.2	4.1	16.2	0.3	

자료: 금융투자협회, 한국포스증권, 2020년 6월 30일 기준, 총보수는 온라인 퇴직연금클래스 기준

운용하고 있다. 종목선정에 대한 4개 투자기준(이익의 퀄리티, 현금흐름증가율, 밸류에이션, 주주이익 환원)으로 선별된 종목에 투자한다. 웰링턴자산운용이 운용하는 해외역외펀드(Global Quality Growth Fund)와 비슷한 투자전략을 실행한다. 2020년 6월 기준으로 주식스타일은 대형성장주이고 미국투자 비중이 상대적으로 높은 70% 수준을 유지하고 있다. IT업종 비중이 약 30% 수준으로 높다.

이스트스프링글로벌리더스주식펀드는 시가총액 2조 원 이상의 글로벌 기업 중 영업이익 및 현금흐름증가율이 높은 기업 주식에 투자하

는 펀드이다. 해외주식은 미국에 있는 서스태이너블그로스어드바이저(Sustainable Growth Advisers, LP)에 위탁운용하고 있다. 주식스타일은 대형성장주이며, 2020년 6월 기준으로 미국투자 비중이 50%, 홍콩을 포함한 중국비중이 16%, 인도비중이 6%로 아시아 신흥국비중이 비교지수보다 높다.

피델리티 글로벌배당주식펀드는 역외펀드인 피델리티글로벌배당주펀드(Fidelity Global Dividend Fund)에 투자하는 재간접펀드이다. 피투자펀드는 전 세계적으로 배당수익률 및 배당성장률이 높은 고배당주에 투자해 안정적인 장기수익률을 달성하고자 한다. 비교지수(MSCI ACWI)의 평균배당수익률보다 25% 높은 배당수익률을 목표로 포트폴리오를 구성한다. 배당수익률은 미국주식보다 유럽주식이 높기 때문에 유럽주식투자 비중이 상대적으로 높다. 2020년 6월 기준으로 배당수익률이 3.5%로 비교지수 배당수익률보다 0.9%포인트 높다. 이 펀드는 글로벌주식형펀드 중 장기성과가 우수해 순자산이 1조 원 이상이다. 고배당주 위주로 투자하기 때문에 주식스타일은 대형가치주이다.

미국주식형펀드

국내에 출시된 미국주식형펀드 25여 개 중 10개 펀드가 퇴직연금계좌에서 가입할 수 있는 펀드이다. 이 중에서 대형주 위주로 투자하는 액티브펀드와 인덱스펀드는 〈표 7-18〉과 같다. 피델리티미국주식펀드는 인덱스펀드와 수익률이 비슷하지만 AB미국그로스주식펀드는 인덱스펀드보다 모든 기간에 걸쳐 수익률과 샤프지수가 우수하다.

대표적인 액티브 미국주식형펀드는 AB미국그로스주식펀드와 피델리티미국주식펀드가 있다. 두 펀드의 비교지수는 미국 대형주지수인 럿셀1000지수(Russell 1000 index)이고 원달러 대비 환혜지를 실행한다. AB미국

표 7-18 유형별 주요 미국주식형펀드 현황

세부 전략	펀드명 (퇴직연금C클래스 기준)	순자산 (억 원)	연평균 수익률(%)				변동성 (%, 3년)	샤프 지수	총보수 (%)
			1년	2년	3년	5년			
성장주	AB미국그로스증권투자신탁 (주식-재간접형)종류형C-P2	10,899	18.5	14.7	16.2	13.4	18.9	0.9	1.26
	피델리티미국증권자투자신탁 (주식-재간접형)CP	320	1.7	4.1	7.8	6.0	19.8	0.4	1.55
S&P500	미래에셋인덱스로미국 증권자투자신탁 (주식-재간접형)종류C-P2	333	3.1	5.7	7.6	-	20.4	0.4	0.64
인덱스	삼성미국인덱스증권자투자신탁H [주식]_Cp(퇴직연금)	302	3.2	5.1	7.2	-	19.2	0.4	0.78

자료: 금융투자협회, 한국포스증권, 2020년 6월 30일 기준, 총보수는 온라인 퇴직연금클래스 기준

그로스주식펀드는 역외펀드인 에이비아메리칸그로스(AB American Growth) 펀드에 투자하는 재간접펀드이다. 장단기 수익률이 우수해 국내에서 가장 많이 팔린 미국주식형펀드이다. 피델리티미국주식펀드는 피델리티 본사에서 운용하는 역외펀드인 피델리티아메리칸그로스(Fidelity American Growth)펀드에 주로 투자한다.

국내운용사는 미국주식형펀드를 운용할 수 있는 역량이 취약하기 때문에 주로 인덱스펀드에 투자하는 펀드를 출시했다. S&P500지수를 복제하는 미래에셋인덱스로미국주식펀드와 삼성미국인덱스주식펀드가 있다. AB미국그로스주식펀드와 피델리티미국주식펀드는 변동성은 비슷한 수준이지만 지속적으로 인덱스펀드 수익률을 상회하고 있다.

유럽주식형펀드

국내에서 출시된 유럽주식형펀드는 17개 정도 되는데, 이 중에서 8개 펀드가 퇴직연금 가입자를 위한 클래스를 제공하고 있다. 운용규모가 작거나 성과가 저조한 펀드를 제외한 5개 펀드가 〈표 7-19〉에 정리되어 있다. 액티브 운용을 통해 초과성과를 추구하는 성장주펀드 3개, 배당수익률이 높은 종목 중심으로 액티브하게 투자하는 펀드 1개와 유럽대형주 50종목으로 구성된 지수(Eurostoxx50)를 트래킹하는 인덱스펀드 1개이다.

표 7-19 유형별 주요 유럽주식형펀드 현황

세부 전략	펀드명 (퇴직연금C클래스 기준)	순자산 (억 원)	연평균 수익률(%)				변동성 (%, 3년)	샤프 지수	총보수 (%)
			1년	2년	3년	5년			
성장주	피델리티유럽증권자투자신탁 (주식-재간접형)CP	1,517	8.5	10.9	11.0	10.7	14.3	0.8	1.56
	한화유럽대표증권자투자신탁(H) (주식-재간접형)P클래스	56	-5.7	-2.6	-1.7	-	21.0	-0.1	1.28
	슈로더유로증권자투자신탁 (주식-재간접형)종류C-CP(퇴직연금)	864	-0.3	-2.5	-1.1	1.6	21.7	-0.1	1.37
배당주	우리G알리안츠유럽배당 증권자투자신탁 [주식_재간접형](H)ClassP1	94	-12.1	-6.9	-3.7	-1.4	15.0	-0.2	1.35
인덱스	삼성유럽인덱스증권자투자신탁H [주식]_Cp(퇴직연금)	84	-5.0	0.3	0.1		24.3	0.0	0.69

자료: 금융투자협회, 한국포스증권, 2020년 6월 30일 기준, 총보수는 온라인 퇴직연금클래스 기준

유럽주식형펀드는 피델리티유럽주식펀드를 제외하고는 인덱스펀드보다 성과가 저조하다. 2020년 6월 기준 피델리티유럽주식펀드가 현재 기준으로 성과가 가장 우수하고 슈로더유로주식펀드가 가장 저조하다. 슈로더펀드가 영국주식에 투자하지 않는다는 점이 타 액티브펀드와 다른 점이다. 일반적으로 펀드 이름에 '유로'라는 이름이 쓰이면 영국을 제외한 유럽 선진국 주식에 주로 투자하는 펀드이고, '유럽'이 펀드명에 포함되면 영국주식도 투자하는 펀드로 판단하면 된다.

피델리티유럽주식펀드가 투자하고 있는 피델리티유럽피안다이내믹 그로스펀드(European Dynamic Growth fund)는 PER 또는 PBR이 높은 대형성장주에 주로 투자한다. 성과가 매우 우수해 유럽주식형펀드 중 규모가 가장 크지만 현재 신규 판매는 중단되었다. 슈로더유로주식펀드는 주로 저평가 종목에 투자하는 대형혼합형 스타일이다. 2015년 이전에는 슈로더유로펀드의 성과가 우수했으나 2015년 이후에는 피델리티펀드의 성과가 우수하다. 2014년 이후 전 세계적으로 성장주 수익률이 가치주를 압도했는데, 피델리티유럽주식펀드는 성장주펀드 중에서도 상위권의 수익률을 달성하고 있다.

이머징마켓주식형펀드

국내투자자들이 투자하는 주요 이머징마켓펀드는 〈표 7-20〉과 같다. PWC가 성장률이 높을 것으로 전망하는 국가의 주식형펀드들이다. 이머징마켓에 투자하는 주식형펀드는 동일한 국가에 투자하더라도 펀드별로 투자전략이 상이한 경우가 많다. 투자전략이 비슷해도 투자종목이 달라서 펀드별로 수익률 차이가 크다. 펀드별 수익률 순위도 자주 바뀌고 수익률 변동성도 매우 높다.

표 7-20 유형별 주요 이머징마켓주식형펀드 현황

세부 전략	펀드명 (퇴직연금C클래스 기준)	순자산 (억 원)	연평균 수익률(%)				변동성 (%, 3년)	샤프 지수	총보수 (%)
			1년	2년	3년	5년			
아시아	피델리티아시아 증권자투자신탁(주식)CP	4,711	4.9	7.3	9.0	–	15.4	0.6	1.20
	미래에셋퇴직플랜아시아 그레이트컨슈머증권자투자신탁1 (주식-재간접형)종류C	333	18.9	12.7	12.1	11.2	17.5	0.7	1.54
아세안	삼성아세안증권자투자신탁2 [주식](Cp(퇴직연금))	2,076	-13.2	-4.3	-4.1	0.0	15.8	-0.3	1.35
중국	DB차이나본토RQFII 증권자투자신탁(H)[주식]ClassC-P2	316	16.6	11.2	9.4	7.5	18.3	0.5	1.40
	메리츠차이나 증권투자신탁[주식]종류C-P2	583	48.3	23.2	20.1	16.1	19.3	1.0	1.34
	미래에셋차이나그로스 증권자투자신탁1(주식)종류C-P2	2,788	29.7	12.8	–	–	21.9	–	1.28
	KTB중국1등주 증권자투자신탁[주식]종류CP	3,328	16.4	5.6	13.8	14.9	20.8	0.7	1.13
	KB퇴직연금통중국고배당 증권자투자신탁(주식)C클래스	3,197	10.9	2.5	5.9	9.5	19.9	0.3	1.14
베트남	한국투자연금베트남그로스 증권자투자신탁(주식)(C-R)	7,020	-14.4	-10.5	-2.3	–	19.9	-0.1	1.56
	미래에셋베트남증권자투자신탁1 (UH)(주식)종류C-P2	407	-10.1	-3.6	3.4	4.7	18.6	0.2	1.42
인도	미래에셋연금인도업종대표 증권자투자신탁1(주식)종류C-P2	302	-17.0	-4.4	-2.2	2.8	20.4	-0.1	1.26
	삼성인도증권자투자신탁2 [주식]Cp(퇴직연금)	1,077	-13.4	-3.2	-2.4	3.3	19.4	-0.1	1.45

자료: 금융투자협회, 한국포스증권, 2020년 6월 30일 기준, 총보수는 온라인 퇴직연금클래스 기준

모든 펀드들이 그렇지만, 이머징마켓주식형펀드는 과거 성과를 기준으로 유망펀드를 선정하는 것은 그다지 바람직하지 않다는 것이 필자의 경험이다. 동일한 국가(특히 중국)에 투자하는 펀드라고 하더라도 수익률 차이가 크고 순위도 변동이 심하기 때문이다. 펀드별로 이머징마켓의 단일 국가 주식형펀드에 투자하더라도 최소한 2~3개 펀드에 분산투자하는 것이 위험관리 차원에서 바람직하다.

글로벌멀티에셋펀드 투자 핵심 노하우는?

01

상관계수가
분산투자 효과를
결정한다

한 종류의 자산군에 주로 투자하는 주식형펀드나 채권형펀드와 달리 혼합형펀드는 2개 이상의 자산군에 투자하는 펀드이다. 주식과 채권에 일정 비율로 투자하는 펀드가 전통적인 혼합형펀드이지만, 2010년 이후에는 글로벌멀티에셋펀드가 인기를 끌고 있다. 글로벌 금융위기 이후 금리가 지속적으로 하락하면서 채권형펀드에는 만족하지는 못하지만 주식형펀드 투자는 부담스러운 투자자를 대상으로 출시되었다.

글로벌멀티에셋펀드의 가장 큰 장점은 다양한 자산군에 분산투자해 투자위험을 낮추고 안정적인 수익률을 추구하는 것이다.

투자위험은 수익률 변동성으로 평가

투자위험을 나타내는 대표적 지표는 수익률 변동성으로, 표준편차로 측정된다. 수익률의 표준편차는 개별 수익률이 평균수익률로부터 이탈한 정도를 말한다. 표준편차가 클수록 수익률 변동이 심해 미래수익률에 대한 예측이 힘들고 손실위험도 증가하는 것이다. 그래서 표준편차를 투자위험지표로 활용하고 있다.

〈표 8-1〉은 2010년부터 2020년 6월까지의 글로벌 주가지수(MSCI ACWI)와 미국 단기국채지수의 월수익률을 보여주고 있다. 글로벌 주가지수 수익률이 미국 단기국채 수익률보다 평균에서 이탈된 정도가 훨씬 크기 때문에, 표준편차가 채권보다 더 크다고 할 수 있다. 실제로 계산된 글로벌 주식수익률의 표준편차는 연 14.4%인 반면, 미국 단기국채 수익률의 표준편차는 연 0.9%이다.

표 8-1 주식과 채권의 수익률 변동성

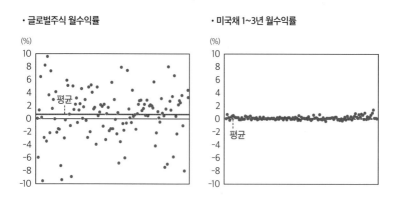

상관계수는 두 자산 간 수익률이 같이 변동하는 정도를 측정

혼합형펀드가 주식형펀드 대비 투자위험을 어느 정도 낮출 수 있는가는 혼합형펀드에서 투자하고 있는 자산들의 수익률 상관계수 크기에 따라 달라진다. 상관계수란 두 변수의 값이 서로 밀접하게 움직이는 정도를 측정하는 통계지표로, -1과 +1 사이의 값을 갖는다.

주식과 채권 수익률의 상관계수가 -1이라면 주식과 채권 수익률은 항상 동일한 폭으로 정반대로 움직인다. 즉 주가가 1%포인트 상승할 때마다 채권가격이 일정한 비율(예를 들어 0.3%포인트)로 하락하면, 주식수익률과 채권수익률의 상관계수는 -1이다. 반대로 주가와 채권가격이 항상 동일한 폭으로 동일한 방향으로 변동하는 경우 주식수익률과 채권수익률의 상관계수는 +1이다.

〈표 8-2〉는 주식수익률과 채권수익률의 관계를 나타내는 3개의 그래프이다. 주식수익률과 채권수익률의 상관계수가 음수인지 양수인지를 파악하기 위해, 그래프마다 주식과 채권 수익률 간의 관계를 가장 잘 나타

표 8-2 **상관계수 유형**

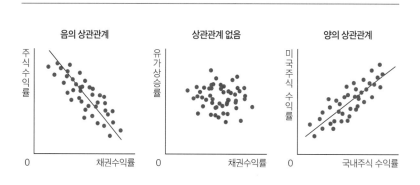

내는 직선을 그려본다. 동 직선의 기울기가 음수이면 마이너스 상관관계, 양수이면 플러스 상관관계, 가운데 그래프처럼 어떠한 직선도 그릴 수 없다면 상관관계가 없다. 따라서 좌측의 그래프는 주식과 채권 수익률 간에 음의 상관관계가 있는 반면, 우측의 그래프는 양의 상관관계가 있다.

상관계수의 크기는 〈표 8-2〉에 표시된 점들이 직선에 얼마나 가까이 있느냐에 따라 결정된다. 모든 점들이 직선 위에 있다면 상관계수의 절대값은 1이고, 점들이 직선에서 이탈한 정도가 커질수록 상관계수의 절대값은 0에 근접한다. 따라서 두 자산 수익률의 모든 값들이 음의 기울기를 갖는 직선 위에 위치한다면 상관계수는 -1이고, 양의 기울기를 갖고 있는 직선에 위치한다면 상관계수는 +1이다.

투자위험을 낮추려면 상관계수가 낮은 자산에 분산투자

글로벌주식과 미국 단기국채에 분산투자하는 혼합형펀드가 글로벌주식에만 투자할 때보다 투자위험이 얼마나 낮아지는지 설명하겠다. 〈표 8-3〉은 글로벌 주가지수와 미국 단기국채의 위험(표준편차)과 예상수익률을 표시한 그래프이다. 글로벌주식은 미국 단기국채보다 위험이 높기 때문에 예상수익률도 높다. 주식에 투자하면 채권보다 투자위험이 높아 더 높은 수익률을 기대하기 때문이다.

글로벌주식과 미국 단기국채의 수익률 상관계수가 +1이라면, 혼합형펀드의 채권비중이 증가함에 따라 예상수익률과 위험은 검은색 선을 따라 위로 이동한다. 동일한 직선에서 이동하고 있기 때문에 채권비중이 변화할 때 예상수익률 및 위험도 동일한 비율로 변동한다. 따라서 수익률 상관계수가 +1인 2개의 자산은 물리적으로는 서로 다른 자산이지만, 분산투자 효과는 없다.

표 8-3 혼합형펀드의 위험과 수익률

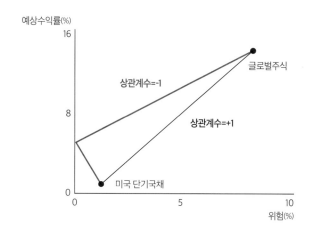

주식과 채권의 수익률 상관계수가 -1인 경우는 어떨까? 채권비중을 증가시키면 혼합형펀드의 예상수익률과 위험은 〈표 8-3〉의 빨간색 선을 따라 위로 이동한다. 채권비중을 계속 증가시켜 빨간색 선의 꺾이는 점에 도달하면, 투자위험은 0이지만 예상수익률은 채권보다 높은 점에 도달한다. 즉 수익률 상관계수가 -1인 2개의 자산에 특정 비중으로 분산투자한다면, 투자위험을 완전히 제거하면서도 채권보다도 더 높은 수익률을 달성할 수 있기 때문에 분산투자 효과가 극대화된다.

수익률 상관계수가 +1 또는 -1인 자산들은 현실적으로 존재하지 않는다. 대부분 수익률 상관계수는 -1보다는 크고 +1보다는 작다. 이때 혼합형펀드의 예상수익률과 위험은 〈표 8-3〉의 검은색 선과 빨간색 선으로 구성된 삼각형 내에 있는 특정 점으로 표시된다. 상관계수가 낮아질수록 혼합형펀드의 위치는 검은색 선으로부터 멀어져서 빨간색 선 가까이 이동한다.

요약하면 혼합형펀드의 투자위험을 낮추기 위해서는 수익률 상관계수가 낮은 자산에 분산투자해야 한다. 다만 자산 간 수익률의 상관계수는 일정하지 않고 상황에 따라 변동하는 것이 문제이다. 정상적인 상황에서는 주식수익률과 채권수익률은 음의 상관계수를 보인다. 하지만 경제가 호황이면서 유동성이 풍부할 경우에는 주가와 채권가격이 동반 상승하거나, 심각한 경제위기가 발생할 때는 주가와 채권가격이 동반 폭락하는 식으로 주식과 채권의 수익률이 양의 상관관계를 보이기도 한다.

상관계수는 과거 수익률을 사용해 측정하고 이를 기초로 투자전략을 수립하는 데 사용한다. 다만 상관계수는 일정하지 않고 계속 변동하기 때문에 분산투자 효과는 투자전략을 수립할 때 예상한 것과 다를 수 있다는 점을 이해해야 한다.

혼합형펀드는
주식과 채권에 분산투자하자

대부분 혼합형펀드는 주식과 채권에 일정 비율로 투자하는 밸런스펀드 (Balanced fund)이다. 밸런스펀드는 펀드 내 주식과 채권 비중을 일정하게 유지하는 펀드이다. 비중은 일정하지만 채권은 만기보유전략을 통해 안정적 인컴수익을 확보하면서 주식에 적극적으로 투자해 초과수익을 창출하거나 주식과 채권 모두 초과수익을 추구하는 액티브 투자전략을 채택한다.

주식비중 50% 미만 채권혼합형펀드, 50% 이상 주식혼합형펀드

주식에 투자할 수 있는 비중이 50% 이하인 펀드는 채권혼합형펀드로 분류한다. 주식 최대 비중이 30%인 펀드와 40%인 펀드들이 대부분이

표 8-4 **혼합형펀드의 분류**

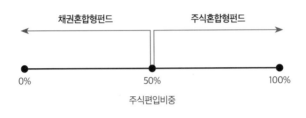

다. 주식에 30%까지 투자하는 채권혼합형펀드는 보수적인 투자자들을 대상으로 전통적으로 많이 출시되는 펀드이다. 최대 주식 비중이 40%인 채권혼합형펀드는 주식 최대 비중이 40%로 제한되었던 퇴직연금제도 도입 초기에 출시된 펀드들이다.

주식혼합형펀드는 순자산의 50% 이상을 주식에 투자하고 나머지는 채권 및 현금성자산에 투자하는 펀드이다. 대표적인 주식혼합형펀드는 주식에 최대 70%까지 투자하고 나머지는 채권 등에 투자하는 펀드이다. 과거에 퇴직연금계좌의 주식 최대 비중이 40%에서 70%로 완화되면서 많이 출시되었다.

혼합형펀드는 주식투자 전략이 중요

자산운용회사들이 혼합형펀드를 출시할 때는 성과가 우수한 주식형펀드를 활용하는 경우가 많다. 즉, 혼합형펀드의 주식투자 전략은 성과가 우수한 자사의 주식형펀드와 동일하게 유지하고, 나머지는 국내채권에 투자하는 형식이다. 이러한 혼합형펀드의 이름은 주식투자 전략이 동일한 주식형펀드 이름에 주식 최대 비중을 추가한 형태로 정해지는 것이 보통이다.

예를 들어 'OO(퇴직연금)고배당40증권투자신탁(채권혼합)'펀드는 펀드 순자산의 40%까지 고배당주식에 투자하는 채권혼합형펀드이다. 주식투자 전략은 'OO고배당증권투자신탁(주식형)'의 주식투자 전략과 동일하다. 따라서 혼합형펀드에 투자한다면, 해당 혼합형펀드와 동일한 주식투자 전략을 채택하고 있는 주식형펀드 성과를 분석해 선정하면 된다.

최근 퇴직연금계좌의 위험자산 투자한도 70% 규정이 계좌단에서 적용하도록 변경되었다. 그렇게 되면서 혼합형펀드에 투자하기보다 주식형펀드에 연금계좌 적립금의 70%까지 투자하고, 나머지는 채권형펀드나 채권혼합형펀드에 투자하는 가입자들이 증가하고 있다. 참고로 주식 최대 비중 40% 이하인 채권혼합형펀드는 '분산투자로 위험을 낮춘 상품'으로 분류되어 계좌단 주식비중 70%에 포함되지 않는다. 하지만 아직도 주식형펀드는 투자하지 않고 채권혼합형펀드와 채권형펀드만 보유하고 있는 가입자들이 많은데, 금리가 0%대일 때는 바람직하지 않다.

투자성향이 보수적이어서 주식 최대 비중이 40%인 채권혼합형펀드에 투자하려는 투자자라도, 채권혼합형펀드 대신 주식형펀드에 40% 투자하고 채권형펀드에 60% 투자한다면 펀드 선택의 폭이 넓어진다. 더불어 수익률도 높일 수 있다. 또한 주식형펀드가 투자하고 있는 국가의 증시 상황에 따라 주식형펀드만 교체매매할 수 있기 때문에 관리하기도 편리하다.

글로벌멀티에셋펀드 선정, 노하우가 필요하다

글로벌멀티에셋펀드(Global multi-asset fund)는 전 세계의 다양한 자산에 분산투자해 안정적인 수익률을 추구하는 펀드이다. 혼합형펀드의 일종이지만 주식과 채권뿐만 아니라 인컴수익이 높은 대체자산 등 다양한 자산군에 분산투자하는 전략을 실행하기 때문에 글로벌멀티에셋펀드라는 이름이 붙었다. 글로벌멀티에셋펀드는 글로벌자산배분펀드와 글로벌멀티에셋인컴펀드로 분류된다.

글로벌자산배분펀드는 자산시장에 대한 전망을 기초로 자산별 투자비중을 적극적으로 조정해 중장기적으로 안정적인 수익률을 달성하고자 한다. 글로벌멀티에셋인컴펀드는 인컴수익이 높은 다양한 자산에 분산투자해 안정적인 수익률을 추구하는 펀드이다.

글로벌자산배분펀드가 인컴수익이 높은 자산의 편입비중이 높고, 글로벌멀티에셋인컴펀드도 제한된 범위 내에서 자산별 투자비중을 조절한다. 그렇기 때문에 자산배분펀드와 인컴펀드를 명확히 구분하는 것은 어렵다. 자산배분 전략 또는 안정적 인컴수익 중 어느 테마를 강조하느냐에 따라, 자산운용회사들이 펀드명에 자산배분 또는 인컴이라는 용어를 포함하는 경향이 있다.

멀티에셋펀드의 수익은 자산배분과 종목선택의 결과

멀티에셋펀드가 창출하는 수익의 원천은 2가지이다. 다양한 자산 간 투자비중을 결정하는 자산배분 전략과 동일한 자산에서 인컴수익이 높거나 수익률이 양호할 것으로 예상되는 종목을 선택하는 역량이다. 높은 인컴수익을 창출하는 대표적인 자산으로 고배당주식, 리츠(REITs), 하이일드채권, 이머징마켓채권 등이 있다. 최근 저금리기조가 확산되면서 주택담보대출증권(MBS), 커버드콜, 우선주 등으로 다양화되고 있다.

국내에서 출시된 글로벌멀티에셋펀드는 위험자산인 주식의 투자비중과 자산배분 전략에서 조정할 수 있는 주식비중의 변동폭을 기준으로, 주식혼합형 멀티에셋펀드와 채권혼합형 멀티에셋펀드로 분류할 수 있다. 증시 상황에 따라 주식이나 채권 비중을 적극적으로 조정하는 자산배분형 글로벌멀티에셋펀드도 있다.

주식혼합형 글로벌멀티에셋펀드

주식혼합형 글로벌멀티에셋펀드는 시장전망에 따라 자산별 투자비중을 적극적으로 조정하지만, 주식비중은 50%를 기준으로 30~60% 범위에서 조정하는 펀드이다. 블랙록다이나믹하이인컴펀드, 블랙록글로벌자산

표 8-5 주요 주식혼합형 글로벌멀티에셋펀드 수익률

(단위: %)

피투자펀드	2015년	2016년	2017년	2018년	2019년
블랙록다이나믹하이인컴	-1.5	8.4	14.5	-7.0	20.0
블랙록글로벌자산배분	-0.8	4.1	13.6	-7.4	17.5
알리안츠인컴앤그로스 (우리G알리안츠인컴앤그로스)	-2.2	9.5	13.5	-4.1	19.7

자료: 피투자펀드 팩트시트

배분펀드와 우리G알리안츠인컴앤그로스펀드 등이 이에 속한다. 이 펀드들은 해외자산운용사가 운용하는 역외 글로벌멀티에셋펀드에 투자하는 재간접펀드(Fund of funds)이다.

해외펀드 하나에만 투자하는 재간접펀드는 순자산의 90% 이상을 해외펀드에 투자한다. 나머지 5~10%는 환헤지 및 환매대응을 위해 현금성 자산을 유지하기 때문에, 펀드성과는 피투자펀드 성과와 비슷하다. 〈표 8-5〉는 주식혼합형 글로벌멀티에셋펀드의 피투자펀드 수익률(미국달러 기준)을 비교했다. 연도별로 약간의 차이는 있지만 펀드별 수익률 추이는 비슷하다.

채권혼합형 글로벌멀티에셋인컴펀드

채권혼합형 글로벌멀티에셋펀드는 주식비중을 주로 20~40% 이내에서 조정하는 펀드들이다. 수익률 변동성은 연 3~6% 정도로 주식혼합형 멀티에셋펀드의 50~60%, S&P500지수의 30~40% 수준이다.

운용성과가 우수한 채권혼합형 글로벌멀티에셋펀드들도 해외자산운용사의 역외펀드에 투자하는 재간접펀드들이다. 〈표 8-6〉에 정리된 피투

표 8-6 주요 채권혼합형 글로벌멀티에셋펀드 수익률

(단위: %)

피투자펀드	2015년	2016년	2017년	2018년	2019년
피델리티글로벌멀티에셋인컴	-1.3	6.7	8.7	-3.0	12.8
블랙록글로벌멀티에셋인컴	-2.4	5.3	8.7	-4.9	13.4
제이피모간글로벌멀티인컴(한화)	-0.5	6.7	8.6	-4.6	12.0

자료: 피투자펀드 팩트시트

자펀드 수익률(미국달러 기준)을 보면 주식혼합형 글로벌멀티에셋펀드보다 더 안정적으로 변동하고 있고, 펀드 간 수익률 차이도 크지 않다.

적극적 자산배분형 글로벌멀티에셋펀드

주식혼합형 글로벌멀티에셋펀드와 채권혼합형 글로벌멀티에셋펀드의 과거 자산배분 비중을 분석해보면, 글로벌 충격이 발생해 주가가 급락하더라도 주식투자 비중을 급격하게 변동시키지 않는 경향이 있다. 따라서 글로벌 주식시장과 채권시장이 안정적으로 움직일 때는 펀드수익률이 양호하지만, 글로벌 충격이 발생해 주식시장과 채권시장이 동반 급락하는 경우에는 손실폭이 확대될 수 있는 위험이 있다.

최근 자산배분 비중을 적극적으로 조정해 증시 상황과 무관하게 안정적인 수익률 달성을 목표로 하는 글로벌멀티에셋펀드가 출시되었다. 출시한 지 2년이 되지 않았지만 운용성과도 우수해 펀드규모도 급증했다. IBK플레인바닐라EMP혼합형펀드와 신한BNPPH2O글로벌본드채권혼합형펀드가 그렇다.

〈표 8-7〉은 두 펀드의 2019년 1월 이후 연금저축온라인클래스(CP-e)의

표 8-7 주요 적극적 자산배분형 글로벌멀티에셋펀드의 누적수익률 추이

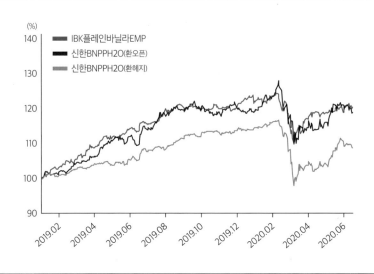

자료: 금융투자협회

누적수익률을 보여주고 있다. 신한BNPPH2O펀드는 환헤지를 한 펀드와 환헤지를 하지 않는 펀드를 동시에 출시했다. IBK플레인바닐라EMP펀드는 펀드매니저가 적극적으로 환헤지 여부를 결정하는 펀드이다. 신한BNPPH2O(환오픈)펀드와 IBK플레인바닐라EMP펀드의 누적수익률은 매우 비슷한 추이를 보이고 있다.

코로나 바이러스가 전 세계적으로 확산된 2월 중순 이후, 한 달 동안 두 펀드 모두 큰 폭의 손실을 기록했다. 전고점 기준 최대손실률이 신한BNPPH2O펀드는 -14.1%(환헤지펀드 -16.1%), IBK플레인바닐라EMP펀드는 -11.5%에 달했다. 시간이 지난 후 두 펀드 모두 약 10% 수익률을 기록했지만, 2월 중순의 고점을 아직 회복하지 못하고 있다.

투자전략 유형별 투자위험 비교

시장 충격이 발생할 때, 다양한 자산에 분산투자해 인컴수익을 창출하고 자산배분을 통해 안정적 수익률을 달성하고자 하는 글로벌멀티에셋펀드도 큰 폭의 손실이 발생할 수 있다. 대부분의 금융시장 충격은 예측이 불가능해 사전에 대응하는 것이 어렵기 때문이다. 글로벌멀티에셋펀드는 주식비중을 일정 범위 이내에서 소폭 조정하는 경향이 있다.

최대손실률(MDD, Maximum DrawDown)은 전고점 대비 최대손실률을 말한다. 주가의 전고점에서 투자했다고 가정하고, 손실이 최대가 되는 최저점까지의 손실률인 것이다. 표준편차로 측정되는 변동성이 펀드의 투자위험으로 많이 사용되지만, 최대손실률도 펀드투자에서 발생할 수 있는 손실의 최대치를 나타낸다. 그래서 투자위험을 측정하는 지표로 널리 활용되고 있다.

최대손실률이 손실위험지표로 중요하게 활용되는 이유는 투자자가 펀드의 최대손실률을 감당하지 못하고 환매하는 경우, 나중에 펀드가 손실을 회복해도 투자자는 손실을 확정한 채 끝나기 때문이다. 〈표 8-8〉에 표시된 최대손실률은 코로나 바이러스가 전 세계적으로 확산하면서 글로벌 증시가 급락한 2월 중순부터 3월 23일까지 발생한 손실폭이다. 최대손실률은 역사적으로 주가하락률이 가장 큰 상황에서 측정해야 하지만, 글로벌멀티에셋펀드가 2011년 이후에 출시되었기 때문에 코로나 팬데믹 시기로 한정했다.

〈표 8-8〉은 앞에서 소개한 글로벌멀티에셋펀드들의 변동성과 최대손실률을 보여준다(2020년 6월 기준 최근 1년). 우측 하단의 검은색 점은 글로벌 주가지수(MSCE ACWI)의 변동성 26%와 코로나 팬데믹 때 최대손실률 −33%를 나타낸다. 주식혼합형 글로벌멀티에셋펀드의 변동성은 연

표 8-8 주요 글로벌멀티에셋펀드의 투자위험

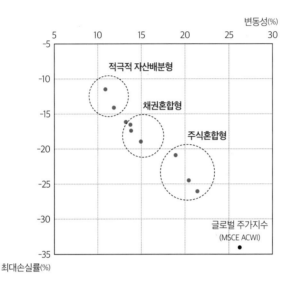

자료: 금융투자협회, www.investing.com

19~21%, 최대손실률은 -21~-26%로 글로벌 주가지수의 70~80% 수준이다. 채권혼합형 글로벌멀티에셋펀드의 변동성은 14~15%, 최대손실률은 -17~-19%로 글로벌주식의 50% 수준이다. 적극적 자산배분형 글로벌멀티에셋펀드의 투자위험은 글로벌주식의 30~40% 수준이다.

다양한 자산군에 분산투자하는 글로벌멀티에셋펀드라도 투자위험이 서로 다르고, 글로벌 증시가 급락할 경우 주가하락률의 30~80%까지 손실이 발생할 수 있다는 걸 유의해야 한다. 중위험·중수익 관점에서 글로벌멀티에셋펀드에 투자하고자 한다면, 적극적 자산배분형이나 채권혼합형 글로벌멀티에셋펀드에서 고르는 것을 추천한다.

04

주요 글로벌멀티에셋펀드를 알아보자

출시 이후 3년 이상 경과되었고, 수탁고가 일정 수준 이상이거나, 최근 출시되었지만 성과가 우수해 연금계좌에서 투자가 증가하고 있는 주요 글로벌멀티에셋펀드의 투자성과와 투자전략을 소개한다. 적극적 자산배분형 글로벌멀티에셋펀드의 변동성이 높은 이유는, 코로나 팬데믹으로 인해 변동성이 높았던 최근 1년 수익률의 변동성이기 때문이다. 2019년 변동성을 비교하면 채권혼합형 글로벌멀티에셋펀드와 비슷한 수준이다.

주식혼합형 글로벌멀티에셋인컴펀드

우리G알리안츠인컴앤그로스펀드는 역외펀드인 알리안츠인컴앤그로스펀드(Allianz income and growth fund)에 투자하는 재간접펀드이다. 피투자펀

표 8-9 주요 글로벌멀티에셋펀드 현황

세부 전략	펀드명 (퇴직연금C클래스 기준)	순자산 (억 원)	연평균 수익률(%)				변동성 (%, 3년)	샤프 지수	총보수 (%)
			1년	2년	3년	5년			
주식 혼합형	우리G알리안츠인컴앤그로스 증권자투자신탁 [주식혼합_재간접형](H)ClassP1	144	3.4	3.6	4.6	-	13.7	0.3	1.22
	블랙록다이나믹하이인컴 증권투자신탁 (주식혼합-재간접형)(C-Rp)	585	-5.8	-0.6	-	-	12.0	-0.1	1.23
	블랙록글로벌자산배분 증권투자신탁 (주식혼합-재간접형)(H)(C-Rp)	616	3.2	2.5	2.0	3.4	12.2	0.2	1.59
채권 혼합형	한화글로벌멀티인컴 증권자투자신탁 (주식혼합-재간접형)P클래스	101	-4.6	-0.1	0.2	1.9	9.3	0.0	0.74
	블랙록글로벌멀티에셋인컴 증권투자신탁 (주식혼합-재간접형)(H)(C-p)	468	-1.7	1.5	0.9	2.2	8.4	0.1	1.33
	피델리티글로벌멀티에셋인컴 증권자투자신탁 (채권혼합-재간접형)종류CP	2,241	-2.3	2.2	1.4	-	8.4	0.2	1.55
적극적 자산 배분형	신한BNPPH2O글로벌본드 증권투자신탁(UH) [채권혼합-생재간접형](종류C-r)	1,003	8.3	-	-	-	11.2	0.7	2.37
	신한BNPPH2O글로벌본드 증권투자신탁(H) [채권혼합-파생재간접형](종류C-r)	4,868	2.8	-	-	-	12.9	0.2	2.37
	IBK플레인바닐라EMP 증권투자신탁 [혼합-재간접형]종류S-P	2,844	8.6	-	-	-	10.7	0.8	1.26

자료: 금융투자협회, 한국포스증권, 2020년 6월 30일 기준, 총보수는 온라인 퇴직연금클래스 기준
(한화글로벌멀티인컴펀드는 피투자펀드보수 제외)

드인 알리안츠인컴앤그로스펀드는 미국주식, 전환사채, 하이일드채권 위주로 투자해 단기적으로는 인컴수익, 장기적으로는 자본수익을 추구한다. 미국주식, 전환사채 및 하이일드채권 3개 자산군에 대한 시장전망을 기초로 적극적인 자산배분 전략을 실행한다. 자산별 최대 투자 비중은 70%이며, 시장이 중립적일 때 3개 자산군별 투자비중은 동일하다. 커버드콜 전략, 하이일드채권에 투자할 때 신용등급이 매우 낮은 CC 이하 등급은 10%, 이머징마켓채권 30%, 주택저당채권에 20% 이내에서 투자해 초과수익을 추구한다.

블랙록다이나믹하이인컴펀드는 역외펀드인 블랙록다이나믹하이인컴펀드(Blackrock Dynamic High Income Fund)에 투자하는 재간접펀드로 자본수익과 높은 인컴수익을 추구한다. 인컴수익을 창출하기 위해 다양한 자산군에 투자한다. 시장 상황에 적극 대응하기 위해 비교지수가 없는 유연한 자산배분 전략을 실행한다. 상품설명서에 따르면 전통자산(주식, 채권)에는 30% 이내에서 투자하고 비전통자산(ABS, MBS, 리츠, 우선주, 커버드콜 등)에는 70~100%까지 투자해 높은 인컴수익을 추구한다. 채권은 회사채, MBS/ABS, 전환사채, 미국이외채권, 하이일드채권, 이머징마켓채권, 뱅크론, 변동금리채 등 다양한 채권에 투자한다. 코로나 팬데믹 기간 중 인컴자산들의 가격이 급락하면서 최근 1년 성과는 저조하지만, 그 이전까지의 피투자펀드 성과는 알리안츠인컴앤그로스와 비슷한 수준이다.

블랙록글로벌자산배분펀드는 적극적 자산배분 전략을 통해 선진국 중심의 주식, 채권, 원자재 등 다양한 자산군에 분산투자한다. 비교지수의 주식비중은 50%이고 펀드의 주식투자 비중은 과거에 40~60%에서 변동했다. 블랙록글로벌자산배분펀드는 선진국 주식과 채권, 원자재를 대상으로 적극적 자산배분 전략을 실행한다. 반면 블랙록다이나믹하이인컴펀드는 선진국 주식 및 채권뿐만 아니라 다양한 인컴자산을 대상으로 적극적 자산배분 전략을 실행한다.

채권혼합형 글로벌멀티에셋인컴펀드

블랙록글로벌멀티에셋인컴펀드는 전 세계 주식 및 채권과 더불어 비전통자산에 투자해 안정적인 인컴수익 및 장기적으로 자본수익을 추구한다. 미국주식, 글로벌 선진국 주식, 이머징마켓주식뿐만 아니라 커버드콜, 우선주, 글로벌리츠와 같은 인컴수익이 높은 비전통주식에도 투자한다. 채권은 국공채, 투자등급채, 하이일드채권, 이머징채권, 변동금리부채권, 주택저당증권(MBS) 등에 투자한다. 글로벌주식에 20~40%, 하이일드채권 포함 글로벌채권에 40~60%, 우선주, 뱅크론, 글로벌리츠 및 주택저당채권에 20~40% 수준으로 투자한다. 2020년 9월 기준 미국주식에 18.9%, 기타 주식에 13.3%, 미국채권에 42.8%, 기타 국가 채권에 22.6% 투자하고 있다. 채권 중 투자적격등급채권에 43%, 하이일드채권에 57% 투자하고 있다.

한화글로벌멀티인컴펀드는 JP모간 글로벌인컴펀드(JP Morgan Global Income Fund)에 투자하는 재간접펀드이다. 〈표 8-9〉에 표시된 총보수는 투자설명서에 표시된 것이지만, 피투자펀드의 보수를 포함하지 않아서 낮은 것 같다. 피투자펀드보수를 포함할 경우 타 펀드와 비슷한 수준으로 추정된다. 피투자펀드는 주로 이머징마켓을 포함한 세계 각국의 채권을 포함해 인컴수익을 창출하는 주식(우선주 포함) 및 기타 증권에 다양하게 투자한다. 리츠(REITs) 및 하이일드채권, ABS/MBS 및 파생상품에도 투자한다. 비교지수는 미국 하이일드 40%, 글로벌주식 35%, 글로벌투자등급채 25%로 구성된다. 자산배분 비중은 자산군 및 지역에 대한 펀드매니저의 견해를 바탕으로 유연하게 조정한다. 2020년 9월 기준 펀드의 자산별 투자비중은 주식 30.2%, 채권 56.6%, 기타자산 13.2%이다. 채권의 듀레이션은 3.6년, BBB 이상 투자등급채 비중이 전체 채권의 29%, BB 이하 투자부적격등급채권(무등급 포함)이 전체 채권의 71%이다.

피델리티글로벌멀티에셋인컴펀드는 해외운용사인 피델리티 글로벌멀티에셋인컴펀드(Fidelity Global Multiasset Income Fund)에 투자하는 재간접펀드이다. 피투자펀드는 인컴수익과 자본수익을 창출할 수 있는 잠재력을 기준으로, 각 자산군 및 지역에 적극적으로 자산배분 비중을 결정한다. 글로벌투자등급채권, 글로벌하이일드채권. 이머징마켓채권, 글로벌주식 등에 주로 투자한다. 자산별 최대 투자비중은 글로벌투자등급채에 100%, 이머징마켓채권에 50%, 글로벌주식에 50%, 글로벌하이일드채권에 60%이다. 또한 글로벌국채에 50%, 부동산신탁에 30%, 인프라증권에 30%까지 투자할 수 있다. 파생상품에도 투자하고 필요 시 일부 통화에 대해 환헤지를 실행한다. 2020년 9월 기준 글로벌주식에 24.3%, 투자적격채권 19%, 하이일드채권 40.7%, 이머징마켓채권 11.3%, 기타 대체자산에 2.7% 투자하고 있다. 채권의 평균신용등급은 BB+이고 유효듀레이션은 4.9이다.

적극적 자산배분형 글로벌멀티에셋펀드

IBK플레인바닐라EMP펀드는 IBK자산운용이 국내투자자문회사인 플레인바닐라의 투자자문을 기초로 운용하는 펀드이다. 고배당자산에 약 30~40%, 이머징마켓주식에 40~50%, 나머지는 선진국에 상장된 주식 ETF에 투자하는 것을 기본전략으로 한다. 단, 자산별 시장전망에 따라 적극적으로 투자비중을 조정한다. 고배당자산은 주로 국내외 부동산 및 인프라, 이머징마켓채권, 고배당주식 등에 투자하고 이머징마켓주식은 중국, 러시아 베트남 등 성장 잠재력이 높은 국가의 대표기업에 투자한다. 선진국 주식은 IT, 헬스케어, 소프트웨어 업종 중심으로 포트폴리오를 구성한다. 펀드의 전체 포트폴리오를 구성할 때 변동성을 일정 수준 이내로 관리하는 펀드이지만, 목표 변동성을 어느 수준으로 할지는 명시하지 않고 있다. 자산별 투자비중 결정은 펀드에 기여하는 위험(변동성)을 모든 자산별로 동일하게 유지하는 리스크 패러티(Risk parity) 전략을 채택한다. 환헤지를 하지 않는 것이 원칙이지만, 환율이 급변동할 것으로 예상되는 경우 환헤지를 수행한다는 점에서 적극적으로 환위험을 통제하는 펀드라고 할 수 있다.

신한BNPP H2O글로벌본드펀드는 글로벌매크로전략(Global macro strategy)에 특화된 해외운용사인 H2O의 글로벌멀티종합펀드(Global Multi-Aggregate Fund)에 투자하는 재간접펀드이다. 환헤지를 실행하는 펀드와 실행하지 않는 펀드를 출시했다. 글로벌매크로전략을 기반으로 롱숏 포지션을 실행한다. 이 전략은 개별 국가의 정치·경제적 상황을 톱다운 방식으로 분석해, 국가별 자산의 롱숏포지션을 구사하는 헤지펀드 투자기법 중 하나이다. 롱숏전략 실행 시 레버리지는 순자산의 100% 이내로 유지해 변동성을 연 3~6% 수준에서 통제하고자 한다. 시장이 운용전략과 반대로 움직일 경우 레버리지로 인한 손실이 확대될 가능성은 상존한다.

채권투자는 다양한 상대가치전략을 통해 선진국의 국채, 회사채, 유동화증권, 이머징마켓채권과 하이일드채권 등 다양한 채권에 투자해 비교지수 대비 초과성과를 추구한다. 펀드의 평균신용등급은 BBB이고 듀레이션은 0~10년 이내에서 변동하지만 평균 2년을 유지한다. 글로벌채권시장에 대한 전망을 기초로 해서 G4(미국, 독일, 영국 및 일본) 채권에 대한 투자비중을 결정한 후, 저평가 종목은 매수하고 고평가 종목은 매도하는 상대가치전략을 통해 지역별·만기별 비중을 결정한다. 미국달러 대비 유로화블록, 엔화블록, 원자재블록의 통화에 대해 미국달러 대비 환율변동을 예측해 통화별 롱숏전략을 실행한다. 펀드보수가 타 펀드보다 1%포인트 이상 높은 것이 부담이다.

9장

타깃데이트펀드
투자 핵심 노하우는?

TDF의 유명세는
이유가 있다

타깃데이트펀드(TDF, Target Date Fund)는 퇴직연금 등 장기적립식 투자자를 대상으로 가입자의 생애주기관점에서 운용하는 펀드이다. TDF는 연령이 증가함에 따라 주식비중을 정해진 규칙대로 점진적으로 축소하는 자산배분 전략을 실행한다는 점에서 자산배분펀드, 전 세계의 다양한 자산에 분산투자한다는 점에서 글로벌멀티에셋펀드라고 할 수 있다. 퇴직연금 가입자는 본인의 타깃데이트(은퇴시기)와 일치하는 TDF에 가입해 정기적으로 부담금을 납입하기만 하면 된다. 그러면 자산운용사가 알아서 운용해주기 때문에 가입자에게 편리한 상품이다.

2005년에 퇴직연금제도가 도입된 이후 국내에서도 TDF가 도입되었지만 활성화되지는 않았다. 투자하는 자산이 국내의 주식과 채권으로 제한되어 있어 성과가 만족할 만한 수준이 아니었고, 퇴직연금사업자들의 관심도 크지 않았기 때문이다.

그러다가 2016년 삼성자산을 필두로 대형자산운용사들이 해외유명 자산운용사들과 협업해 글로벌자산에 분산투자하는 타깃데이트펀드를 출시하기 시작했다. 2019년 말 기준으로 9개 자산운용사가 TDF를 출시했고 수탁고는 3조 원이 넘는다. 이 중 50%가 넘는 1조 5,400억 원이 퇴직연금계좌에서 투자했고, 연금저축펀드계좌에서도 1조 2천억 원을 투자하는 등 연금계좌 위주로 TDF 투자가 급증하고 있다.

미국의 대표적인 퇴직연금상품, TDF

TDF는 미국의 대표적인 DC퇴직연금제도인 401k연금제도에서 디폴트 옵션상품으로 승인되면서 인기를 끌기 시작했다. 401k연금제도는 1978년에 도입된 미국 내국세법 401k조에 근거하고 있다. 기업이 근로자들에게 보상을 이연해 지급할 경우, 이에 대한 세금도 이연할 수 있도록 허용하고 있다. 동 조항이 신설되면서 존슨앤존슨사가 2009년에 처음으로 401k제도를 도입했다. 미국 근로복지연구소(EBRI, Employee Benefit Research Institute)에 따르면 1981년까지 대기업의 50%가 401k제도를 도입했거나 도입을 검토 중이었던 것으로 나타났다.

401k제도는 납입한 부담금과 적립금 운용수익에 대한 세금은 인출하는 시점에 징수하고, 근로자가 부담금을 납입하는 자발적 퇴직연금제도이다. 근로자들이 401k에 가입한 경우 기업이 일정 수준의 부담금을 추가로 납입해주는 경우도 많다. 예를 들어 근로자가 연봉의 6%를 부담금으로 납입하는 경우, 기업이 근로자 납입금의 50%에 해당하는 부담금을 추가로 근로자계좌에 납입해주는 식이다. 기업이 납입하는 부담금 수

준은 기업별로 상이하고 입사 후 일정 기간 동안 근속연수에 따라 기업 부담률을 상향시키기도 한다. 401k제도에서 근로자가 납입할 수 있는 연간 부담금 한도는 미국 국세청이 매년 조금씩 인상해 발표하는데, 2020년에는 1만 9,500달러(50세 이상은 2만 6천 달러)이다.

미국의 퇴직연금제도는 의무가입제도가 아니기 때문에 기업이 401k제도를 도입했다 하더라도, 근로자가 직접 신청을 해야 가입할 수 있는 자발적 제도이다. 기업이 추가적으로 부담하는 금액은 근로자들에게는 공돈(Free money)이기 때문에 근로자 입장에서는 401k에 가입하는 것이 유리하다. 그럼에도 불구하고 2000년대 초반까지 401k제도를 도입한 기업의 근로자 가입률은 예상보다 저조했다.

미국 노동부가 2000년대 초반 조사한 결과에 따르면, 401k를 도입한 기업에서 근무하는 근로자들의 약 33%가 가입하지 않았다고 한다. 가장 큰 원인은 개인들의 행동편향(Behavioral bias), 특히 현상유지편향(Status quo bias)에 기인한 것으로 분석되었다. 참고로 현상유지편향이란 특정 대안을 선택하는 것이 합리적임에도 불구하고 선택을 하지 않고 현재 상태를 유지하고자 하는 것이다.

자동가입 디폴트옵션제도 도입으로 인한 퇴직연금 가입 증가

미국은 2006년 연금보호법(Pension Protection Act of 2006)을 제정하면서, 근로자들의 401k제도 가입을 증가시키기 위해 디폴트옵션(Default option)제도가 도입되었다. 디폴트옵션이란 개인이 다른 선택을 하지 않으면 자동적으로 선택되는 옵션을 말한다. 401k연금제도에서 채택하고 있는 디폴트옵션은 자동가입(Automatic enrollment) 디폴트옵션과 적격투자상품(QDIAs, Qualified Default Investment Alternatives) 디폴트옵션으로 구성된다.

자동가입 디폴트옵션제도는 근로자의 입사와 동시에 401k에 자동 가입시키되, 가입을 원하지 않으면 일정 기간 내에 탈퇴신청(opt-out)을 할 수 있도록 하는 제도이다. 과거에는 근로자가 직접 가입 신청을 해야 401k제도에 가입할 수 있었지만, 새 제도가 도입되면서 근로자가 탈퇴 신청을 하지 않는 한 자동으로 가입된다.

적격투자상품 디폴트옵션제도가 시행되면서 TDF 가입 급증

적격투자상품(QDIAs) 디폴트옵션제도는 자동가입된 401k계좌에서 근로 자가 투자할 상품을 선택하지 않은 경우, 기업이 미리 선정한 적격투자상 품에 부담금이 자동투자되도록 하는 제도를 말한다. 미국 노동부 규정 에 따르면 적격투자상품은 가입자의 현재 연령과 은퇴시기를 고려해 투 자전략을 실행하는 상품이나 서비스로, 전문기관이 운용하는 상품이나 투자일임서비스로 한정된다.

적격투자상품 요건을 충족하는 상품이나 서비스 중에서 주의 의무 를 다해 디폴트옵션상품 선정할 경우, 근로자의 401k계좌에서 손실이 발 생하더라도 기업은 어떠한 책임도 지지 않도록 되어 있다. 이를 면책조항 (Safe harbor)이라고 한다. 면책조항을 쉽게 충족할 수 있는 대형자산운용 회사들의 TDF를 기업들이 디폴트옵션상품으로 지정하면서 TDF 규모가 급증했다.

미국 TDF 시장점유율 1위 자산운용사 뱅가드(Vanguard)가 자사 401k 연금제도 고객들을 대상으로 분석을 해봤다. 그 결과 2017년 4월 기준 과거 3년 이내에 입사한 근로자 중 93%가 401k제도에 가입했고, 자동 가입 근로자의 99%가 적격투자상품인 TDF에 투자하고 있다. 적격투자 상품에 대한 미국 노동부 규정이 2007년에 마련되었는데, 미국 주가는

2009년 3월 초 저점을 기록한 후 2019년 말까지 4배 이상 상승했다. 이렇게 TDF가 매우 우수한 성과를 달성한 것이 TDF 규모를 급증시킨 요인으로 판단된다.

TDF의 글라이드패스는
운용사별로 다르다

은퇴시점에 가까워지면 주식비중은 감소

TDF는 생애주기 관점에서 자산배분 전략이 결정되는 라이프사이클펀드로, 투자자 연령이 증가함에 따라 주식비중은 낮아지고 채권비중은 높아진다. 연령별 주식비중 추이가 비행기가 공항 활주로에 착륙할 때의 비행고도 궤적과 비슷하다고 해서, 글라이드패스(Glide-path)라 불린다.

타깃데이트가 동일한 펀드라 하더라도 자산운용사 TDF별로 글라이드패스는 상이하다. TDF 설계 시 임금 추이, 근로기간, 은퇴기간 등 근로자들의 특성과 투자자산 예상수익률 및 위험 등을 반영한다. 목표소득대체율을 달성할 수 있는 확률을 최대화하는 관점에서 글라이드패스를 도출한다. 그럼에도 글라이드패스가 다른 것은 운용사별 변수에 대한 가

표 9-1 **자산운용회사별 TDF의 글라이드패스**

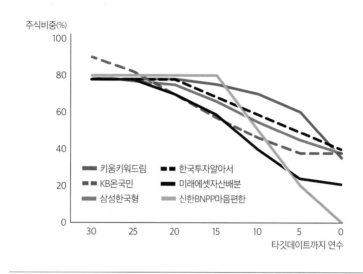

주식비중(%)

〈범례〉
- ■ 키움키워드림
- ■ ▪ 한국투자알아서
- ■ ▪ KB온국민
- ■ 미래에셋자산배분
- ■ 삼성한국형
- ■ 신한BNPP마음편한

타깃데이트까지 연수

자료: 해당 자산운용사 홈페이지 및 투자설명서

정이나 시뮬레이션 기법이 다르기 때문이다.

〈표 9-1〉은 국내 출시 주요 TDF의 글라이드패스를 비교한 것이다. 대부분 주식비중 80% 내외에서 시작해 은퇴시점인 타깃데이트에 40% 수준, 또는 그 이하로 하락하는 형태이다. TDF 초기 주식투자 비중이 비슷한 것은 주식 최대 편입비중이 80%이고, 타깃데이트 주식편입비중이 40% 이하인 TDF는 퇴직연금계좌에서 적립금의 100%까지 투자할 수 있도록 허용하면서 자산운용사들이 이를 반영했기 때문이다. 글라이드패스 초기 이후 주식비중은 자산운용사별로 상이하다.

은퇴 전 10년의 글라이드패스가 가장 중요

국내 TDF 글라이드패스를 3개 구간으로 나눠 비교해보자. 첫 번째는 은퇴 20년 전(40세 이전)까지, 두 번째는 은퇴 20년 전부터 5년 전(40~55세)까지, 마지막은 은퇴 5년 전부터 은퇴시점(55~60세)까지이다.

첫 번째 구간의 주식비중은 90%에서 시작해 70% 수준까지 점진적으로 감소하는 KB자산을 제외하면, 80~75% 수준이다. 두 번째 구간(40~55세)은 주식비중이 감소하면서 TDF별로 차이가 확대되는 기간이다. 키움자산이 60%까지 하락해 가장 공격적인 글라이드패스를 유지하고 삼성자산과 한국투자신탁운용이 50%까지, KB자산이 40%, 미래에셋자산이 20%대 초반까지 감소한다. 신한BNP파리바자산은 은퇴 15년 전인 45세까지 80%를 유지하다, 그 이후부터 일직선으로 55세에 20%까지 감소한다. 마지막 구간은 은퇴할 때까지 주식비중이 40%로 수렴한다. 단, 미래에셋자산이 20%까지 55세에 비해 약간 감소하고, 신한BNP파리바자산은 55세 20%에서 60세에 0%로 감소한다.

투자할 TDF를 선정하는 과정에서 가장 염두에 둬야 할 부분은 은퇴 10년 전부터 은퇴할 때까지, 즉 50세에서 60세까지의 주식비중 추이이다. 이 기간은 글라이드패스 30년 중 마지막 10년 구간으로, 앞으로 적립할 금액보다 과거에 적립한 금액이 많아 적립식 투자 효과가 감소되는 구간이다. 또한 법정퇴직연령이 60세이지만 이보다 빨리 은퇴할 가능성이 높아 적립식 투자기간이 짧아질 가능성이 높은 구간이기도 하다.

뒤에서 자세히 설명하겠지만 은퇴기간이 다가오면 적립식 투자 효과보다는 일시금 투자 효과가 커진다. 만약 금융시장에서 예기치 않은 충격이 발생해 주가가 급락하면 이를 만회시킬 수 있는 추가 적립금액이 적을뿐만 아니라, 주가가 폭락한 경우 손실만회를 위해 추가로 기다릴 수 있는 기간이 짧다. 그렇기 때문에 본인의 상황을 가장 잘 반영할 수 있는 글라이드패스를 채택하고 있는 TDF에 투자하는 것이 중요하다.

TDF는 자산운용사별로
다르게 투자한다

TDF 수익률은 글라이드패스뿐만 아니라 투자하고 있는 주식포트폴리오와 채권포트폴리오에 영향을 받는다. 포트폴리오라는 이름을 붙인 이유는 TDF에서 투자하는 주식과 채권은 각각 다양한 주식형펀드와 채권형펀드에 분산투자하기 때문이다.

글라이드패스 위치에 상관없이 주식포트폴리오와 채권포트폴리오를 동일하게 유지하는 TDF도 있고, 연령이 증가함에 따라 주식과 채권포트폴리오를 조정하는 TDF도 있다. 후자의 경우 투자기간이 많이 남아 있는 글라이드패스 초기의 주식포트폴리오는 성장주펀드, 채권포트폴리오는 듀레이션이 긴 장기펀드 위주로 구성하는 공격적 투자전략을 채택한다. 그러다가 연령이 증가함에 따라 주식과 채권의 포트폴리오 모두 인컴수익(이자, 배당)이 높은 안정적 포트폴리오로 전환하는 형태이다.

자산운용사별로 액티브펀드 또는 ETF에 투자

TDF는 주식 및 채권 포트폴리오 모두 다양한 종목에 분산투자하면서도 교체매매를 쉽게 하기 위해 재간접펀드 구조를 선택한다. 국내운용사가 출시한 TDF 대부분은 비교지수 대비 초과수익을 추구하는 액티브펀드 위주로 투자하거나 시장지수를 복제하는 ETF 위주로 투자하고 있다. 미국에서는 인덱스펀드 또는 ETF에 투자하는 TDF가 시장을 주도하고 있다. 반면 우리나라는 시장을 선점했거나 강력한 판매채널을 보유한 자산운용회사들의 TDF로 자금유입이 집중되는 경향이 있다.

TDF는 2016년에 출시되었는데, 2020년 기준으로 그나마 3년 수익률을 가지고 있는 TDF도 4개 자산운용사에 불과하다. 수익률을 기준으로 TDF를 평가하는 것은 아직 이르다. 하지만 글라이드패스나 투자하는 펀드포트폴리오가 TDF별로 다르기 때문에 동일한 타깃데이트라 하더라도 수익률 차이가 발생할 수 있다. 이러한 것을 고려해 자신에게 적합한 TDF를 선정하는 것이 중요하다.

삼성자산 한국형TDF

삼성자산은 미국 자산운용사인 캐피탈그룹(Capital Group)과 전략적 제휴를 통해 2016년에 TDF를 출시했다. 타깃데이트는 2015년부터 출발해 2055년까지 5년 간격으로 9개 시리즈를 출시했다. 기본적으로 원달러에 대한 환헤지를 실행하고 있지만, 일부 TDF는 환헤지를 실행하지 않은 펀드도 출시했다.

삼성자산의 TDF에서 투자하고 있는 서브펀드는 캐피탈그룹이 운

표 9-2 삼성자산 TDF의 자산배분 비중

(단위: %)

유형	투자지역	TDF2045	TDF2030	TDF2020
주식	글로벌	44	31	19
	미국	17	10	5
	유럽	5	1	-
	이머징	2	2	-
	소계	69	44	24
혼합	글로벌자산배분	9	14	16
	이머징주식채권	3	2	-
	소계	12	16	16
채권	글로벌채권	11	29	51
	글로벌하이일드	4	6	6
	소계	15	34	56

자료: 금융투자협회 공시자료(일부 현금성자산 보유), 2019년 기준

용하는 액티브펀드이다. 〈표 9-2〉는 2019년 기준 주요 타깃데이트펀드의 자산별·지역별 투자비중을 정리한 것이다. 〈표 9-2〉를 가로로 읽으면 가입자가 TDF2045펀드에 투자한 경우, 타깃데이트에 근접함에 따라 자산별·지역별 투자비중의 변화를 볼 수 있다. 즉 〈표 9-2〉에 표시된 TDF2030펀드의 자산배분 비중은 TDF2045펀드의 10년 후 자산배분 비중과 같고, TDF2030펀드의 자산배분 비중은 TDF2020펀드의 25년 후 자산배분 비중과 동일하다.

타깃데이트가 25년 후인 TDF2045펀드의 글라이드패스 주식비중은 약 70%이다. 글로벌주식형펀드에 44%, 미국주식형펀드에 17%, 유럽주식형펀드 5% 등 선진국 주식 위주로 투자하고 있고 이머징주식형펀드에 2%를 투자하고 있다. 글로벌자산배분펀드와 이머징주식채권혼합형펀드에 각각 9%와 3%를 투자 중이다. 글로벌채권펀드는 11%, 글로벌하이일드펀드에 4% 투자하고 있다.

타깃데이트가 2020년인 삼성한국형TDF2020은 글로벌주식형펀드와 미국주식형펀드에 24% 투자하고 있고 글로벌자산배분펀드에 16%, 글로벌채권형펀드에 51%, 글로벌하이일드채권펀드에 6% 투자하고 있다. 타깃데이트에 근접함에 따라 주식비중도 낮추면서 이머징주식형펀드 및 이머징혼합형펀드는 투자하지 않고 있다.

KB자산 온국민 TDF

KB자산은 펀드보수비용이 저렴한 인덱스펀드에 투자하는 TDF로 유명한 뱅가드와 전략적 제휴를 통해 온국민TDF를 출시했다. TDF2045펀드의 주식비중은 84% 수준이고 글로벌주식형펀드에 48%, 미국주식형펀드에 25%, 한국주식형펀드에 9% 투자하고 있다. 채권은 글로벌채권펀드 위주로 투자하고 있다.

타깃데이트에 근접함에 따라 상대적으로 미국주식형펀드 투자비중을 낮추는 대신 미국채권형펀드 비중은 높이고 있다. 주식포트폴리오는 글로벌주식형펀드의 비교지수인 MSCI ACWI의 국가별 비중 대비, 미국과 한국에 더 높은 비중을 유지하고 있다. 타깃데이트별 주식과 채권 포트폴리오의 지역별 투자비중은 〈표 9-3〉과 같다.

표 9-3 KB자산 TDF의 자산배분 비중

(단위: %)

유형	투자지역	TDF2045	TDF2030	TDF2025
주식	글로벌	48	33	28
	미국	25	8	4
	이머징	2	2	3
	한국	9	5	4
	소계	84	49	39
채권	글로벌	12	36	41
	미국	1	9	12
	한국	1	5	6
	소계	14	50	59

자료: 금융투자협회 공시자료, 2019년 기준

한국투자신탁운용 알아서 TDF

한국투자신탁운용은 미국의 액티브자산운용 회사인 티로프라이스(T Rowe Price)와 제휴를 맺고 TDF를 출시했다. 주로 전략적 파트너인 티로프라이스가 운용하고 있는 액티브펀드에 투자하고 있다. TDF2045펀드의 경우 주식형펀드에 순자산의 77%를 투자하고 있고, TDF2020펀드의 주식비중은 36%이다. 글로벌주식형펀드의 비교지수인 MSCI ACWI 대비 한국주식형펀드 비중을 9%로 높이는 대신, 미국주식형펀드 비중을 상대적으로 낮게 유지하는 특성이 있다. 타깃데이트별 주식과 채권포트폴리오의 지역별 투자비중은 〈표 9-4〉와 같다.

표 9-4 **한국투자신탁운용 TDF의 자산배분 비중**

(단위: %)

유형	투자지역	TDF2045	TDF2030	TDF2020
주식	글로벌	34	27	17
	미국	18	15	10
	유럽	7	5	3
	일본	4	3	2
	한국	9	6	2
	이머징	4	4	2
	기타	1	1	1
	소계	77	61	36
채권	글로벌	12	19	37
	글로벌하이일드	5	9	9
	이머징	4	7	11
	한국	1	1	0
	소계	22	36	56

자료: 금융투자협회 공시자료, 2019년 기준

신한BNP파리바자산 마음편한 TDF

신한BNP파리바자산은 합작 파트너인 BNP파리바자산과 협업을 통해 TDF를 출시했는데, 제3자가 운용하는 ETF 위주로 투자하고 있다. TDF2045펀드의 경우 주식비중이 77%이고 미국주식형펀드 28%, 유럽주식형펀드 15%로 글로벌주식형펀드 비교지수보다 낮다. 반면 일본, 호주, 홍콩, 싱가포르를 포함한 퍼시픽주식형펀드 17%, 이머징주식형펀드 17% 등 아시아와 이머징주식형펀드 비중이 상대적으로 높다. 신한BNP파리바자산의 타깃데이트별 주식과 채권 포트폴리오의 지역별 투자비중은 〈표 9-5〉와 같다.

표 9-5 신한BNP파리바자산 TDF의 자산배분 비중

(단위: %)

유형	투자지역	TDF2045	TDF2040	TDF2025
주식	미국	28	20	14
	유럽	15	8	4
	퍼시픽	17	16	11
	이머징	17	12	8
	소계	77	56	37
채권	미국	0	4	4
	유럽	0	3	12
	글로벌하이일드	0	4	5
	이머징	20	15	15
	한국	0	17	27
	소 계	20	43	62

자료: 금융투자협회 공시자료, 2019년 기준

미래에셋자산 자산배분/전략배분 TDF

미래에셋자산은 2종류의 TDF를 출시했다. 타 자산운용사 TDF와 비슷하게 주식과 채권을 기준으로 글라이드패스를 설정한 자산배분TDF와 투자전략을 기준으로 글라이드패스를 설정한 전략배분TDF이다. 미래에셋자산은 자산배분TDF보다 전략배분TDF가 운용성과도 우수하고 펀드규모도 크다.

포트폴리오에 대한 정보가 공시되지 않아 포트폴리오을 분석할 수는 없지만, 자산배분TDF는 주로 글로벌 ETF에 분산투자하고 있다. 자산운용보고서 Top 10 투자펀드 기준으로 분석하면, 주식포트폴리오는 글로

표 9-6 **미래에셋자산전략배분TDF의 글라이드패스**

(단위: %)

투자전략	2045	2040	2035	2030	2025	채권혼합
자본수익	73	68	63	51	34	28
멀티인컴	14	19	19	21	21	21
시장중립	12	12	16	24	39	43
기본수익	1	2	2	4	6	8

자료: 미래에셋자산운용 홈페이지

벌주식형펀드 비교지수와 비슷한 지역별 투자비중을 유지하고 있다. 채권포트폴리오는 미국투자등급채권펀드, 글로벌하이일드채권펀드 및 이머징마켓채권형펀드에 분산투자하고 있다. TDF2045펀드 기준으로 국내주식형ETF에 글로벌주식형펀드 비교지수보다 높은 6% 정도 투자하고 있고, 타깃데이트까지 기간이 짧은 TDF는 미국투자등급채권펀드의 비중이 상대적으로 높다.

미래에셋전략배분TDF는 투자위험 크기에 따라 4개의 투자전략에 분산투자하는 TDF이다. 주식형펀드에 투자해 자본수익을 추구하는 자본수익전략, 인컴수익을 창출하는 주식과 채권 및 대체자산에 투자하는 멀티인컴전략, 국내주식롱숏펀드 등 알파를 창출하는 시장중립전략, 그리고 국내채권형펀드에 투자하는 기본수익전략이다. 타깃데이트별 투자전략 비중을 요약하면 〈표 9-6〉과 같다.

전략배분TDF는 미래에셋자산이 직접 운용하는 액티브펀드에 투자하고 있다. 투자전략 내 편입된 펀드를 펀드유형별로 재분류해 글라이드패스에 표시하면 〈표 9-7〉과 같다.

표 9-7 미래에셋전략배분TDF의 펀드유형 기준 글라이드패스

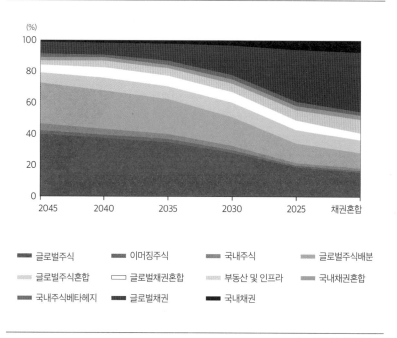

(%)

글로벌주식	이머징주식	국내주식	글로벌주식배분
글로벌주식혼합	글로벌채권혼합	부동산 및 인프라	국내채권혼합
국내주식베타헤지	글로벌채권	국내채권	

자료: 미래에셋자산운용 홈페이지

전략배분TDF와 일반적인 TDF의 가장 큰 차이는 안전자산인 채권비중의 일부를 인컴수익을 추구하는 글로벌멀티에셋펀드와 증시와 무관하게 플러스 수익률을 추구하는 국내주식롱숏펀드로 대체한 것이라고 할 수 있다. 따라서 인컴펀드와 롱숏펀드가 채권형펀드보다 높은 수익률을 달성한다면 전략배분TDF의 수익률이 자산배분TDF를 상회할 가능성이 높다.

앞에서 설명한 자산운용사의 TDF 외에도 키움자산, NH-Amundi자산, 교보악사자산 등도 TDF를 출시했다. 하지만 운용규모가 크지 않고 공시된 정보가 제한적이어서 생략한다.

04

TDF에 투자할 때
다음 사항을 점검해야 한다

나의 은퇴시점에 맞는 타깃데이트인가?

자산운용사들은 5년마다 새로운 TDF를 출시한다. 2019년 말 기준으로 TDF는 타깃데이트가 2020년부터 2055년까지 5년 간격으로 8개 시리즈가 있다. 모든 가입자들의 연령과 은퇴시기를 반영해 매년 펀드를 출시하면, 규모가 작아지고 관리비용도 증가한다. 이러한 이유로 규모의 경제 관점에서 5년 간격으로 새로운 TDF를 출시한다. TDF는 가입자별로 특화된 상품이라기보다는 가입자들의 연령구간별로 특화된 상품이다.

　TDF의 타깃데이트는 은퇴시점이기 때문에 국내 TDF는 법정퇴직연령인 만 60세에 은퇴하는 것으로 가정해 글라이드패스가 설계되었다. 예를 들어 타깃데이트가 2050년인 TDF2050펀드는 2050년에 법정퇴직연령인 60세가 되는 가입자들이 적립식으로 투자한다는 가정으로 설계되었다.

2020년 기준으로 현재 나이가 30세이고 법정퇴직연령인 60세에 은퇴할 계획을 세우고 있는 개인이 TDF에 가입하고자 할 경우, TDF2050펀드가 적합한 펀드이다. 만약 가입자가 자신의 은퇴시점을 25년 후로 계획하고 있다면, 지금부터 25년 후가 타깃데이트인 TDF2045펀드에 가입하는 것이 좋다. 2043년에 은퇴예정인 가입자는 TDF2040펀드와 TDF2045펀드 중 하나를 선택하거나 두 펀드에 나누어 투자한다.

목적자금의 위험역량에 적합한 글라이드패스인가?

은퇴시점에 적합한 타깃데이트펀드를 선택했다면 어떤 자산운용사의 TDF를 선택하는 것이 좋을까? 당연히 투자수익률이 가장 좋은 TDF를 선정하려 할 것이다. 하지만 과거 수익률이 높다고 해서 미래 수익률도 좋을 것이라는 보장이 없다. 따라서 은퇴시점(타깃데이트) 이후 적립금의 인출시기와 인출규모, 투자손실의 감당 여력에 적합한 글라이드패스를 가지고 있는 TDF를 선정하는 것이 가장 중요하다.

TDF에서 투자하고 있는 피투자펀드 포트폴리오도 비교할 필요가 있다. 피투자펀드가 비교지수 대비 초과성과를 추구하는 액티브펀드로 구성된 TDF가 있고, ETF만으로 구성된 TDF도 있다. 선진국 자산에 투자하는 펀드 위주로 구성한 TDF도 있고, 아시아 또는 국내 자산의 투자비중을 상대적으로 높인 TDF도 있다. 안전자산인 채권비중의 일부를 인컴펀드나 롱숏펀드로 대체한 TDF도 있다. 또한 글로벌하이일드펀드와 이머징마켓채권형펀드를 안전자산인 채권포트폴리오에 포함시킨 TDF도 있다.

표 9-8 주요 TDF2045펀드 수익률 현황

펀드명 (퇴직연금C클래스 기준)	순자산 (억 원)	연평균 수익률(%)			변동성 (%, 3년)		샤프 지수
		1년	2년	3년	1년	2년	
삼성한국형TDF2045증권투자신탁H [주식혼합-재간접형]Cpe(퇴직연금)	2,839	1.6	2.6	3.0	22.3	14.8	0.1
한국투자TDF알아서2045증권투자신탁 (주식혼합-재간접형)C-R	683	1.8	2.8	2.9	24.6	18.9	0.1
미래에셋전략배분TDF2045혼합자산자투자신탁 종류C-P2	1,593	7.3	5.0	5.5	18.9	13.4	0.4
미래에셋자산배분TDF2045증권자투자신탁 (주식혼합-재간접형)종류C-P2	281	0.7	1.5	2.6	26.4	17.3	0.0
KB온국민TDF2045증권투자신탁 (주식혼합-재간접형)C-퇴직	97	-1.2	0.6	-	24.5	-	-0.1
신한BNPP마음편한TDF2045증권투자신탁 [주식혼합-재간접형](종류C-r)	208	0.3	3.9	-	22.5	-	0.0
키움키워드림TDF2045증권투자신탁1 [혼합-재간접형]C-P2(퇴직연금)	75	0.3	-	-	21.1	-	0.0
한화LifePlusTDF2045증권투자신탁 (혼합-재간접형)C-RP(퇴직연금)	99	1.3	5.5	-	21.6	-	0.1

자료: 금융투자협회, 한국포스증권, 2020년 6월 30일 기준, 샤프지수는 1년 수익률 기준, 순자산은 펀드순자산

표 9-9 주요 TDF2030펀드 수익률 현황

펀드명 (퇴직연금C클래스 기준)	순자산 (억 원)	연평균 수익률(%)			변동성 (%, 3년)		샤프 지수
		1년	2년	3년	1년	2년	
삼성한국형TDF2030증권투자신탁H [주식혼합-재간접형]Cpe(퇴직연금)	1,851	2.2	3.3	3.0	16.3	10.8	0.1
한국투자TDF알아서2030증권투자신탁 (주식혼합-재간접형)C-R	730	2.1	2.7	2.6	21.3	29.8	0.1
미래에셋전략배분TDF2030혼합자산자투자신탁 종류C-P2	1,646	5.6	4.4	4.6	15.6	10.8	0.4
미래에셋자산배분TDF2030증권자투자신탁 (주식혼합-재간접형)종류C-P2	493	4.3	4.0	3.2	19.5	12.8	0.2
KB온국민TDF2030증권투자신탁 (주식혼합-재간접형)C-퇴직	434	1.3	2.5	-	14.9	-	0.1
신한BNPP마음편한TDF2030증권투자신탁 [주식혼합-재간접형]종류C-r	441	0.9	3.9	-	17.3	-	0.1
키움키워드림TDF2030증권투자신탁1 [혼합-재간접형]C-P2(퇴직연금)	83	1.9	-	-	18.3	-	0.1
한화LifePlusTDF2030증권투자신탁 (혼합-재간접형)종류C-RP(퇴직연금)	96	2.0	6.4	-	16.8	-	0.1

자료: 금융투자협회, 한국포스증권, 2020년 6월 30일 기준, 샤프지수는 1년 수익률 기준, 순자산은 펀드순자산

표 9-10 **주요 TDF2025펀드 수익률 현황**

펀드명 (퇴직연금C클래스 기준)	순자산 (억 원)	연평균 수익률(%)			변동성 (%, 3년)		샤프 지수
		1년	2년	3년	1년	2년	
삼성한국형TDF2025증권투자신탁H [주식혼합-재간접형]Cpe(퇴직연금)	1,595	2.4	3.6	2.9	13.4	8.7	0.2
한국투자TDF알아서2025증권투자신탁 (주식혼합-재간접형)C-R	460	2.7	3.0	2.7	18.5	14.4	0.1
미래에셋전략배분TDF2025혼합자산자투자신탁 종류C-P2	5,438	4.2	4.1	3.7	12.3	8.3	0.3
미래에셋자산배분TDF2025증권자투자신탁 (채권혼합-재간접형)종류C-P2	2,027	5.3	5.1	3.6	16.0	10.1	0.3
KB온국민TDF2025증권투자신탁 (채권혼합-재간접형)C-퇴직e	491	2.6	3.4	-	12.8	-	0.2
신한BNPP마음편한TDF2025증권투자신탁 [주식혼합-재간접형](종류C-r)	602	1.3	4.1	-	13.1	-	0.1
키움키워드림TDF2025증권투자신탁1 [혼합-재간접형]C-P2(퇴직연금)	108	1.2	-	-	16.3	-	0.1
한화LifePlusTDF2025증권자투자신탁 (혼합-재간접형)C-RP(퇴직연금)	91	2.8	7.9	-	15.1	-	0.2

자료: 금융투자협회, 한국포스증권, 2020년 6월 30일 기준, 샤프지수는 1년 수익률 기준, 순자산은 펀드순자산

TDF의 보수는 적정하고 성과는 우수한가?

TDF는 재간접펀드이기 때문에 TDF에서 발생하는 보수뿐만 아니라 피투자펀드에서 발생하는 보수도 고려해야 한다. TDF는 타깃데이트인 은퇴시점에 근접함에 따라 단계적으로 총보수가 낮아지기 때문에, 전체 투자기간까지의 평균보수를 비교할 필요가 있다.

TDF를 고를 때 가장 우선적인 기준은 글라이드패스이다. 글라이드패스는 목적자금의 성격과 나의 위험역량을 반영하고 있고, TDF 성과의 대부분은 글라이드패스에 좌우되기 때문이다. 하지만 글라이드패스가 동일하더라도 TDF의 수익률은 다를 수 있다. TDF가 투자하는 주식형펀드와 채권형펀드가 TDF별로 다르기 때문이다. TDF의 글라이드패스는 쉽게 비교할 수 있지만, TDF가 투자하는 펀드들의 특성을 수익률 관점에서 비교하는 것은 쉽지 않다. 따라서 TDF의 성과도 글라이드패스와 함께 분석하는 것이 좋다.

Part 3

연금계좌 투자실전: 목적별투자

10장

나에게 적합한 글라이드패스는 어떻게 만들까?

목적별투자, 보통 사람들의 자산관리기법이다

"계란을 한 바구니에 담지 마라"는 격언이 있다. 1600년대에 출간된 풍자소설 「돈키호테」에 나오는 문구이지만, 위험자산에 투자할 때 여러 종목에 분산투자하라는 격언으로 더 유명하다. 이를 이론적으로 체계화한 사람이 해리 마코비츠(Harry M. Markowitz) 교수이다. 마코비츠 교수는 수익률과 분산(위험)의 관계를 이용해 효율적 프런티어(Efficient frontier)를 도출하는 평균분산이론을 창안한 공로로 노벨경제학상을 수상했다.

효율적 프런티어란 투자위험 수준별로 예상수익률이 가장 높은 포트폴리오들로 구성된 선(Frontier)이다. 〈표 10-1〉에서 빨간색 선으로 표시된다. 검은색 점들은 개별 자산들의 위험과 예상수익률을 나타낸다. 평균분산이론은 투자자의 위험회피이론과 결합해 투자자별로 최적 포트폴리

표 10-1 효율적 프런티어 예시

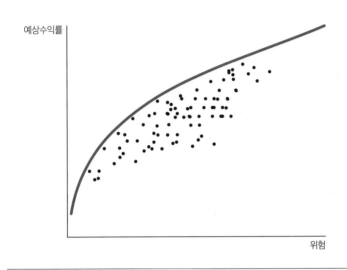

오를 도출하는 현대투자이론으로 발전했다. 현대투자이론에 따르면 효율적 프런티어의 무수히 많은 투자 후보군 중 어떤 포트폴리오를 선택하는냐는, 투자자의 위험성향을 보여주는 위험과 예상수익률의 관계에 따라 결정된다.

현대투자이론은 이론적 정합성에도 불구하고 개인투자자들이 따라하기 쉽지 않다. 자신이 감당할 수 있는 투자위험을 파악하는 것이 쉽지 않기 때문이다. 실제 수익률이 평균수익률로부터 이탈된 정도를 측정하는 표준편차가 투자위험지표로 사용되지만, 표준편차 10%와 20%가 어느 정도의 위험 수준을 나타내는지 파악할 수 없다. 따라서 개인투자자들이 어느 정도 위험(표준편차)에 노출되는 포트폴리오가 자신의 투자성향에 적합한 것인지 판단하는 것은 거의 불가능에 가깝다.

보통 사람들은 목적자금별로 자금 관리

현대투자이론은 개인투자자들이 모든 정보를 정확히 해석하여 합리적으로 행동한다고 가정한다. 많은 전문가들이 이에 대한 의문을 제기한다. 메이어 스탯먼(Meir Statman) 교수는 개인투자자들이 판단에 대한 오류나 편향(Bias)를 보이지 않고, 합리적으로 행동하고, 시장은 효율적이며, 기대수익은 단지 위험에 영향을 받는다는 현대투자이론의 가정은 비현실적이라고 주장한다. 개인투자자들은 합리적이기보다는 보통 사람들(Normal people)처럼 행동하고, 시장은 효율적이지도 않으며, 기대수익률은 위험뿐만 아니라 다른 요인들에 영향을 받는다고 가정하는 행동포트폴리오이론(Behavioral portfolio theory)이 개인투자자에게 더 적합하다는 것이 스탯먼 교수의 주장이다.

리처드 탈러(Richard H. Thaler), 다니엘 네빈스(Daniel Nevins) 및 장 브루넬(Jean L.P. Brunel) 등 행동포트폴리오 전문가들에 따르면, 개인투자자들은 자신이 가지고 있는 행동편향(Behavioral biases)으로 인해 자금 용도별로 별도의 멘탈어카운트(Mental accounts)를 관리한다. 각 멘탈어카운트는 목적 달성을 위한 우선순위와 위험역량(Risk capacity)이 상이하기 때문에, 멘탈어카운트별로 포트폴리오를 구성해 운용하는 것이 개인투자자들에게 더 적합하다는 것이다. 이를 목적별투자(Goals-based investing)라고 하는데, 선진국의 많은 금융기관 및 투자자문회사들은 목적별투자기법을 활용해 개인고객들에게 투자자문 서비스를 제공하고 있다.

개인투자자들이 가지고 있는 목적자금의 종류는 내집마련자금, 노후자금, 자녀지원자금 등 다양하다. 노후자금도 최소 생활비 마련자금과 여행 등 취미활동을 위한 여유자금 등으로 세분화할 수도 있다. 목적별투자기법에 따르면, 동일한 투자자인 경우에도 목적자금별로 감당할 수 있는 손실위험의 크기가 다르다. 최소 생활비 마련자금은 매우 중요한 목표인 반면 여가활동은 자금의 크기에 따라 조정할 수 있다. 따라서 최소 생활비 마련자금은 가급적 투자손실이 발생하지 않도록 보수적 투자전략이 필요하지만, 여가활동을 위한 목적자금은 어느 정도 손실이 발생하더라도 여가 활동을 일부 축소하면 되기 때문에 공격적 투자전략을 채택할 수도 있다.

목적별 필요자금 규모 파악

이 책에서 사례로 든 동갑내기 A씨 부부의 목적(Goal)별로 필요한 자금이 얼마인지 도출해보자. A씨 부부의 상황을 요약하면 다음과 같다. 부부는 60세에 은퇴한 후 30년 동안 노후생활을 보낼 계획을 가지고 있고 현재 물가 기준으로 월 300만 원을 생활비로 사용하기를 희망한다. 최소 생활비는 월 200만 원이다. 생활비는 매년 물가상승률 1%만큼 상승한다고 가정한다.

35세인 A씨는 30세부터 직장생활을 시작했고 60세 정년까지 근무할 계획이다. 30세 취직할 때 월급여총액이 300만 원이었고 매년 3%씩 인상될 것으로 전망된다. 근무하고 있는 기업은 DC퇴직연금제도를 운영하고 있다. 따라서 31세부터 A씨의 퇴직연금계좌에 한 달 월급에 해당하는 부담금이 납입되고 A씨는 이를 펀드에 투자하고 있다.

자녀는 한 명 있는데 15년 후에 대학에 입학할 예정이다. 학자금 등 자녀지원자금을 마련할 목적으로 자녀명의로 연금저축펀드계좌를 개설해 매년 170만 원씩 15년 동안 유기정기금 형태로 증여할 계획이다. 이 금액은 미성년자녀에게 세금 없이 증여할 수 있는 한도 이내이다.

목적달성을 위해 필요한 금액을 정리하면 〈표 10-2〉와 같다.

표 10-2 **목적별 필요금액**

구분	적정 생활비		
	최저 수준	여가활동	합계
월금액	200만 원	100만 원	300만 원
은퇴시점 일시금	7억 356만 원	3억 5,452만 원	10억 5,808만 원

기타 자녀지원자금은 15년 동안 연 170만 원씩 적립식 투자

목적자금 마련 전략

노후 최소 생활비 = 국민연금 + 퇴직연금 /
여유노후자금 = 주택연금 + 개인연금계좌

5장에서 도출한 바와 같이 A씨 부부는 65세부터 월 181만 원의 노령연금을 수령한다. 이를 은퇴시점의 일시금으로 환산하면 5억 370만 원이다. DC퇴직연금계좌에서 연 3%의 투자수익률을 달성해 2억 1,200만 원의 퇴직급여를 마련하고자 한다. 〈표 10-3〉에서 보는 바와 같이 노령연금과 퇴직연금(목표수익률 3% 달성 가정)을 활용하면 은퇴 후 최소 생활비에 해당하는 금액을 마련할 수 있다. 하지만 적정 생활 수준의 생활비를 마련하기에는 3억 5천만 원이 부족하다(〈표 5-13〉에서와 같이 정확한 금액은 3억 4,238만 원이지만, 단순화를 위해 3억 5천만 원으로 가정한다).

은퇴와 동시에 주택연금에 가입해 부족자금의 일부를 마련할 계획이다(주택을 보유하고 있지 않은 경우 은퇴 이전에 전세금 등으로 주택을 마련한다고 가정). 주

표 10-3 노후생활비 마련 계획

(단위: 억 원)

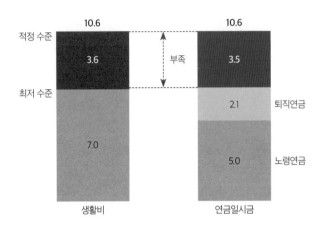

택연금 수령예상액의 50%는 가족의 의료비, 주택수리비, 관혼상제비 등
에 사용할 목적으로 목돈으로 인출하고 나머지 50%는 연금으로 인출할
계획이다.

연금을 신청할 주택의 가격은 2020년 기준으로 5억 원이다. 주택연금
으로 수령하는 금액의 은퇴시점 일시금은 5장 〈표 5-18〉에서 계산한 주
택연금 일시금의 50%인 1억 6천만 원이다. 주택연금을 신청하더라도 적
정 생활비 월 300만 원 수준의 노후생활을 위해서는 추가로 1억 9천만
원이 필요하다.

직장 생활을 하는 동안 목돈을 마련할 수 있는 가장 좋은 방법은 세제
혜택이 있는 IRP계좌와 연금저축펀드계좌에서 적립식으로 투자하는 것
이다. 35세인 현재 IRP계좌와 연금저축펀드계좌를 개설해 은퇴할 때까지

표 10-4 개인연금 적립금 목표

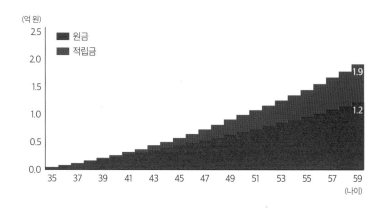

25년 동안 적립식으로 투자할 경우, 매년 얼마를 연금계좌에 납입해야 부족한 자금 1억 9천만 원을 마련할 수 있을까? 매년 임금상승률(3%)만큼 적립금액을 증가시킨다고 가정한다. 연금계좌에서 투자하는 첫 15년 동안은 공격적인 투자를 통해 목표수익률 5%를 추구하고, 적립액이 커진 나머지 10년 동안은 보수적 투자를 통해 목표수익률 3%를 달성하는 것을 목표로 한다.

첫 번째 연도에 330만 원을 납입하고 매년 임금상승률 3%만큼 적립금액을 증가시키면서 목표수익률을 달성한다면, 〈표 10-4〉와 같이 은퇴시점에 1억 9천만 원을 마련할 수 있다. 35세 적립금액 330만 원은 연봉 4,173만 원의 7.9%이다. 따라서 35세부터 연봉의 7.9%를 매년 적립하여 목표수익률을 달성하면, 부족자금 1억 9천만 원을 마련할 수 있다. 만약 주택연금을 활용하지 않고 적정노후생활에 필요한 부족액 3억 5천만 원 전액을 적립식 투자로 마련하려면, 연봉의 14.6%를 적립식으로 납입해야 한다. 부록의 세 번째 '적립식 투자금액을 산정하는 방법'에서 설명한 산식을 사용해, 목표수익률이나 적립금액 증가율을 변경시켜 초기 적립금액을 계산해볼 수 있다.

목적자금 마련전략 요약

앞에서 설명한 목적자금을 은퇴할 때까지 마련하기 위한 전략을 요약하면 〈표 10-5〉와 같다.

최소 생활비는 국민연금과 퇴직연금으로 마련하기 위해 퇴직급여는 중도에 인출하지 않고 연 3% 수익률을 목표로 투자한다. 여가생활비 월

표 10-5 **목적자금 마련 전략**

	목표금액	재원	목표수익률	납입기간	연간적립금액
최소 생활비	5억 원	국민연금	-	30년	의무가입
	2억 1천만 원	퇴직연금	연 3%	30년	기업 부담
여유생활자금	1억 6천만 원	주택연금	-	-	자택 보유
	1억 9천만 원	IRP/연금저축	첫 15년: 연 5% 나중 10년: 연 3%	25년	330만 원 (연 3% 증가)
자녀지원	-	자녀연금저축	연 5%~	15년	170만 원

100만 원을 포함한 월 300만 원의 적정 노후생활비를 마련하기 위해, 지금(35세)부터 매년 330만 원을 개인연금계좌에 납입해 매년 임금상승률과 동일한 연 3%씩 증액시켜 납입한다. 첫 15년 동안은 공격적으로 운용해 연 5%, 나머지 10년 동안은 연 3%의 수익률을 목표로 적립금을 운용한다. 매년 납입한 부담금에 대한 세액공제혜택을 받은 금액을 개인연금계좌에 납입한다면 목표수익률 달성이 더 용이할 것이다.

이렇게 하면 대학학자금 등 자녀지원자금을 마련함과 동시에, 어려서부터 자녀에게 펀드나 금융시장에 대한 교육을 할 수 있다. 유기정기금 형태로 증여해 15년 동안 매년 170만 원을 자녀명의의 연금저축펀드계좌에 납입한다. 자녀의 연금저축펀드계좌는 자녀가 성년이 되더라도 계속 투자할 수도 있기 때문에 타 목적자금보다 가장 공격적으로 투자한다.

02

적립식 투자 효과,
제대로 알아보자

적립식 투자가 일시금 투자보다 안전할까?

2004년 이후 주식시장이 지속적으로 상승하면서 적립식 펀드가 개인투자자들의 인기를 얻었지만, 글로벌 금융위기가 발생하면서 큰 폭의 손실을 경험한 투자자들이 많았다. 적립식 투자기간이 3년으로 짧은 것도 문제였지만, 금융기관들이 평균매입단가를 인하시키는 효과(Dollar cost average)만 고객에게 홍보했을 뿐 투자기간이 끝나가면서 적립식 투자의 효과가 사라진다는 점은 무시했기 때문이다.

언뜻 보면 적립식 투자는 투자금액을 여러 기간으로 분산해 투자하기 때문에 일시금 투자보다 안전할 것 같이 보인다. 하지만 결론부터 말하면 항상 그렇지는 않다.

적립식 투자와 일시금 투자의 수익률 비교

10년 동안 적립식과 일시금으로 투자한 경우의 수익률을 비교해보자. 적립식 투자는 매월 1만 원씩 10년 동안 총 120만 원을 S&P500인덱스펀드에 투자하고, 일시금 투자는 10년 투자기간이 시작하는 시점에서 120만 원을 투자한다고 가정한다. 첫 투자기간 10년은 1980년 1월부터 1989년 12월까지이다. 두 번째 투자기간은 1980년 2월부터 1990년 1월까지의 10년이다. 이런 식으로 10년 투자기간을 한 달씩 이동시키면(Moving window) 총 359개의 투자기간이 생성된다.

〈표 10-6〉은 미국의 대표적 주가지수인 S&P500지수의 월별 추이를 보여준다. 글로벌 금융위기 직전인 2007년 10월 S&P500지수가 1,549로 최고치를 기록한 후 2009년 2월에 735까지 급락하는 등 1980년 이후 두세 번의 하락 사이클이 발생했지만 장기적으로 상승추세를 지속하고 있다.

표 10-6 미국 S&P500지수 추이

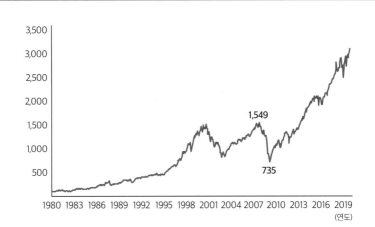

〈표 10-7〉은 10년 투자기간 종료시점(이하 타깃데이트라고 한다) 기준으로 적립식 투자와 일시금 투자의 연평균 수익률 추이를 보여준다. 타깃데이트에 따라 적립식 투자 성과가 일시금 투자 성과를 상회할 때도 있고 그 반대의 경우도 있다.

목적별투자의 성공지표는 높은 투자수익률이 아니라 타깃데이트에 목표 금액을 마련했는지 여부이다. 즉 최악의 상황이 발생하더라도 목표 금액 미달 확률을 최소화하거나 목표에 미달하는 금액을 최소화하는 것이 목적별투자의 목표이다. 글로벌 금융위기 같은 최악의 상황이 발생해 큰 폭의 손실이 발생하면, 노후생활이 위기에 봉착할 가능성이 높다. 그렇기 때문에 목적별투자에서는 최악 상황에 대한 분석이 매우 중요하다.

〈표 10-8〉은 투자기간 종료시점을 기준으로 적립식 투자와 일시금 투자의 만기평가액을 보여준다. 주가가 저점을 기록한 2009년 2월에 10년

표 10-7 적립식과 일시금 투자의 연평균 수익률

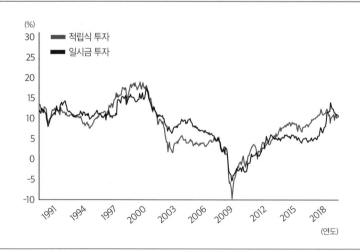

투자기간이 종료되는 시나리오가 최악의 시나리오이다. 타깃데이트가 2009년 2월일 때 적립식 투자 평가액은 74.5만 원이고 일시금 투자 평가액은 69만 원이다.

투자총액 120만 원 대비 손실률을 계산하면 적립식 투자는 38%, 일시금 투자는 42%이다. 비록 적립식 투자가 일시금 투자보다 손실폭이 낮고 그 이후 1~2년 지나서 원금을 회복하기는 했지만 일시금 투자 손실률과 큰 차이가 없다. 투자위험을 낮춘다고 알려진 적립식 투자를 했음에도 불구하고 타깃데이트에 일시금 투자 손실률과 비슷한, 납입총액의 38%가 사라지는 상황은 실망스러운 결과이다.

결론적으로 적립식으로 투자하더라도 투자기간의 종료시점에서 노출될 수 있는 최악의 손실금액은 일시금 투자와 큰 차이가 없다. 적립식 투자는 투자기간 동안 원금을 분산해서 투자하는 시간분산투자 효과와

표 10-8 적립식 투자와 일시금 투자의 만기평가액

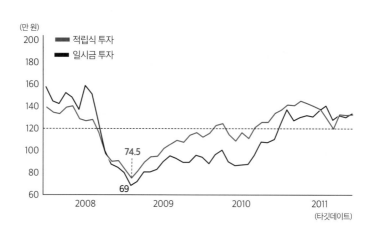

투자기간 종료시점이 다가옴에 따라 적립금이 증가하면서 일시금 투자 형태로 바뀌는 잔액효과가 있다. 적립식 투자의 중반까지는 시간분산투자 효과로 손실을 축소할 수는 있지만, 종반으로 갈수록 추가로 적립되는 금액은 적립금 잔액 대비 미미하다. 그렇기 때문에 잔액효과가 적립식 투자 효과를 압도해 적립식 투자를 했더라도 일시금 투자와 비슷한 손실 위험에 노출되는 것이다.

03

나의 목적자금에 맞는
글라이드패스 만들기

TDF의 글라이드패스는 다양한 상황을 시뮬레이션 해서 최적으로 도출되는 것이다. 이러한 과정은 너무 복잡하기 때문에, 이 책에서는 계속 사례로 사용한 A씨 부부의 목적자금별 글라이드패스를, 글로벌 증시를 대표하는 미국 주가지수를 사용한 시뮬레이션으로 도출하겠다. A씨 사례는 절대적인 기준이 아니며 분석방법을 상당히 간소화시킨 것이다. A씨의 목적자금별 글라이드패스를 도출하는 과정을 이해하여, 자신의 목적자금 특성과 위험역량에 적합한 글라이드패스를 도출할 수 있는 방법을 습득하는 것이 이번 장의 목표이다.

위험역량, 감당할 수 있는 손실 크기이며 목적자금별로 다르다

투자기간 중 최악의 상황이 발생하더라도 본인이 감당할 수 있는 정도를 벗어나는 손실이 발생하지 않도록 투자전략을 수립하는 것이 매우 중요하다. 투자기간 중 발생한 손실을 감내할 수 있는 크기를 투자자의 위험역량이라고 한다. 이는 재무목표를 달성하기 위해 감당할 수 있는 최대손실률이다. 발생한 손실이 위험역량을 상회하면 재무목표 달성이 불가능해지는데, 이러한 점에서 재무목표 달성을 위협하지 않는 최대손실이라고 할 수 있다.

발생한 손실이 자신의 위험역량보다 작은 경우에는 자금을 즉시 인출하지 않고 기다릴 수 있다. 하지만 자신의 위험역량보다 더 큰 손실이 발생하면 재무목표를 달성할 수 없을 것이라는 공포에 사로잡혀 자금을 인출하게 되고, 이는 결국 최악의 상황에서 손실을 확정하게 되는 우를 범하게 된다.

목적별투자에서는 목적자금별로 위험역량을 파악해 이에 적합한 투자전략을 수립하는 것이 투자 성공의 첫걸음이다. 타깃데이트에 발생할 수 있는 최대손실률을 목적별 위험역량 이내로 통제하는 방법 중 하나는, 타깃데이트에 근접함에 따라 손실위험을 낮추기 위해 위험자산인 주식비중을 감소시키는 것이다. 즉 TDF 글라이드패스와 비슷한 자산배분 전략을 도출하는 것이다. 적립식으로 투자하더라도 적립기간이 종료하는 타깃데이트 근처에서는 적립식 투자의 시간분산투자 효과는 사라지고, 모든 적립금이 손실위험에 노출되는 잔액효과가 지배하기 때문이다.

이 책에서 사례로 들고 있는 A씨는 3개의 목적(Goals)을 달성하기 위해 3개의 멘탈어카운트에서 저축과 투자를 한다. 즉 퇴직연금적립금으로 연 3%의 목표수익률을 달성하고자 하는 멘탈어카운트, 세제혜택을 받으면서 IRP계좌 또는 연금저축펀드계좌를 운용해 적정 생활비 수준의 노후 생활을 위한 추가자금을 마련하고자 하는 멘탈어카운트, 마지막으로 학 자금 등 자녀지원을 위해 자녀명의 연금저축계좌에 매년 170만 원씩 투 자하는 멘탈어카운트이다.

투자목표가 상이하기 때문에 멘탈어카운트별로 A씨가 감당할 수 있는 위험역량도 다를 수밖에 없다. 퇴직급여자금은 최저생활을 위한 노후필 요자금으로 활용할 예정이기 때문에 가장 보수적으로 운용할 필요가 있 다. 최소 생활비를 초과하는 적정 생활비를 마련하기 위해, 운용하는 IRP 계좌와 연금저축펀드계좌는 최소 생활비를 마련하는 퇴직급여보다 더 공 격적으로 투자할 수 있다. 목표금액을 마련하지 못한다면 여가활동 일부 를 하지 않으면 되기 때문이다. 자녀명의 연금저축계좌는 자녀 학자금 등 을 마련할 수 있는 다른 대안(예를 들어 장학금 등)이 있을 수 있기 때문에 일 정 수준의 투자손실을 보더라도 가장 공격적으로 운용할 수 있다.

타깃데이트와 주식비중의 조절

주식비중이 투자 초기에 80%로 시작해, 투자기간 말에 다가가면 0%, 10%, 20%, 30%, 40%로 점진적으로 감소시키는 5개 시나리오별로 적립금 만기평가액을 계산해보자. 가정을 단순화하기 위해 주식에 투자하지 않는 금액은 현금(수익률=0%)으로 보유한다고 가정한다. 최악의 상황인 글로벌 금융위기 전후 기간 동안의 시나리오별 만기평가액은 〈표 10-9〉와 같다.

〈표 10-10〉은 앞의 5개 시나리오별 타깃데이트 적립금 만기평가액의 최고, 중간, 최저치 등 주요 특성을 요약한 표이다. 최악의 성과에 해당하 는 최대손실률은 모두 글로벌 금융위기가 발생해 타깃데이트에 주가가 저점을 기록하는 경우 발생한다. 손실회복기간은 해당 최대손실률을 만

표 10-9 주식비중 시나리오별 만기평가액

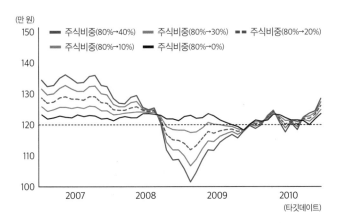

표 10-10 10년 적립식 TDF의 시나리오별 성과분석

		투자기간 중 주식편입비중 추이(기간 초 → 기간 말)				
		80% → 40%	80% → 30%	80% → 20%	80% → 10%	80% → 0%
만기평가액 (만 원)	최고	199.8	185.8	172.8	161.8	153.4
	중간	153.3	149.6	146.4	142.6	137.4
	최저	101.5	106.6	112.0	117.4	118.2
최악의 성과	최대손실률	-15.4%	-11.1%	-6.7%	-2.1%	-1.5%
	손실회복기간	1년	1년	10개월	10개월	1개월

회하는 데 소요된 기간이다.

〈표 10-10〉의 분석결과를 종합하면 투자기간 중 주식비중이 높을수록 더 높은 수익률을 달성하지만, 글로벌 금융위기와 같은 최악의 상황이 타깃데이트에 인접해 발생하는 경우 손실률이 최대화된다. 시나리오별 최악의 손실률은 투자기간 말 주식편입비중이 40%인 경우 -15.4%, 30%인 경우 -11.1%, 20%인 경우 -6.7%, 10%인 경우 -2.1%이다. 해당 손실을 만회하기 위해 소요되는 기간(손실회복기간)은 타깃데이트의 주식비중이 40%인 경우 1년, 타깃데이트의 주식비중이 20%인 경우의 10개월이다. 물론 손실회복기간의 크기는 주가가 저점을 기록한 이후 회복되는 속도에 따라 다를 것이다.

타깃데이트에 글로벌 금융위기와 같은 최악의 상황이 발생하는 경우에 대비해, 투자자들이 본인의 위험역량이나 타깃데이트 이후 인출시점까지의 기간을 고려해 주식편입비중을 결정하는 것이 예기치 않은 손실을 최소화할 수 있음을 알 수 있다. 이는 TDF 글라이드패스가 타깃데이트에 주식비중을 가장 낮게 두는 이유이기도 하다.

원금회복뿐만 아니라 목표수익률을 달성하기 위해 타깃데이트에 손실이 발생하더라도 최소한 3년 이상 펀드를 해지하지 않고 기다릴 수 있는 투자자는, 주식비중이 40%인 투자전략을 선택해도 된다. 하지만 타깃데이트에 목적자금의 전부를 인출해야 한다면, 주식비중을 40% 미만으로 유지하는 것이 바람직하다.

A씨는 앞에서 설명한대로 은퇴 후 최소 생활비를 마련하기 위해 퇴직연금적립금을 운용하는 계좌, 여유로운 노후생활을 위한 추가여유자금을 마련하기 위해 세액공제혜택을 받으면서 적립식으로 운용하는 IRP계좌와 연금저축펀드계좌, 그리고 자녀지원자금을 마련하기 위한 자녀명의

연금저축펀드계좌가 있다. 위험역량 관점에서 본다면 퇴직급여자금의 위험역량이 가장 낮고 개인부담금이 납입되는 연금계좌는 중간, 자녀명의 연금저축계좌는 위험역량이 가장 크다고 할 수 있다.

퇴직연금적립금의 글라이드패스

A씨는 DC퇴직연금제도를 도입한 기업에서 근무하고 있다. 그래서 기업이 납입하는 사용자부담금이 이체된 DC계좌를 직접 운용한다. 목표수익률은 근로자 평균임금상승률과 같은 연 3%이다. 만약 A씨가 퇴직금제도 또는 DB퇴직연금제도를 운영한 기업에서 근무한다고 하자. 그렇다면 임금상승률만큼 증가해 퇴직 시 퇴직급여가 지급되기 때문에 운용에 신경쓰지 않아도 된다. 물론 A씨가 퇴사한다면 퇴직급여가 IRP계좌로 이체되고 이때부터 연 3%의 목표수익률로 직접 운용해야 한다.

표 10-11 **퇴직연금적립금의 글라이드패스**

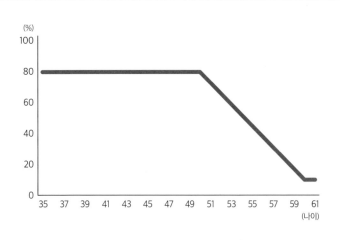

퇴직급여는 은퇴 직후인 60세부터 최소 생활비로 사용할 예정이기 때문에 은퇴가 임박하면 가장 보수적으로 운용하는 것이 바람직하다. 목표수익률도 연 3%로 수준이기 때문에 주식 등 위험자산에 과도하게 노출될 필요는 없다.

은퇴 이후 퇴직급여를 모두 인출하지 않고 일부 금액을 인출해 생활비로 사용한다. 또한 은퇴 후 주택연금을 신청하면 퇴직급여 인출시기를 연기하거나 인출규모를 줄일 수도 있다. 따라서 〈표 10-10〉의 다양한 시나리오 중 은퇴시점의 최대손실률이 2%이고 최대손실이 발생하더라도, 1년 이내에 회복하는 경우가 퇴직연금에 적합한 시나리오라고 할 수 있다. 이 시나리오의 글라이드패스가 〈표 10-11〉이다. 즉 퇴직연금적립금을 운용하기 위한 글라이드패스는 35세부터 주식비중 80%로 투자하다가, 은퇴 전 10년째부터 주식비중을 매년 5%포인트씩 감소시켜 타깃데이트에 10%까지 감소시키는 것이 바람직하다.

퇴직연금계좌에서 주식형펀드 등 위험자산비중이 70%로 제한되기 때문에 글라이드패스 초기의 주식비중 80%를 유지하는 것이 불가능하다고 생각할 수도 있다. 퇴직연금계좌에서 주식비중 80%를 달성할 수 있는 방법은 2가지가 있다. 첫 번째는 주식 최대 편입비중이 80%인 TDF에는 적립금의 100%를 투자하는 것이다. 두 번째는 주식 최대 비중이 40% 이하인 채권혼합형펀드는 적립금의 100%까지 투자할 수 있기 때문에, 채권혼합형펀드에 20% 투자하고 주식형펀드에 72%, 채권형펀드에 8% 투자하는 것이다. 이렇게 하면 주식비중 80%를 달성할 수 있다.

IRP/연금저축펀드계좌의 글라이드패스

두 번째 목적자금의 멘탈어카운트는 연금계좌에 개인부담금을 납입해

표 10-12 IRP/연금저축펀드계좌의 글라이드패스

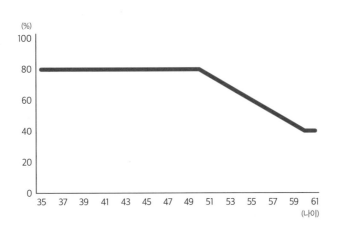

세액공제혜택을 누리면서 노후자금을 마련하는 목표를 가지고 있다. 60
세에 은퇴해 추가로 적립식 투자를 하지는 않지만, 즉시 인출하지 않고
약 5년 후에 연금의 형태로 인출해 노후자금으로 사용하려는 자금이다.
투자기간이 종료되더라도, 즉 타깃데이트가 지났더라도, 자금을 인출하
지 않기 때문에 타깃데이트에 손실이 발생하더라도 시장 회복을 기다릴
수 있는 시간적 여유가 있다. 그런 점에서 퇴직급여자금보다는 더 공격적
으로 투자할 수 있다.

　개인부담금 계좌가 목표로 하는 수익률은 첫 15년은 연 5%이고 나머
지 10년은 연 3%로 설정했기 때문에, 은퇴까지 10년째부터 주식비중을
점진적으로 감소시킬 필요가 있다. 하지만 타깃데이트 경과 후 5년 동안
에는 추가로 투자할 계획이어서, 초기에는 주식비중을 퇴직급여자금과
비슷하게 유지하지만 타깃데이트에 40%로 축소하는 글라이드패스가 적

합하다(〈표 10-12〉).

적립식 투자금액을 매년 임금상승률 3%만큼 증가시켜 25년 동안 증액적립식으로 투자한다면 첫해에 얼마를 적립해야 25년 후 1억 9천만 원을 마련할 수 있을까? 앞의 〈표 10-5〉에서 설명한 바와 같이 투자기간 첫 15년 동안은 연 5%, 나머지 10년은 연 3%의 수익률을 달성할 수 있다면 35세인 현재 330만 원을 입금하면 된다.

한 가지 주의할 점은 30년 후에 마련할 수 있는 금액은 연간 적립금투자금액과 실제 투자수익률로 결정된다는 것이다. 따라서 실제 수익률이 목표수익률을 지속적으로 하회하는 경우이거나 국민연금제도가 개편되면서 노령연금이 축소되거나 직장 생활을 하면서 퇴직급여가 목표 수준에 미달할 것으로 예상되는 경우에는, IRP와 연금저축펀드계좌의 납입금을 추가로 증가시키는 것이 바람직하다. 연금계좌 납입금으로부터 발생하는 세금 감면액을 다른 데 사용하지 않고 연금계좌에 납입한다면, 그만큼 수익률 상승 효과가 있기 때문에 목적자금을 마련하는 부담은 줄어든다.

자녀지원자금의 글라이드패스

자녀명의 연금저축계좌는 15년 동안 적립식으로 투자할 계획이다. 또한 나중에 자녀가 소득활동에 종사하게 되면 계속 적립식으로 투자할 수도 있는 계좌이기도 하다. 자녀연금계좌에 납입하는 금액은 유기정기금에 의한 증여이고 자녀가 근로소득이 없기 때문에, 납입금에 대한 세액공제 혜택은 없다. 따라서 납입원금에 대한 인출제한은 없다. 투자이익에 대한 세금은 인출시점으로 이연된다.

자녀지원자금은 자녀가 대학에 입학할 때까지 15년 동안 매년 170만

표 10-13 자녀지원자금의 글라이드패스

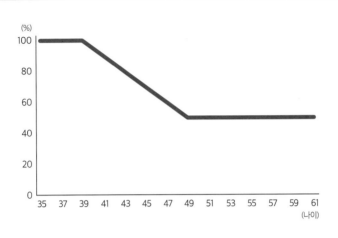

원을 적립식으로 투자하기로 했다고 하자. 하지만 인출시기는 유동적이다. 일부는 대학자금으로 사용할 수 있지만, 장학금 등 자녀가 다른 방법으로 등록금을 마련한다면 자금을 인출하지 않고 자녀가 계속 적립식으로 투자해 다른 용도로 사용할 수 있다.

이렇듯 예정 투자기간 15년이 경과하더라도 인출하지 않고 자녀가 계속 적립식으로 투자할 수 있기 때문에, 다른 목적자금보다 더 공격적으로 투자하는 것이 가능하다. 연금저축펀드계좌에서는 위험자산에 대한 투자제한이 없기 때문에 전액을 주식형펀드에 투자할 수도 있다. 첫 5년 동안은 주식형펀드에 100% 투자하고 6년째부터 10년 동안은 주식비중을 매년 5%포인트씩 감소해 15년 후에 주식비중을 50%까지 감소시키는 글라이드패스를 선택하는 것이 바람직하다.

표 10-14 **목적자금별 글라이드패스(안)**

투자목적	투자재원	투자기간	글라이드패스(주식비중 추이)		
			초기 비중	연간 감소폭	타깃데이트 비중
최소 생활비	퇴직급여	25년	첫 15년 80%	7%p	10%
여가활동비	개인부담금	25년	첫 15년 80%	4%p	40%
자녀지원자금	증여	15년	첫 10년 100%	10%p	50%

글라이드패스 요약

앞에서 설명한 3개의 목적자금을 운용하기 위한 투자전략 수립 방법을 종합해 〈표 10-14〉에 요약한다. 이는 하나의 예시로 모두에게 적합한 것은 아니다. 개인마다 재무 상황뿐만 아니라 투자기간, 위험역량이 상이하기 때문이다. 이 결론을 도출하기까지의 과정을 이해해 자신의 목적자금의 특성과 위험역량에 적합한 글라이드패스를 도출하는 데 도움이 되었으면 한다.

내가 투자할 TDF,
어떻게 구성할까?

판매 중인
TDF에서 고르자

9장에서 자산운용사가 제공하고 있는 주요 TDF의 특성을 분석했었다. 판매하고 있는 TDF 중에서 목적자금의 글라이드패스와 투자포트폴리오가 본인의 목적자금에 적합하다면, 해당 TDF에 투자하는 것이 가장 좋은 방법이다. 초기에 해당 TDF에 투자하고 정기적으로 부담금을 납입할 때에도 해당 펀드에 투자하도록 운용지시를 하면 가입자가 리밸런싱을 하지 않아도 되기 때문이다.

TDF를 선정할 때 가입자들은 TDF 수익률을 가장 중시할 가능성이 높다. 하지만 과거 수익률이 높다고 해서 미래 수익률도 좋을 것이라는 보장이 없다. 수익률이 높은 펀드는 투자위험도 큰 경향이 있다. TDF에 투자하는 기본 목표는 수익률을 높이는 것이 아니라 필요로 하는 목적자금을 마련하는 것이다. 따라서 목적자금의 투자기간 및 위험역량에 적합한 TDF를 선정하는 것이 중요하다. TDF를 선정할 때는 글라이드패스, 타깃데이트펀드가 투자하는 펀드, 그리고 TDF의 보수비용을 비교한다.

목적자금의 글라이드패스와 비슷한 TDF

행동재무학 이론에 따르면 동일한 개인이라 하더라도 목적자금별로 적합한 글라이드패스가 다르다. 목적자금을 마련하기 위해 투자할 수 있는 기간, 자금의 인출시점 및 목적자금의 투자목표와 위험역량이 다르기 때문이다. 예를 들어 TDF에서 투자한 금액을 은퇴시점부터 사용해야 하는 가입자일수록, 은퇴시점에서 주식비중이 낮은 TDF에 가입하는 것이 적합하다.

이 책에서 소개하고 있는 A씨의 목적자금별 글라이드패스는 10장에서 도출했고, 국내에 출시된 TDF의 글라이드패스는 9장에서 설명했다.

표 11-1 목적자금별 글라이드패스(안)

구분	투자기간	글라이드패스(주식비중 추이)		글라이드패스가 비슷한 TDF
		초기	타깃데이트	
퇴직급여	25년	첫 15년 80%	10%	미래에셋자산, 신한BNP파리바자산
개인부담금	25년	첫 15년 80%	40%	삼성자산, KB자산, 한국투자신탁운용, 키움자산
자녀지원	15년	첫 10년 100%	50%	없음

이를 종합하면 A씨 퇴직급여자금의 글라이드패스는 미래에셋자산이나 신한BNP파리바자산 타깃데이트의 글라이드패스와 비슷하다. 개인부담금을 운용하는 IRP 또는 연금저축펀드계좌의 글라이드패스는 삼성자산, KB자산, 한국투자신탁운용, 또는 키움자산의 글라이드패스와 비슷하다. 〈표 11-1〉에 이를 요약했다.

내가 선호하는 주식 및 채권 포트폴리오에 투자하는 TDF

글라이드패스가 동일하더라도 TDF가 투자하는 펀드에 따라 수익률과 위험이 다르다. 따라서 TDF가 투자하는 주식 및 채권 포트폴리오가 본인이 선호하는 펀드인지를 파악하는 것이 중요하다.

모든 TDF는 글로벌주식형펀드와 글로벌채권형펀드에 분산투자한다. 타깃데이트 초기에는 주로 자본수익을 추구하는 공격적 펀드에 투자하고, 타깃데이트에 근접하면서 인컴수익을 추구하는 보수적 펀드의 비중을 증가시키는 TDF도 있다. 국내에서 출시된 주요 TDF의 자산별, 지역별 투자비중은 9장에서 설명했다.

벤치마크 대비 초과성과를 추구하는 액티브펀드에 투자하는 TDF가 있고 ETF에 투자하는 TDF가 있다. 다수의 TDF가 글로벌하이일드채권형펀드와 이머징마켓채권형펀드를 안전자산인 채권포트폴리오에 포함시켜 투자한다. 전체 해외자산에 대해 환헤지를 실행한 TDF가 있고, 해외채권투자금액에 대해서만 환헤지를 실행하는 TDF가 있다.

보수비용이 낮은 TDF

TDF는 타 펀드에 투자하는 재간접펀드이기 때문에, TDF에서 부과하는 펀드보수뿐만 아니라 피투자펀드에서 부과하는 보수를 합산해 비교해

표 11-2 운용사 TDF별 펀드총보수

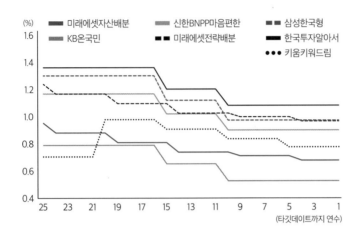

자료: 각 TDF 투자설명서(2020년 9월 말 기준)

야 한다. 이를 '펀드총보수(피투자펀드 포함)', '합성총보수'라고 하는데 TDF 투자설명서에서는 '펀드보수 및 수수료에 관한 사항'에서 클래스별로 표시되어 있다.

TDF의 총보수는 타깃데이트에 근접함에 따라 단계적으로 낮아진다. 은퇴까지 기간이 짧아짐에 따라 보수가 높은 주식형펀드 비중은 감소하는 반면, 보수가 낮은 채권형펀드의 비중이 증가하기 때문이다. 〈표 11-2〉는 퇴직연금온라인클래스를 기준으로 운용사 TDF별 보수비용을 비교한 그래프이다.

액티브펀드에 투자하고 있는 한국투자신탁운용과 삼성자산의 TDF의 펀드총보수가 가장 높다. 신한BNP파리바자산과 미래에셋전략배분의 TDF가 중간 수준, KB자산과 미래에셋자산배분의 TDF가 가장 낮다.

표 11-3 주요 TDF의 평균보수율

(단위: %)

피투자펀드	액티브펀드			ETF			
운용사	삼성 한국형	미래에셋 전략배분	한국투자 알아서	KB온국민	미래에셋 자산배분	신한BNPP 마음편한	키움 키워드림
오프라인 가입	1.39	1.15	1.47	0.91	1.01	1.29	1.10
온라인 가입	1.11	1.04	1.20	0.65	0.76	1.02	0.83

TDF2045펀드 퇴직연금클래스에 25년 투자 가정

타깃데이트가 2045년인 펀드를 2020년에 가입해 25년 동안 동일한 금액을 투자한다고 가정했을 때, 펀드총보수의 연평균 값을 〈표 11-3〉에서 TDF별로 비교했다.

액티브펀드에 투자하는 TDF가 ETF에 투자하는 TDF보다 평균보수율이 낮지만, 미래에셋전략배분TDF는 액티브펀드에 투자함에도 불구하고 평균보수율이 상대적으로 낮다. 평균보수율 기준 KB자산의 온국민 TDF가 가장 낮고 한국투자알아서TDF가 가장 높다. 양사 TDF의 평균보수율 차이가 연 0.55%포인트이다. 25년 동안 투자한다면 보수율 차이는 13.7%포인트에 달한다. 오프라인클래스 대비 온라인클래스의 평균보수율은 연 0.27%포인트 낮다. TDF 가입 시 온라인클래스에 가입해 25년 동안 투자한다면, 수익률이 동일 펀드의 오프라인클래스 대비 6.75%포인트 높아진다.

미국 TDF의 보수비용과 비교해 액티브펀드에 투자하는 국내 TDF의 보수가 2배 수준이고, ETF에 투자하는 TDF는 뱅가드의 TDF 평균보수율 연 0.12%의 최대 12배 수준이다. 우리나라 TDF는 해외자산운용사가 운용하는 펀드에 투자하고 있고, 투자자문 수수료를 별도로 지급하는 경우도 있다. 그래서 미국 TDF보다 보수비용이 2배 이상 차이가 발생하는 것으로 추정된다.

액티브펀드는 우량 종목을 발굴하기 위해 세심한 조사가 필요하기 때문에 인덱스펀드나 ETF보다 펀드보수가 높을 수밖에 없다. 액티브펀드가 비교지수를 상회하는 수익률을 달성한다면 펀드보수비용은 고려 요인이 아니다. 하지만 비교지수 수익률을 지속적으로 하회한다면, 패시브펀드에 투자하는 것이 보수비용 절감을 통해 수익률을 높일 수 있다.

운용성과가 우수한 TDF

글라이드패스가 비슷할 경우 TDF의 과거 성과를 비교하면 유용한 정보를 얻을 수도 있다. TDF의 성과는 글라이드패스뿐만 아니라 TDF가 투자하는 펀드의 성과에 영향을 받기 때문이다(참고로 TDF는 타 펀드에 투자하는 재간접펀드이다). 〈표 11-4〉는 2020년 9월 기준으로 3년 수익률을 사용해 주요 TDF 성과를 비교한 것이다. 5년 이상의 장기수익률을 사용하는 것이 바람직하지만, 우리나라에 출시된 TDF는 출시한 지 5년이 경과하지 않았기 때문에 3년 수익률을 사용한다.

〈표 11-4〉의 각 선은 동일한 자산운용사의 TDF 시리즈 3개(TDF2025, TDF2030, TDF2045 순)의 변동성(투자위험)과 수익률을 나타낸 점들을 연결한 것이다. 수평축은 변동성, 수직축은 연평균 수익률을 표시한다. TDF 특성상 타깃데이트가 빠를수록, 즉 남아 있는 투자기간이 짧을수록 주식 비중이 낮아서 변동성도 작게 되고 기대수익률도 낮다. 다시 말해 〈표 11-4〉에 표시된 자산운용사별 TDF 선의 기울기가 우상향하는 것이 일반적인 형태이다. 미래에셋자산배분TDF와 KB온국민TDF를 제외한 모든

표 11-4 주요 TDF의 투자위험과 수익률

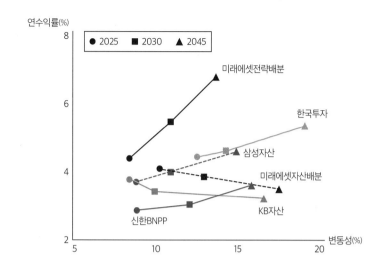

TDF들은 우상향하는 기울기를 보여준다.

변동성이 동일하다면 수익률이 높은 펀드가 성과가 우수하다. 변동성 대비 수익률의 크기는 〈표 11-4〉의 원점에서 펀드를 나타내는 점을 연결한 직선의 기울기에 비례한다. 즉 동 직선의 기울기가 클수록 성과가 우수한 펀드라고 할 수 있다. 미래에셋전략배분TDF는 타깃데이트별로 변동성도 낮고 수익률도 가장 높아서 성과가 가장 우수한 TDF라고 할 수 있다.

타 자산운용사들은 TDF별로 기울기의 순위가 상이하기 때문에 위험 대비 성과를 일률적으로 비교하는 것은 쉽지 않다. 한국투자알아서TDF는 동일한 타깃데이트펀드라 하더라도 타사보다 변동성(투자위험)이 높고 수익률도 높은 편이다. 삼성한국형TDF는 투자위험과 수익률이 중간 정도 수준이다. 다만 여기서 주의할 점은 과거의 성과가 우수하더라도 미래의 성과가 우수할 것이라는 보장은 없다는 것이다.

목적자금의 투자기간에 적합한 TDF

투자하고자 하는 운용사의 TDF가 결정되었다면 목적자금의 투자기간과 일치하는 TDF를 선정해 투자한다. 자산운용사들은 5년 간격으로 새로운 타깃데이트의 TDF를 출시하고 있다.

타깃데이트는 투자기간이 종료하는 연도이다. 그래서 은퇴자금 이외의 목적자금 운용을 위해 타깃데이트에 투자하는 경우, 타깃데이트를 투자기간 종료시점으로 해석하면 된다. 2020년에 30세에 근무를 시작해 60세에 은퇴 예정인 근로자가 DC형 퇴직연금계좌에서 TDF를 투자한다면, TDF2050펀드에 투자하면 된다.

02

주식포트폴리오 구성:
주력-보조 투자전략

TDF에서 투자하는 주식형펀드들이 마음에 들지 않는다면, 국내에 출시된 주식형펀드들을 선별해 직접 구성할 수 있다. 이를 구성하는 방법은 다양하다. 여기서는 장기투자하는 연금계좌의 특성에 적합한 주력-보조 투자전략으로 주식포트폴리오를 구성하는 방법을 설명한다.

주력-보조 투자전략으로 주식형펀드 운용

주력-보조 투자전략(Core-satellite approach)은 주력(Core)전략과 보조(Satellite)전략으로 나눠서 투자하는 방법으로, 기관투자자들이 장기자금을 운용할 때 채택하는 주요 투자전략 중 하나이다. 주력 투자전략은 최소비용으로 비교지수 수익률을 달성하기 위해 인덱스펀드 등 패시브 전략으로

표 11-5 **주력-보조 투자전략**

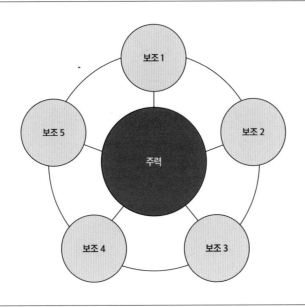

구성한다. 보조전략은 비교지수 수익률을 초과하기 위해 액티브하게 운용하는 다양한 하위전략으로 구성한다. 주력-보조 투자전략을 이미지화하면 〈표 11-5〉와 같다.

주력-보조 투자전략의 대표적인 사례는 해외 연기금들이 DB퇴직연금적립금을 운용하는 부채연계투자(LDI, Liability Driven Investing)이다. 해외의 전통적인 DB퇴직연금제도는 종업원이 정년 퇴사할 경우, 근속기간에 비례해 결정된 퇴직연금을 평생에 걸쳐 수령한다. DB퇴직연금적립금을 운용할 때 비교지수는 기업이 은퇴 직원들에게 지급하는 퇴직연금의 현금흐름이다.

퇴직연금적립금 대부분을 은퇴한 종업원들의 퇴직연금 지급 구조(부채

표 11-6 주력 포트폴리오와 보조 포트폴리오 비교

구분	주력 포트폴리오	보조 포트폴리오
투자전략	시장수익률 추구	초과수익률 추구
운용특성	장기보유	적극적 운용
투자대상	저비용 인덱스펀드	고비용 액티브펀드

구조)와 매칭시키는 헤징포트폴리오(Hedging portfolio)에 투자하고, 나머지는 초과수익을 창출할 수 있는 수익추구포트폴리오(Return seeking portfolio)에 투자한다. 주력-보조 접근법으로 부채연계투자전략을 설명한다면 헤징포트폴리오가 주력 포트폴리오이고 수익추구포트폴리오가 보조 포트폴리오다. 주력 포트폴리오와 보조 포트폴리오의 차이는 〈표 11-6〉으로 요약할 수 있다.

연금계좌에서 위험자산인 주식형펀드에 투자할 때 주력-보조 투자전략을 활용하면, 포트폴리오 교체매매에 따른 불확실성을 줄이고 수익률도 높일 수 있다. 주력전략은 글로벌 주가지수인 MSCI ACWI를 비교지수로 하는 글로벌주식형펀드 위주로 구성한다. 그리고 보조전략은 글로벌 주가지수 수익보다 더 높은 수익률을 달성할 전망이 높은 국가나 지역의 주식형펀드로 구성한다.

해외펀드를 교체매매할 때는 환매할 때 최대 8영업일, 가입할 때 2영업일 합해 최대 10영업일이 걸린다. 퇴직연금계좌에서는 여기에 2영업일이 더 소요된다. 펀드를 교체매매할 때 소요되는 기간이 길어질수록 수익률 불확실성이 높아지기 때문에 잦은 교체매매는 자제할 필요가 있다.

주력-보조 투자전략을 채택한다면 주력 포트폴리오는 계속 보유하고 보조 포트폴리오만 교체매매한다. 그러므로 교체매매에 따른 수익률 불확실성을 축소하고 비용을 절감할 수 있다.

주력 투자전략은 액티브 글로벌주식형펀드에 투자

주력 투자전략은 인덱스펀드 등 패시브펀드에 투자해 시장수익률을 달성하는 것이 일반적이다. 우리나라에서도 글로벌주식ETF가 거래되고 있고 미국, 유럽 등 선진국주식인덱스펀드에 분산투자해 글로벌주식인덱스펀드에 투자할 수 있다. 하지만 해외인덱스펀드를 제공하는 퇴직연금사업자가 많지 않고 ETF는 증권사에서만 거래할 수 있다. 또한 글로벌주식ETF는 규모도 작고 거래량도 많지 않기 때문에 투자에 유의할 필요가 있다. 시장이 급변동할 때 거래량이 취약해 호가차이가 크게 발생할 수 있기 때문이다.

주력 투자전략에서 패시브펀드를 선택하는 가장 큰 이유는 액티브펀드가 보수비용이 높음에도 불구하고 수익률은 시장보다 낮은 경향이 있기 때문이다. 만약 액티브전략이 보수비용 공제 후 기준으로 패시브펀드보다 성과가 좋다면, 주력 투자전략에서 액티브펀드에 투자하는 것이 수익률을 높이는 길이다.

7장 〈표 7-17〉에서 운용규모가 크고 성과가 우수한 액티브 글로벌주식형펀드를 소개했다. 이것을 〈표 11-7〉에 다시 소개한다. 이 펀드들은 최근 5년 기준으로 비교지수보다 매우 높은 수익률을 달성했고 샤프지수도 우수했다. 최근 1년, 2년, 3년 및 5년 전 구간에 걸쳐 글로벌배당주펀드를 제외한 액티브펀드들이 비교지수인 글로벌 주가지수(MSCI ACWI)를 큰 폭으로 상회하고 있다. 펀드총보수비용도 퇴직연금온라인클래스

표 11-7 **주요 액티브글로벌주식형펀드 성과**

세부 전략	펀드명 (퇴직연금C클래스 기준)	순자산 (억 원)	연평균 수익률(%)				변동성 (%, 3년)	샤프 지수	총보수 (%)
			1년	2년	3년	5년			
일반형	에셋플러스글로벌리치투게더 증권자투자신탁 1(주식)종류C-P2	6,557	13.7	9.1	11.8	10.2	18.1	0.7	1.25
	한국투자웰링턴글로벌퀄리티 증권자투자신탁H(주식)(C-R)	1,927	8.8	9.4	11.1	-	20.7	0.5	1.43
	이스트스프링글로벌리더스 증권자투자신탁 [주식]클래스C-P(퇴직연금)	885	11.5	12.5	12.9	9.3	16.3	0.8	1.38
배당주	피델리티글로벌배당인컴 증권자투자신탁 (주식-재간접형)종류CP	10,896	0.8	7.5	5.3	6.3	16.4	0.3	1.54
벤치 마크	MSCI ACWI(95%)+ 콜금리(5%)		6.4	2.3	4.2	4.1	16.2	0.3	

자료: 금융투자협회, 한국포스증권, 총보수는 온라인 퇴직연금클래스 기준

기준으로 연 1%대 중반 수준이다.

〈표 11-8〉은 4개의 글로벌주식형펀드와 비교지수의 과거 3년 기준 위험(변동성)과 연평균 수익률을 동시에 비교하고 있다. 배당주액티브펀드는 벤치마크와 위험과 수익률이 비슷한 반면 일반액티브펀드는 비교지수보다 상단에 위치하고 있다. 위험은 수평축에 표시되고 수익률은 수직축에 표시되기 때문에, 일반액티브펀드들의 위험은 비교지수보다 비슷하거나 약간 높지만 수익률은 연 5%포인트 이상 높다는 것을 알 수 있다.

표 11-8 주요 글로벌주식형펀드의 위험조정성과

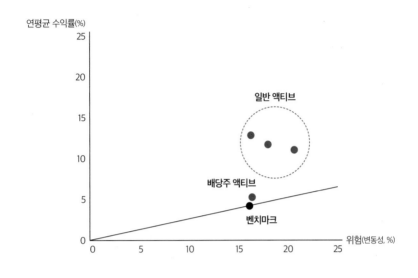

위험 대비 수익률 성과를 비교할 때 샤프지수가 많이 사용된다. 가장 대표적인 위험조정성과지표인 샤프지수에 따르면 위험 대비 수익률 비율이 높을수록 성과가 우수한 펀드이다. 샤프지수는 〈표 11-8〉에서 원점과 해당 점을 연결한 직선의 기울기와 같기 때문에 직선의 기울기가 큰 펀드일수록 펀드성과가 우수하다. 원래는 펀드수익률에서 무위험자산의 수익률을 차감해 샤프지수를 계산하지만, 현실적으로 무위험자산은 존재하지 않는다. 국채수익률도 0%대이기 때문에 무위험자산 수익률은 제외했다.

모든 펀드의 샤프지수가 비교지수보다 높기 때문에 앞에 나온 액티브 글로벌주식형펀드들이 비교지수보다 총수익률이나 위험조정 수익률이 우수하다. 펀드수익률은 펀드보수를 차감한 후 수익률이기 때문에 수익률뿐만 아니라 샤프지수가 비교지수보다 좋다면, 인덱스펀드나 ETF가 아닌 액티브펀드에 투자하는 것이 더 좋은 전략이다. 미래에도 이 펀드들이 비교지수보다 더 높은 수익률을 달성한다는 보장은 없지만, 과거 5년 동안 꾸준하게 비교지수 수익률을 상회하고 있다는 점은 운용성과가 일관성 있음을 뜻한다.

주력 투자전략은 〈표 11-7〉에 포함된 펀드 중 하나를 선택해 구성할 수도 있지만, 일반액티브주식형펀드 3개 또는 배당주펀드까지 포함해 4개의 액티브펀드에 동일한 비중으로 분산투자하는 것이 바람직하다. 액티브펀드는 펀드매니저의 주식스타일이 시장 주도주와 상이할 경우 수익률이 저조할 수도 있다. 그러니 2개 이상의 펀드에 분산투자해 펀드매니저 리스크를 분산하는 것이 바람직하다.

보조 투자전략은 미국과 아시아 이머징마켓에 투자

연금계좌는 최소 10년, 젊은 직장인은 30년 이상 적립금을 운용하게 된다. 일반계좌에서 투자하는 것보다 매우 오랫동안 투자하는 장기투자 계좌인 셈이다. 보조 투자전략은 향후 30년 동안 성장산업을 주도하거나 경제 펀더멘털이 우수해 경제성장률이 높은 국가의 주식에 투자해, 글로벌 주가지수보다 우수한 성과를 달성하는 것을 목표로 한다.

6장에서 미국, 중국, 인도, 베트남, 동남아 국가 등이 향후 30년 동안 세계 경제를 주도하거나 가장 빠르게 성장해 주가 상승 잠재력이 높다는 분석자료를 다뤘었다. 여기에 한국을 추가한 6개 지역·국가의 주식형펀드로 보조전략을 구성한다.

한국을 제외한 아시아 이머징마켓주식형펀드는 대부분 액티브펀드이다. 동일한 국가라고 하더라도 2~3개의 주식형펀드에도 분산투자하는 것이 바람직하다. 미국주식형펀드는 성과가 우수한 액티브펀드를 추천하지만 인덱스펀드에 투자할 수도 있다.

주력-보조 투자전략 요약

주력 투자전략은 액티브글로벌주식형펀드에 분산투자하고, 보조 투자전략은 미국 및 아시아 이머징마켓주식형펀드에 분산투자하는 것이다. 이를 요약하면 〈표 11-9〉과 같다

보조 투자전략에 포함된 국가는 미국을 제외하면 모두 아시아 국가이

표 11-9 주력-보조 포트폴리오 구성

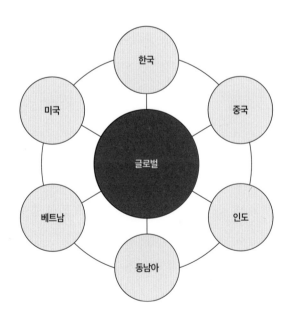

기 때문에 미국주식형펀드와 아시아주식형펀드에 분산투자할 수도 있다. 보조 투자전략에서 투자할 수 있는 국가의 주요 주식형펀드들은 6장을 참고하면 된다.

주력전략과 보조전략의 비중을 얼마로 할까? 정답은 없지만 70:30을 기본으로 하되 투자경험이 많은 가입자라면 보조전략 비중을 높이는 것도 방법이다. 주식형펀드 투자경험이 전혀 없다면 주력전략 위주로 투자하다가 어느 정도 투자경험이 쌓이면 보조전략의 비중을 증가시켜 투자할 수도 있다.

개별 국가의 주식형펀드에 분산투자해 보조전략을 구성하는 경우, 보조전략에 포함된 모든 국가의 주식형펀드에 동시에 투자할 필요는 없다. 중단기적으로 경제 펀더멘털이 약화되거나 주가가 과도하게 상승해 하락할 가능성이 높은 국가의 주식형펀드는 제외하는 것이 바람직하다. 특정 국가의 주식시장이 고평가되어 버블이 존재하는지 평가할 수 있는 지표는 7장을 참고하면 된다.

채권포트폴리오 구성: 채권형펀드 vs 원리금보장상품

주식포트폴리오와 마찬가지로 자산운용사들이 출시한 TDF의 채권포트 폴리오가 마음에 들지 않는다면, 이를 직접 구성할 수 있다. TDF에서 채권형펀드는 안정적인 이자수익이 발생하고 채권가격 변동성도 크지 않아서 투자위험 크기를 조절하는 안전자산으로 기능한다. 투자기간이 많이 남아 있는 글라이드패스 초반부에는 채권형펀드 비중을 20% 내외로 유지한다. 그러다가 가입자 연령이 증가함에 따라 점진적으로 높여, 타깃데이트에 근접하면 60% 수준 또는 그 이상으로 증가시킨다.

국내에서 출시된 TDF에서 투자하는 채권형펀드는 비교지수가 글로벌 종합채권지수인 글로벌채권형펀드에 주로 투자한다. 나머지는 국내채권형펀드, 선진국 투자등급채권형펀드, 하이일드채권형펀드, 이머징마켓채권형펀드 등에 투자하고 있다.

제로금리 시대 채권형펀드의 수익원은 크레딧 스프레드

일부 선진국의 국채가 마이너스 금리이고 미국 국채도 0%대 금리를 유지할 가능성이 높아 제로금리 시대가 당분간 지속될 가능성이 높다. 채권포트폴리오 비교지수인 블룸버그 바클레이즈 글로벌종합채권지수의 만기보유수익률(YTM)은 연 0.9%인 반면, 유효듀레이션은 7.15이다(2020년 6월 말 기준). 1년을 투자해도 펀드보수 차감 전 기준으로 1%도 되지 않는 이자수익이 발생하는 것이다. 유효듀레이션이 높기 때문에 금리가 약간만 상승해도 손실을 볼 수 있다. 국내종합채권지수의 YTM도 1.1%로 비슷하다.

〈표 11-10〉은 채권형펀드 유형별 금리(YTM), 듀레이션 및 변동성을 비교한 것이다. 주요 크레딧펀드의 YTM은 글로벌크레딧(투자등급)펀드가 연 3~5%, 글로벌하이일드채권펀드가 연 6~7%, 이머징마켓채권펀드가 연 5~8% 수준이다. 블룸버그 바클레이즈 글로벌종합채권지수가 연 0.9%인 점을 감안하면, 크레딧펀드의 YTM 대부분은 크레딧 스프레드라고

표 11-10 채권지수와 해외채권펀드의 주요 특성 비교

구분	글로벌종합 채권지수	국내종합 채권지수	글로벌 크레딧펀드	글로벌하이일드 채권펀드	이머징마켓 채권펀드
YTM	0.9%	1.1%	3~5%	6~7%	5~8%
수정듀레이션	7.2	5.6	5~7	3~5	5~8
변동성(3년)	2.8%	2.3%	5~11%	8~12%	9~14%

2020년 5월 말 기준

할 수 있다. 따라서 글로벌크레딧채권형펀드, 글로벌하이일드채권형펀드 및 이머징마켓채권형펀드의 향후 수익률은 크레딧 스프레드의 현재 수준과 향후 변동폭에 좌우될 것이다.

크레딧 스프레드는 경기회복이 예상되면 축소되고 경기침체가 예상되면 확대되는 경향이 있기 있기 때문에 주식형펀드와 양(+)의 상관관계를 보일 가능성이 높다. 경기회복이 예상되면 주가도 상승하지만, 크레딧 스프레드가 축소(채권금리 하락)되면 채권형펀드 수익률이 높아진다. 반대로 경기침체가 예상되면 주가는 하락하고 크레딧 스프레드가 확대되면서 채권형펀드 수익률이 낮아지거나 손실이 발생할 수도 있다.

TDF에서 주식형펀드와 채권형펀드에 나누어 투자하는 이유는 채권형펀드가 투자위험을 낮추는 안전자산 역할을 하기 때문이다. 주가가 하락해 주식형펀드에서 손실을 보더라도 금리가 하락해 채권형펀드의 수익률이 높아져, TDF의 수익률을 안정적으로 유지하거나 손실이 축소되는 것을 기대한다.

하지만 국채금리는 제로금리 수준이기 때문에 TDF에서 안전자산으로 채권형펀드에 투자하는 것이 맞는지는 고민이 필요하다. 우리나라에서는 퇴직연금사업자가 퇴직연금 가입자들에게 원리금보장상품을 제공하기 때문에, 퇴직연금계좌에서는 원리금보장상품이 안전자산 역할을 대신할 수 있다.

채권포트폴리오에 포함될 수 있는 상품은?

글로벌크레딧펀드 + 글로벌하이일드채권형펀드
어떤 자산이 안전자산으로써 역할을 하기 위해서는 몇 가지 조건이 필요하다. 첫째는 수익률 변동성이 낮아야 하고, 둘째는 위험자산인 주식수익률과 상관계수가 낮으면서, 셋째는 일정 수준의 이자수익이 발생해야 한다. 제로금리 시대에는 앞에서 설명한 바와 같이 국내이든 해외이든 일반 채권형펀드는 이자수익이 너무 낮다.

안전자산은 투자등급채권에 주로 투자하는 글로벌크레딧펀드에 투자해, 연 3~5% 수준의 이자수익을 확보할 수 있다. 이자수익을 더 높이고 싶으면 일정 비중(예를 들어 30%) 이내에서 글로벌하이일드채권형펀드 또는 이머징마켓채권형펀드에 투자한다. 국내에서 판매 중인 대부분의 TDF가 채택하고 있는 방법이다.

안전자산을 글로벌하이일드채권형펀드를 포함한 글로벌크레딧펀드로 구성할 경우 글로벌 경제가 안정적일 때는 높은 이자수익을 확보할 수 있다. 단점은 글로벌 경제가 급격히 침체하거나 충격이 발생하면 안전자산으로써 역할을 해줄 수 없다는 것이다.

글로벌하이일드채권형펀드와 이머징마켓채권형펀드의 수익률 변동성(표준편차)은 2020년 6월 말 기준 8~14%로, 글로벌채권형펀드의 비교지수인 블룸버그 바클레이즈 글로벌종합채권지수 변동성의 3~4배, 글로벌 주가지수 변동성의 50~80% 수준이다. TDF 내 비중이 높다면 글로벌 금융위기가 발생해 경기침체가 심화될 경우, 주식과 동반 하락해 TDF 손실을 확대시킬 수 있다.

글로벌크레딧펀드 + 적극적 자산배분형 글로벌멀티에셋펀드

글로벌하이일드채권형펀드와 이머징마켓채권형펀드 대신에 적극적 자산배분형 글로벌멀티에셋펀드를 안전자산에 추가하는 방법이 있다. 8장에서 설명한 적극적 자산배분형 글로벌멀티에셋펀드는 출시한 지 2년 정도

되었지만, 안정적으로 양호한 수익률을 달성하고 있다.

적극적 자산배분형 글로벌멀티에셋펀드는 자산별 투자비중을 적극적으로 조정하면서 안정적 수익률을 달성하고자 하는 투자전략을 실행한다. 글로벌하이일드채권형펀드와 비교하면 변동성도 낮고 수익률도 양호하기 때문에 저금리 시대에 안전자산의 역할을 담당할 수 있다. 미래에셋전략배분TDF가 이와 비슷한 방식으로 안전자산을 구성하고 있다. 이 TDF는 국내주식 롱숏펀드 등 시장중립전략을 실행하는 펀드를 안전자산에 포함했다.

원리금보장상품

퇴직연금사업자들은 퇴직연금계좌 가입자를 위해 최소한 1개 이상의 원리금보장상품을 제공하도록 되어 있다. 퇴직연금 가입자들이 주로 가입하는 원리금보장상품은 은행 정기예금, 저축은행 정기예금, 보험사 이율보증형보험(GIC, Guaranteed Investment Contract) 및 증권사 원리금보장 ELB(Equity Linked Bond) 등이다. 증권사 원리금보장ELB를 제외하고는 예금자보호대상 상품이다. 2020년 6월 말 기준으로 주요 원리금보장상품의 1년 만기 금리는 〈표 11-11〉과 같다.

원리금보장상품은 안전자산으로 가장 적합하다. 단점은 만기 1년 상

표 11-11 **퇴직연금계좌의 원리금보장상품 금리**

	은행 정기예금	저축은행 정기예금	원리금보장 ELB	이율보증형 보험
금리(%)	0.97 ~ 1.05	1.3 ~ 1.9	1.85 ~ 2.0	1.85 ~ 2.02

2020년 6월 말 기준

품으로 유동성이 낮고 금리가 낮다는 점이다. 하지만 제2금융권에서 제공하는 원리금보장상품의 금리는 2%에 근접한 수준으로 상대적으로 높다. 향후 1년 동안 금리가 추가로 하락하지 않는다면 국내채권형펀드나 글로벌채권형펀드보다 높은 수익률을 달성할 수 있다.

나에게 적합한 채권포트폴리오는?

안전자산으로써 역할을 할 수 있는 가장 대표적인 상품은 제2금융권이 제공하는 원리금보장상품이다. 2020년 6월 말 기준으로 연 2% 금리를 제공하는 상품도 있다. 하지만 향후 저금리상황을 반영해 점진적으로 하락할 가능성이 높다. 2019년 저축은행의 1년 만기 정기예금은 연 2% 중반 수준이었지만 지금은 모두 2% 이하이다.

1% 중후반 수익률에 만족하지 못하는 경우에 글로벌채권형펀드, 글로벌크레딧펀드 및 글로벌하이일드펀드 등에 분산투자하는 것이 좋다. 하지만 글로벌하이일드펀드는 수익률 변동성이 높고 경기침체 시 주식형펀드와 함께 손실이 발생할 가능성이 있기 때문에 펀드투자 경험이 있는 가입자가 선택할 수 있는 대안이다.

글로벌하이일드펀드나 이머징마켓채권형펀드에 투자하는 것이 부담스러운 경우 적극적 자산배분형 글로벌멀티에셋펀드에 투자하는 것도 방법이다. 정기적으로 이자수익은 발생하지 않지만 시장상황에 적극적으로 대응해 자산배분 비중을 조절하면서 지금까지는 안정적인 수익률을 달성하고 있다.

안전자산의 역할을 수행하는 채권포트폴리오는 만기보유수익률이 낮은 글로벌채권 대신에 제2금융권의 원리금보장상품을 포함하고, 여기에 글로벌크레딧펀드와 적극적 자산배분형 글로벌멀티에셋펀드로 구성하는 것이 안전성도 유지하면서 일반채권형펀드보다 높은 수익률을 달성할 가능성이 높다고 본다. 요약하면 채권포트폴리오는 시장금리가 일정 수준 상승하기 전까지는 제2금융권의 원리금보장상품, 글로벌크레딧펀드 및 적극적 자산배분형 글로벌멀티에셋펀드에 분산투자하는 것을 추천한다.

나에게 적합한 TDF를
직접 만들어보자

나에게 적합한 TDF를 구성하기 위해서는 목적자금의 성격과 투자기간에 적합한 글라이드패스를 도출한 후, 선호하는 주식포트폴리오와 채권포트폴리오를 구성하면 된다. 앞에서 목적자금의 성격에 적합한 글라이드패스를 도출하는 방법을 설명했다. 이번에는 TDF의 주식포트폴리오와 채권포트폴리오를 구성하는 방법을 설명하겠다.

주식포트폴리오를 구성할 때 글로벌주식형펀드에 70%, 보조 투자전략에 포함된 미국과 아시아 이머징마켓주식형펀드에 30%를 투자하는 것을 추천한다. 주식형펀드 투자경험이 없다면 글로벌주식형펀드에만 투자하고, 주식형펀드 투자경험이 많은 가입자는 보조 투자전략 비중을 주식포트폴리오의 50%까지 높여서 구성하는 것을 추천한다.

채권포트폴리오는 제2금융권 원리금보장상품, 글로벌크레딧펀드와 적극적 자산배분형 글로벌멀티에셋펀드에 동일 비중으로 구성하는 것을 추천한다. 만약 펀드투자 경험이 없다면 원리금보장상품 위주로 구성하는 것을 추천한다.

펀드투자 경험이 없는 가입자의 TDF

퇴직연금계좌에서 원리금보장상품만 가입하고 펀드는 투자하지 않는 가입자들이 많다. 당분간 제로금리 시대가 지속될 가능성이 높기 때문에 원리금보장상품에만 투자할 경우 0%대로 수익률이 하락할 것이다. 퇴직연금 수익률이 물가상승률보다 낮아져 적립금 실질 가치가 하락할 가능성이 높다.

그렇다고 본인의 은퇴시점과 일치하는 TDF에 투자하는 것도 정답은 아니다. 최근 글로벌 주식시장은 정보의 가공 및 유통 속도가 빨라지면서 최소 5년에 한 번씩은 급락장이 발생하는 것으로 보인다. 2020년 3월 코로나19가 급속히 확산되면서 TDF2045의 수익률이 한 달만에 27% 하락했다. 다행히 증시가 회복되면서 4개월만에 모든 손실을 만회했지만, 수익률이 좋다는 소문에 처음 TDF에 투자한 가입자들은 걱정이 많았을 것이다.

글라이드패스: 주식비중을 40% 이하로 유지

큰 폭의 손실이 발생할 수 있는 실적배당상품인 펀드에 투자할 때는 자신의 위험역량을 파악하는 것이 중요하다. 펀드에 관한 지식과 투자경험이 낮은 가입자일수록 위험역량이 낮은 경향이 있다. 즉 약간의 손실이 발생하더라도 이를 견디지 못하고 펀드를 환매해버리게 된다. 원리금보장

표 11-12 펀드 초보투자자의 글라이드패스 구성전략

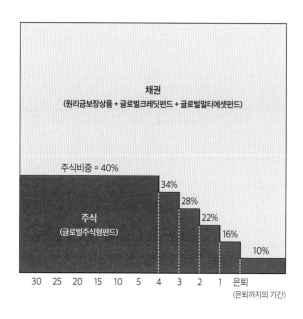

상품에만 투자했던 가입자들도 위험역량이 낮을 가능성이 높다. 펀드투자 경험이 없는 투자자이고 예정 투자기간이 10년 미만이라면 타깃데이트 5년 전까지는 주식비중을 40%로 유지한 후, 점진적으로 감소시켜 은퇴시점(타깃데이트)에 10%까지 낮추는 글라이드패스가 좋다. 타깃데이트까지 기간이 10년이 넘는다면 주식비중을 40%로 유지하여 투자한다. 어느 정도 투자경험이 쌓이면 정상적인 글라이드패스를 선택하면 된다.

한편, 주식자산은 글로벌주식형펀드에 분산투자하고 채권자산은 제2금융권 원리금보장상품, 글로벌크레딧펀드 및 적극적 자산배분형 글로벌멀티에셋펀드에 동일한 비중으로 분산투자할 것을 제안한다.

MMF 활용을 고려

MMF를 적절히 활용하면 수익률을 높일 수 있다. 채권포트폴리오의 일정 비율(예를 들어 30%)을 MMF에 투자하되, 글로벌 증시가 급락해 주식포트폴리오에서 손실이 발생하면 MMF를 환매해 주식포트폴리오 투자비중을 높이는 방법이다. 나중에 주가가 반등하여 주식포트폴리오가 수익이 발생하면 주식포트폴리오 일부를 환매해 다시 MMF에 가입한다.

전문가들조차도 전망하기 어려운 것이 글로벌 증시이다. 단기적으로 주가가 큰 폭으로 하락하는 것은, 대부분 전망하기 불가능한 급작스런 충격으로 발생하는 경우가 많다. 따라서 평상시에는 퇴직연금적립금의 일부를 MMF에 투자하다가 글로벌 충격으로 인해 증시가 급락할 때, MMF를 환매해 주식형펀드에 투자하면 수익률을 높일 수 있다.

MMF는 언제든지 즉시 현금화가 가능하고 수익률도 그렇게 낮지 않다. 2020년 6월 말 기준으로 최근 3개월 수익률이 0.2~0.3%(연 0.8~1.2%)로 1년 만기 은행정기예금 금리 수준이다. 유동성과 수익률이 양호한 안전자산이다.

12장

연금계좌
리스크 관리 전략은
무엇이 있을까?

사전 리스크 관리:
목적자금 성격에 맞춰라

연금계좌는 목적자금을 마련하기 위해 10년 이상 장기에 걸쳐 적립식으로 투자하는 경우가 대부분이다. 연금계좌의 투자목표는 높은 수익률을 달성하는 것이 아니라, 안정적으로 운용해 원하는 목적자금을 마련하는 것이다. 따라서 목적별투자에서 노출되는 위험은 수익률 변동성이 아니라 원하는 목적자금을 마련하지 못하는 위험이다.

연금계좌에서 장기투자를 하더라도 손실폭이 본인이 감당할 수 있는 한도를 넘어서지 않도록 투자전략을 수립하는 것이 중요하다. 4~5년에 한 번씩은 주가가 20% 이상, 많게는 50% 넘게 하락하는 것 같다. 주가가 급락하더라도 시간이 지나면서 회복해 추세적 상승을 지속했기 때문에 괜찮을 것이라고 생각할 수 있다. 하지만 투자금액의 20% 이상 손실을 보는 실제 상황에 직면하면, 주가가 계속 하락할 것이라는 공포에 사로잡혀 펀드를 환매하는 개인투자자들이 많은 것이 현실이다. 필자도 이런 경우에 흔들릴 때가 많았다.

장기간 적립식으로 투자하는 연금계좌를 활용해 목적자금을 마련하기 위해서는 투자전략 수립 단계부터 적립금 운용과정, 그리고 운용결과를 평가하는 리스크 관리가 필요하다. 투자전략 수립단계에서 실행되는 리스크 관리를 사전 리스크 관리, 적립금을 운용하는 과정에서 실행하는 리스크 관리를 운용 리스크 관리, 운용결과를 평가하는 단계에서 실행되는 리스크 관리를 사후 리스크 관리라고 한다.

목적별투자기법에서 가장 중요한 부분은 목적자금의 투자기간 및 위험역량에 적합한 투자전략을 설계하는 것이다. 이 과정은 적립금을 운용하기 전 투자전략을 수립할 때 실행되는 사전 리스크 관리로서, 리스크

표 12-1 **목적별투자의 리스크 관리 프로세스**

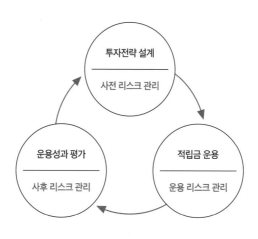

표 12-2 적립식 납입액 기간별 비중

	~5년	6~10년	11~15년	15~20년	20~25년	전체
납입액 비중	15%	16%	20%	23%	26%	100%

3% 증액적립 기준

관리 프로세스 중에서 가장 중요한 부분이다.

사전 리스크 관리는 목적자금을 마련하기 위한 투자기간과 목적자금을 마련하지 못했을 때 발생하는 결과의 심각성 정도와 관련이 있다. 투자기간이 길수록 투자기간 중 손실을 보더라도 주가가 회복할 때까지 기다릴 수 있는 여유가 있다. 하지만 목적자금이 은퇴 후 최소 생활비를 마련하는 것이라면, 큰 폭의 손실이 발생할 경우 앞으로 노후생활의 심각한 위협이 된다.

글라이드패스 관점에서 본다면 전체 투자기간 중 타깃데이트 10년 전, 특히 5년 전부터 타깃데이트까지의 리스크 관리가 중요하다. 타깃데이트 5년 전에 손실이 발생하더라도 회복할 수 있는 기간(5년)이 충분하기 때문이다. 또한 초기보다 적립식으로 납입하는 금액이 크기 때문에, 적립식 투자의 매수단가인하효과(Cost-averaging effect)를 통해 손실을 더 빨리 만회할 수 있다.

〈표 12-2〉에서 보는 바와 같이 매년 3%씩 적립식 납입액을 증가시킨다면, 전체 투자기간 25년 중 15년째까지 적립식 납입액은 전체 금액의 51% 수준이다. 투자기간 종료 10년 전까지는 주식형펀드 위주로 투자해 손실을 보더라도, 그때까지 적립한 규모와 동일한 금액이 10년에 걸쳐 투자된다. 이를 바탕으로 손실을 만회하고 플러스 수익률을 기록할 수 있다.

추가 적립금액이 50%를 넘어서는 타깃데이트 10년 전부터는 주식비중을 감소시키되, 타깃데이트 5년 전부터는 주식비중을 현저히 낮추는 것이 좋다. 적립금 총액 대비 추가로 납입할 금액도 크지 않고, 투자기간도 5년 미만이어서 큰 폭의 손실이 발생할 경우 만회하기 쉽지 않기 때문이다.

이 기간 중 주식비중은 목적자금 성격에 따라 차이가 발생할 수 있다. 하지만 10장에서 설명한 것처럼 최소 생활비 마련자금 등 모자라면 곤란한 목적자금의 주식비중은 현저히 낮게 가져갈 필요가 있다. 또한 안전자산인 채권포트폴리오에 편입되는 자산도 투자위험이 낮은 상품 위주로 구성하는 것이 바람직하다.

운용과정 리스크 관리:
감정적 오류를 통제하라

개인투자자들은 주가가 떨어지면 계속 떨어질 것 같은 두려움에 사로잡히고, 주가가 상승하면 계속 오를 것 같은 탐욕에 사로잡힌다고 한다. 특히 개인투자자들은 두려움에 사로잡힐 때 주식비중을 낮추는 경향이 있다. 이것이야말로 투자수익률을 악화시키는 주범이다.

2008년 글로벌 금융위기 당시 미국의 사례가 이를 보여주고 있다. 미국 근로복지연구소(EBRI)에 따르면 2007년 말 미국 DC퇴직연금계좌의 주식형펀드 비중은 68%, 채권형/원금보장펀드 32%였다. 그러다가 2008년 말에는 주식형펀드 54%, 채권형/원금보장펀드 46%로 주식형펀드의 환매가 많았다. 2009년 이후 글로벌 주가가 장기상승추세를 보였기 때문에, 주식형펀드 비중을 줄이지 않았더라면 연금계좌의 수익률은 더 높았을 것이다.

개인투자자들은 합리적 투자자가 아니다

투자 교과서에서는 모든 투자자를 시장의 정보를 파악하고 이를 투자에 적용할 수 있는 전문 능력을 보유한 합리적 투자자라고 가정한다. 하지만 직장에 다니면서 일부 시간을 내어 적립금을 운용하는 일반 개인들이 합리적 투자자처럼 투자결정을 내린다고 가정하는 것은 비현실적이다.

최근에는 일반 개인투자자의 투자행태에 대한 현실적 가정을 기초로 투자방법을 제안하는 행동재무이론이 관심을 끌고 있다. 행동재무이론은 개인투자자들이 합리적 투자자(Rational investor)가 아닌, 자신이 가지고 있는 편향으로 인해 잘못된 투자결정을 하는 보통의 투자자(Normal investors)라고 전제한다.

행동재무이론에 따르면 보통 사람들에게 있는 인지편향(Cognitive biases)과 감정편향(Emotional biases)으로 인해 투자결정의 오류가 발생한다. 인지적 오류는 프레이밍(Framing), 가용정보(Availability), 확신(Overconfidence), 과거 추세(Hindsight) 등의 영향을 받아 잘못된 의사결정을 하는 오류이다. 감정적 오류는 합리적 판단보다는 본인이 느끼고 있는 감정의 영향을 받아 잘못된 의사결정을 하는 오류를 말한다.

미국에서는 행동재무이론을 활용해 개인들에게 투자자문 서비스를 제공하고 있다. 『Behavioral Finance and Investor Types』의 저자이자 CFP인 마이클 폼피안(Michael Pompian)에 따르면 인지편향은 가급적 순화시키도록 노력하되, 감정편향은 투자전략을 수립할 때 반영하는 것이 바람직하다고 한다. 인지적 오류는 잘못된 추론에 근거하고 있기 때문에 투자자들이 더 많은 정보를 취합해 완화시킬 수 있지만, 감정편향은 의

식적인 추론보다 감정이나 직관으로부터 유발되어 교정하는 것이 더 어렵기 때문이다.

투자자의 감성주기는 경기변동에 후행

〈표 12-3〉은 경기변동국면별 주가와 투자자의 감정상태를 나타내는 그래프로 투자자의 감정편향을 설명하기 위해 자주 인용되는 그림이다. 점선은 경기변동(Business cycle)을 나타내고 빨간색 선은 투자자의 감성주기(Sentiment cycle)를 나타낸다. 단순화를 위해 경기변동주기와 주가변동주기가 동일하다고 가정하자. 개인투자자들은 주가가 상당 수준으로 급등한 후에야 추가 상승을 낙관해 주식에 투자하기 시작하고, 주가가 정점에 다다르게 되면 흥분과 전율에 휩싸여 대세 상승 분위기에 몰입해 투자금액을 증가시킨다. 이러한 추세는 주가가 정점을 지난 후 일정 시기까

표 12-3 경기변동과 투자자의 감성주기

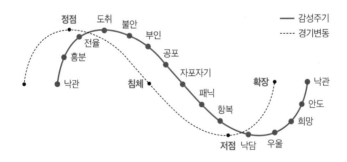

지 지속되다가 주가가 본격적으로 하락하기 시작하면 대세 상승이 가능할지 걱정하기 시작한다.

주가가 더 폭락해 저점에 근접함에 따라 투자자들이 패닉상태가 되면서 주식을 팔기 시작한다. 투자자들의 감정편향으로 인해 고점에서 사고 저점에서 파는 상황이 반복된다는 것이다. 이는 국적을 불문하고 개인투자자들에게 공통적으로 나타나는 현상이다.

장기적립식 투자는 연금계좌 가입자의 가장 큰 무기

감정적 오류를 완화시키는 방법은 간단하다. 우선 TDF를 설계할 때부터 최악의 경우에도 손실이 투자자가 감당할 수 있는 한도인 위험역량을 넘어서지 않도록 글라이드패스를 설정하는 것이 중요하다.

주식시장이 급락해 투자하고 있는 주식형펀드에서 큰 폭의 평가손실이 발생할 경우, 공포에 휩싸여 환매 유혹을 뿌리치지 못할 수 있다. 글로벌 금융위기 같은 상황이 발생하면 글로벌 주가가 50% 하락할 수도 있다. 2020년 3월 코로나팬데믹 상황에서 글로벌 주가가 34% 급락했는데 TDF2045펀드는 약 27%의 손실을 기록했다.

투자기간 중간에 예상치 못한 손실이 발생하더라도 감정에 휘들려 주식비중을 급격히 축소시키지 않는다면, 적립식 투자의 장점인 매수단가 인하효과를 통해 빠르게 손실을 만회할 수 있다. 큰 폭의 손실이 발생했을 때 주식형펀드를 모두 환매하고 추가로 부담금을 납입하지 않게 되면, 손실이 최대화된 상황에서 손실을 확정하는 우를 범할 수 있다. 그러니 위험역량에 맞는 글라이드패스를 설정하고, 투자기간 중 큰 폭의 평가손실이 발생하더라도 계속 적립식으로 글라이드패스를 따라 투자하는 것이 중요하다.

주식보조포트폴리오 및 채권포트폴리오 리밸런싱

인지적 오류는 자신이 가지고 있는 인지편향 때문에 일부 자료를 잘못된 기준으로 판단하는 것이다. 이를 완화하는 방법은 마이클 폼피안이 제안하는 것처럼, 시장에 대한 전문가의 분석정보를 참조하는 것이 좋다. 글로벌 자산운용사와 투자은행들이 홈페이지에서 정기적으로 글로벌 시장을 진단하고 분석하는 보고서를 제공한다. 특히 JP모간자산운용은 홈페이지에서 분기 단위로 미국 및 글로벌 주식과 채권 시장을 진단하는 'Guide to the Markets' 보고서(https://am.jpmorgan.com)를 무료로 제공하고 있다. 이 보고서는 다양한 그래프로 정보를 전달하기 때문에 일반 개인투자자들도 이해하기 쉽다.

인지적 오류를 완화시키는 두 번째 방법은 정기적으로 국가별 투자비중을 조정하는 것이다. 매년 초 국가·지역별 주식형펀드 비중을 동일하게 조정하는 방법을 생각할 수 있다. 투자비중을 조정하지 않으면, 수익률이 높은 펀드의 투자비중은 증가하는 반면 손실을 본 펀드의 투자비중은 낮아진다. 이를 다시 원래 비중으로 조정하면 수익률이 저조했던 펀드의 비중을 증가시켜 평균매수단가를 인하시키는 효과가 있다.

국가별로 주식시장의 저평가 여부를 판단해 저평가된 국가의 주식형펀드의 투자비중을 높이되, 고평가된 국가의 주식형펀드 투자비중을 낮추는 방법도 있다. 저평가 시장의 비중을 확대하기 때문에 가치투자 전략이라고 할 수 있다. 저평가 및 고평가 여부는 7장에서 소개한 쉴러PER와 버핏지수를 사용해 판단하는 것도 하나의 방법이다.

공격적인 전략으로 최근 12개월 수익률이 높은 시장의 투자비중을 높이고, 그렇지 않은 시장의 투자비중을 낮추는 모멘텀전략을 사용할 수도 있다. 모멘텀전략은 상승하는 시장이 더 오른다는 믿음에 기초하고 있지만, 모멘텀전략만 실행할 경우 상승추세가 하락추세로 바뀔 때 손실을 볼 수 있다. 시장별 저평가지표와 모멘텀을 감안해 보조포트폴리오 내 국가별 주식형펀드 비중을 조정하는 것이 바람직하다.

사후 리스크 관리:
정기적으로 목표달성도를
점검하라

목적자금별로 최소 3년이나 5년마다 달성도를 점검하고 필요 시 대응전략을 마련하는 것이 중요하다. 특히 최소 생활비를 마련하기 위한 재원이 노령연금과 퇴직연금이기 때문에 정기적으로 최소 생활비를 마련할 수 있는지 점검하고 필요하다면 추가적인 재원을 마련할 필요가 있다.

예상노령연금액 및 연금계좌 목표금액 달성도 점검
국민연금은 연금수령액 기준으로 국민연금관리공단 홈페이지에서 조회하고, 2장에서 설명한 노령연금 산정식을 사용해 원하는 수준의 노령연금을 받을 수 있는지 점검한다. 예상노령연금은 40세 이후에는 정기적으로 점검할 필요가 있다. 배우자가 소득활동에 종사하지 않는 경우 임의

가입자로 가입하거나 60세 이후에 임의계속가입자로 가입기간을 늘리는 것도 부족한 노후자금을 마련하는 좋은 방법이다. 임의가입기간을 증가시켜도 부족 금액을 마련할 수 없다면, 부족 금액은 추가저축 등을 통해 마련할 수 있는 방법을 검토한다.

연금계좌의 적립금이 예정대로 목표금액을 달성하고 있는지를 정기적으로 점검하는 것이 좋다. 연금계좌에서는 적립식으로 납입하는 부담금이 목표한대로 진행되고 있는지, 그리고 목표수익률을 달성하고 있는지를 점검한다.

목표대로 가고 있다면 연금계좌에 추가로 납입할 필요가 없다. 하지만 목표를 밑돌 것으로 추정된다면 추가 납입을 고려하는 것이 좋다. 특히 목적자금이 최소 생활비 등 반드시 필요한 자금일 경우에는 가급적 빨리 추가 납입을 한다. 빨리 추가 납입을 시작해야 복리효과를 통해 목표금액 마련이 쉽기 때문이다.

연금계좌에서 펀드투자 시 유용한 정보

펀드는 연금계좌에서 투자해야 세금을 절약한다

펀드에서 발생하는 수익은 채권 등의 이자수익, 주식의 배당수익, 가격변동으로부터 발생하는 자본수익(평가이익, 매매차익)으로 구성된다. 우리나라 세법은 펀드가 투자한 자산에서 발생한 모든 수익을 배당소득으로 분류해 과세한다. 펀드투자수익이 타 금융소득과 합해 연간 2천만 원을 초과하는 경우 금융소득종합과세 대상이 된다. 단, 국내상장주식에서 발생하는 매매차익은 비과세 양도소득이기 때문에 펀드에서 투자하더라도 세금을 납부하지 않는다.

펀드에서 투자된 자산으로부터 발생한 이자 및 배당 소득은 펀드 결산일에 15.4% 세율로 원천징수된다. 자산의 가격상승으로 발생한 자본수익(평가이익 포함)은 펀드를 환매할 때 15.4%의 세금을 납부한다. 따라서 투자자들은 환매시기와 환매금액을 조절해 세금 납부시기를 조정할 수 있다. 하지만 A라는 펀드에서 이익이 발생하고 B라는 펀드에서 손실이 발생하더라도, B펀드의 손실을 A펀드의 이익에서 차감하지 못하고 A펀드의 이익총액에 대해서 세금을 납부해야 한다.

IRP계좌 및 연금저축펀드계좌에서 투자한 펀드에서 발생한 모든 수익에 대한 세금은 원천징수되지 않고, IRP계좌에서 적립금을 인출할 때까지 이연된다. DC형 퇴직연금계좌에서 퇴직급여(사용자부담금)을 운용해 발생한 수익은 퇴직급여에 합산되어 퇴직소득세가 부과된다. 특히 동일한 연금계좌에서는 복수의 펀드에 투자할 수 있는데, 이때 발생한 이익과 손실이 서로 상계되어 순이익만 과세소득이 된다. 즉 연금계좌에서는 손익이 통산되어 과세소득이 계산되기 때문에 일반 계좌에서 펀드에 투자할 때보다 세제상 유리하다.

IRP계좌 또는 연금저축펀드계좌는 적립금을 인출하는 시점에서 세금을 납부한다. 55세 이후에 투자수익을 연금으로 인출하면 연금소득세 3.3~5.5%, 일시금으로 인출하면 기타소득세 16.5%가 부과된다. 연금계좌에서 발생한 투자수익은 금융종합과세 대상은 아니지만 연금으로 수령하는 시점에서 연간 1,200만 원을 초과하는 경우 공적연금과 합산해 연금종합소득세를 납부한다.

2023년에 금융투자소득세가 도입되면 일반계좌에서 투자하는 펀드 투자수익에 대한 세제가 달라진다. 먼저 공모국내주식형펀드(약관상 주식비중 60% 이상)와 기타 펀드로 분류한다. 공모국내주식형펀드는 국내상장주식과 합하여 연간 5천만 원을 초과하는 자본수익에 대해서 22%의 금융투자소득세가 부과된다. 공모국내주식형펀드를 제외한 모든 펀드는 타

금융·투자자산(국내상장주식 제외)과 합산하여 연간 250만 원 초과하는 자본
수익은 22%(지방세 포함)의 금융·투자소득세를 납부한다. 소득금액이 3억
원을 초과하는 금액에 대한 금융투자소득세율은 33%(지방세 포함)이다. 펀
드 내 보유자산에서 발생하는 이자 및 배당 소득은 15.4%로 원천징수된
다. 따라서 2023년에는 펀드를 포함한 금융·투자자산에서 발생하는 자본
수익은 통산되어 높은 세율로 세금을 납부하게 된다. 연금계좌에서 펀드
(공모국내주식형펀드 제외)에 투자 후 일시금으로 인출할 때 부담하는 기타소
득세율 16.5%보다 높다. 그러므로 2023년부터는 연금으로 수령하지 않
더라도 연금계좌에서 펀드에 투자하는 것이 세제상으로 유리하다.

펀드가입 시 매입기준가격 적용 방법은 이렇다

펀드 기준가격 산정 방법

펀드의 기준가격(NAV, Net Asset Value)은 펀드를 매입하거나 환매할 때 기준
이 되는 펀드의 가격이다. 국내에서도 전 세계 자산에 투자하는 다양한

표 12-4 **한국시간 기준의 세계증시 폐장시간**

해외펀드가 판매되고 있다. 세계 각국의 증시는 시차를 두고 개장하지만, 투자자들이 펀드를 매입할 때 적용되는 기준가격은 특정 시점을 기준으로 산정해 공시한다.

〈표 12-4〉는 세계 각국 증시의 폐장시간을 한국시간으로 표시한 것이다. 한국시간 기준으로 일본 증시는 오후 3시, 중국 증시는 오후 4시, 홍콩 및 베트남 증시는 오후 5시에 폐장한다. 오후 7시 30분에 인도 증시가 폐장하고 유럽은 익일 새벽 1시 30분, 브라질은 4시 30분, 미국은 새벽 6시에 폐장한다.

〈표 12-4〉에서 컷오프타임(Cut-off time)으로 정의한 오후 5시 30분은 펀드의 기준가격 산정에 필요한 시장가격(종가)을 수집하는 마감시간이다. 우리나라 시간 오후 5시 30분에 입수 가능한 종가는 베트남까지는 당일 (D)종가이고, 기타 동남아시아 국가를 비롯한 국가는 전일(D-1) 종가이다.

국내자산운용회사들은 오후 5시 30분에 입수 가능한 종가를 사용해 펀드별로 기준가격을 산정해 다음 영업일(D+1)에 공시한다. 따라서 오늘 (D) 아침에 공시되는 국내자산에 투자하는 펀드나 중국펀드의 기준가격은 전일(D-1) 종가로 산정된 기준가격이다. 반면 오늘(D) 아침에 공시되는 유럽이나 미국에 투자하는 펀드의 기준가격은 2영업일 전(D-2) 종가로 산정된다.

매입기준가는 펀드에 가입할 때 적용되는 기준가격으로 펀드매입 신청 후 최초로 산정되는 기준가격을 사용하는 것을 원칙으로 한다. 단, 투자자 간 형평성을 침해할 우려할 있는 경우, 자산운용회사가 내부 위원회 결의를 통해 매입기준가를 확정하도록 자본시장통합법이 일부 예외를 인정하고 있다.

불특정 다수가 수시로 가입하고 환매하는 펀드는 투자자 간 형평성을 유지하는 것이 중요하다. 그래서 매입기준가는 투자자가 펀드가입신청을 하는 시점에서 확정되지 않은 미래가격(Forward price)으로 산정한다. 미래가격원칙이 준수되지 않는다면, 공시하기 전에 매입기준가격을 파악한 투자자가 신규로 펀드에 가입해 부당한 이익을 취할 가능성이 있고, 이는 펀드를 보유하고 있는 가입자들의 이익이 침해되어 고객 간 형평성이 훼손되기 때문이다.

국내펀드의 매입기준가는 1영업일 후 기준가격

국내자산에 투자하는 펀드는 주로 투자하는 유가증권이 거래되는 시장의 폐장시간(주식시장은 오후 3시30분, 채권시장은 오후 5시)을 기준으로 한다. 폐장시간 이전에 펀드매입신청이 완료된 경우에는 1영업일 후(D+1) 기준가격이 매입기준가가 된다. 가입신청일 다음 영업일(D+1)의 기준가격은 펀드가입신청이 이루어진 날(D일)의 종가를 사용해 산정되기 때문에 펀드가입일 주식의 종가로 펀드가 매수된다.

　동일 펀드에서 복수의 자산에 투자하는 혼합형펀드의 매입기준가는 펀드가 주로 투자하는 자산을 기준으로 결정된다. 주식혼합형펀드에서 주로 투자되는 자산은 주식이기 때문에 매입기준가 적용일은 주식형펀드와 같다. 채권혼합형펀드가 주로 투자하는 자산은 채권이기 때문에 채권혼합형펀드의 매입기준가 적용일은 채권형펀드와 동일하다.

해외펀드의 매입기준가는 1영업일 또는 2영업일 후 기준가격

해외투자펀드의 매입기준가를 적용하는 기준 시간은 오후 5시이다. 오후 5시 이전에 가입신청이 완료된 경우 1영업일 후(D+1) 기준가격이 매입기준가가 된다. 영업일은 국내금융기관의 영업일이고 D는 매입요청일이다. 예

표 12-5 주식형펀드의 매입가격 적용일

	한국	일본	중국/베트남	기타 아시아	유럽	미국/브라질
마감시간	15:30	15:00	17:00	17:00	17:00	17:00
적용일	1영업일 후(D+1)			2영업일 후(D+2)		

D: 매입 신청일

외적으로 증시가 오후 5시 이전에 폐장하는 증시에 투자하는 펀드는 폐장시간을 기준으로 매입기준가격이 결정된다. 예를 들어 오후 3시에 폐장하는 일본주식형펀드는 오후 3시 이전에 가입신청이 완료된 경우, 1영업일 후 기준가격을 적용하도록 되어 있다.

중국본토펀드는 예외적으로 우리나라 시간으로 오후 4시에 주식시장이 폐장됨에도 불구하고, 오후 5시를 기준으로 매입기준가격을 적용한다. 베트남보다 시차가 큰 인도, 유럽 및 미국의 주식시장 등은 오후 5시 이전에 펀드가입을 신청한 경우에도 1영업일 후(D+1)가 아닌 2영업일 후(D+2) 공고되는 기준가격이 매입기준가격이 된다.

국내외주식형펀드의 매입가격 적용일을 요약하면 〈표 12-5〉와 같다.

펀드환매 시 환매기준가격 적용 방법은 이렇다

환매기준가는 펀드를 환매할 때의 매도가격이다. 환매기준가는 환매청구일 이후에 산정되는 가격으로 자산운용회사가 펀드규약에서 정하도록 재량권을 주고 있다. 매입기준가와 달리 환매기준가를 산정할 때 미래가격원칙을 일괄적으로 규정하는 것이 어렵기 때문이다.

환매 시 미래가격은 자산운용회사가 환매대금을 마련하기 위해 자산을 매각한 날의 종가와 같다. 금일(D) 환매 요청을 받은 경우 자산운용회사는 환매자금을 마련하기 위해 다음 영업일(D+1)에 자산을 매도, 이를 반영해 계산한 기준가격을 3영업일(D+2)에 공시한다. 따라서 일반적으로 펀드의 환매기준가는 3영업일 또는 환매신청일 기준 2영업일 후(D+2) 기준가격이 환매기준가격이 된다.

국내주식형펀드와 해외펀드는 환매기준가 적용이 다르다

국내주식형펀드(주식혼합형 포함)는 오후 3시 30분 이전에 환매신청이 완료된 경우, 1영업일 후(D+1)에 공고되는 기준가격을 환매기준가격으로 한다. 환매시점에서 환매가격을 비교적 정확히 추정할 수 있기 때문에 미래가격원칙이 적용되지 않아, 환매고객과 펀드 보유고객 간 형평성이 훼손될

표 12-6 펀드의 환매기준가격 산정

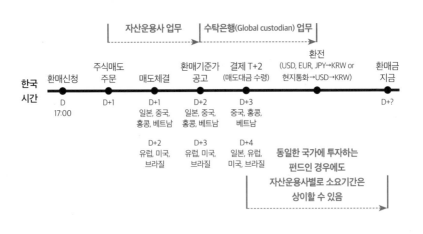

가능성이 높다. 그럼에도 불구하고 이를 용인하는 것은 직접 주식투자하는 경우와 동일한 환매 사이클을 적용하기 위해서이다.

해외펀드의 경우 투자지역에 따라 환매기준가 적용일이 다르다. 이걸 요약한 것이 〈표 12-6〉이다. 한국시간 오후 5시(일본주식형펀드는 3시) 이전에 폐장되는 증시에 투자하는 주식형펀드의 환매기준가격은 2영업일 후(D+2) 기준가격이 적용된다. 내일, 즉 1영업일 후(D+1)에 환매대금을 마련하기 위해서 자산을 처분하고 자산매도가격을 반영해 산정된 기준가격이 2영업일 후(D+2)에 공고되는 기준가격이기 때문이다.

베트남을 제외한 동남아, 인도, 유럽, 브라질, 미국 주식에 투자하는 펀드의 경우 오늘(D) 5시 이전까지 환매신청을 받으면, 1영입일 후(D+1)에 환매자금 마련을 위해 주식을 매도한다. 그리고 2영업일 후(D+2)에 매도가격을 반영해 계산된 기준가가 3영업일 후(D+3)에 공시되는데, 이 기준가격이 환매기준가가 된다.

펀드의 환매기준가 결정일을 너무 빠르거나 늦게 결정하면 펀드를 환매하거나 가입하는 고객을 포함해 펀드투자자 간 형평성이 훼손된다. 그래서 자산운용회사들은 환매기준가를 결정할 때 주의를 기울이고 있다.

환매기준가 적용일과 펀드환매대금 수령일

펀드환매대금 지급일은 주식이나 채권을 매도한 후 매도대금을 받아 환매대금으로 지급하도록 되어 있어, 자산의 결제대금 지급주기와 연계되어 있다. 국내주식형펀드 및 국내채권형펀드는 환매신청 후(D) 3영업일 후(D+3)에 환매대금을 지급한다.

해외펀드의 환매대금 수령일은 국가별 매매결제 주기(Settlement cycle), 현지 통화를 환전해 국내로 송금하는 기간을 반영해 결정된다. 즉 주식

표 12-7 해외주식형펀드의 가입 및 환매주기

	한국	일본	중국	베트남	인도	유럽	미국	브라질	TDF
마감시간	15:30	15:00	17:00	17:00	17:00	17:00	17:00	17:00	17:00
기준가격 적용일	D+1	D+2	D+2, 3	D+4	D+2, 3, 4	D+3	D+2, 3	D+3	D+3, 4
환매대금 수령일	D+3	D+5, 6, 7	D+4, 5, 6, 7, 8	D+7, 8, 9	D+6, 7, 8	D+5, 6, 8	D+6, 7, 8	D+7	D+7, 9

D: 매입 신청일

을 매도해 현금으로 결제되는 결제주기(보통 2영업일)와 동 자금을 국내에서 수령하는 기간을 더하면 환매대금 수령일이 된다.

국내에 출시된 주식형펀드의 환매주기를 〈표 12-7〉에 요약했다. 동일한 국가에 투자하는 펀드라도 펀드 자산운용사별로 환매주기가 다를 수 있다. 정확한 환매일정은 펀드 투자설명서를 참조하거나 한국포스증권(펀드슈퍼마켓) 홈페이지에서 해당 펀드를 검색하여 조회할 수 있다.

서로 다른 지역에서 거래되는 주식에 투자하는 펀드는 주로 투자하는 지역을 기준으로 환매주기를 결정하는 것이 원칙이다. 하지만 더 보수적으로 산정하는 경우도 있다. 예를 들어 중국주식형펀드는 중국본토 또는 홍콩에 상장된 중국주식에만 투자하는 경우, 환매기준가 적용일은 2영업일 후(D+2)이다. 그러나 미국증시에 상장된 중국주식에도 투자하는 중국주식형펀드는 미국 증시와 동일한 3영업일 후(D+3) 기준가를 적용한다.

베트남처럼 주식시장의 유동성이 취약한 경우, 환매대금 마련에 필요한 주식을 매도할 때 이틀 이상에 걸쳐 분할해 매도해야 할 수도 있다. 그래서 중국보다 2영업일이 늦은 4영업일 후(D+4) 기준가격을 적용한다.

동일한 지역에 투자하는 펀드라 하더라도 자산운용회사별로 환매대금 수령일의 차이가 꽤 있다. 특히 중국본토 주식형펀드들이 큰 차이를 보이고 있다. 환매대금 지급일 결정에 대한 법규는 없고 자산운용회사가 수탁은행과 협의하여 결정한다.

결론적으로 동일한 지역에 투자하더라도 펀드성과뿐만 아니라 환매기준가 적용일이나 환매대금 수령일이 펀드별로 꽤 차이가 있을 수 있다. 이 점에 유의해 투자펀드를 선택하는 것이 바람직하다. 다른 사항이 동일하다면 환매사이클이 짧은 펀드를 선택하는 것이 바람직하다.

퇴직연금계좌에서 펀드의 환매주기는 더 길다

앞에서 설명한 펀드가입 및 환매주기는 일반계좌에서 펀드에 투자할 때 적용되는 기준으로 펀드 투자설명서에 자세히 설명되어 있다. 연금저축 펀드계좌에서 투자하는 경우에도 동일한 기준이 적용된다. 하지만 퇴직연금계좌에서 펀드에 가입할 때와 환매할 때는 투자설명서에 기재된 일정보다 각각 하루씩 더 소요된다.

이는 퇴직연금사업자들이 퇴직연금계좌를 펀드판매시스템과 상이한 신탁시스템에서 관리하고 있기 때문에 발생한다. 퇴직연금계좌의 운용지시가 매일 마감된 후 펀드판매시스템으로 전달되어, 다음 영업일에 해당 펀드의 가입과 환매 신청이 이루어지기 때문이다. 그래서 하루씩 더 소요되는 것이다.

DC형 퇴직연금에 운용지시를 하지 않으면?

퇴직연금계좌에서는 언제든지 현재 보유하고 있는 상품을 해지하고 다른 상품으로 교체매매를 할 수 있다. 이를 운용지시라고 한다. 금융감독원에 따르면 2017년 중 투자상품을 변경하지 않은 가입자는 전체가입자의 90%에 달한다. 퇴직연금 가입자의 52%가 원금 손실이 우려되어 투자상품에 투자하지 않고 있다. 가입자의 65%가 적립금 운용에 관심이 없거나 귀찮아서 1년 동안 한 번도 운용지시를 하지 않았다고 한다.

가입자들이 운용지시를 하지 않는 가장 큰 이유는 '운용에 특별히 관심이 없고 귀찮아서'라고 한다. 퇴직연금계좌는 은퇴할 때까지 운용하는 장기상품이다. 장기적으로 관리해서 노후자금 등으로 활용해야 한다. 제로금리 시대에 운용지시를 하지 않으면 대기성자금으로 남아 있거나 원리금보장상품에만 투자하게 된다. 퇴직연금계좌 관리수수료를 차감하면 곧 0%대 수익률을 기록할 것이다.

퇴직연금은 귀찮다고 그냥 놔둘 수 있는 상품이 아니다. 투자에 자신이 없고 시간이 없다면, TDF에 계속 투자하도록 한 번만이라도 운용지시를 해놓자. 그러면 20년, 30년이 지난 후에는 원리금보장상품에 투자하는 것보다 비교할 수 없는 수익률을 달성할 것이다.

퇴직연금사업자의 업무처리 모범규준에 따르면 원리금보장상품의 만기시 별도의 운용지시가 없는 경우, 동일한 원리금보장상품으로 자동 재예치되거나 동일한 상품이 없으면 대기성자금 등으로 전환된다. 원리금보장상품의 만기가 돌아오면, 퇴직연금사업자는 이 사실을 만기 도래 15일 전까지 서면 등으로 운용지시자에게 안내해야 한다. 가입자의 별도 운용지시가 없는 경우 동일상품에 재투자한다. 실적배당상품이 환매되면 대기성자금으로 전환된다.

퇴직연금 가입자가 운용지시를 하지 않는 경우, 대기성자금이 증가한다. 이는 퇴직연금 가입자의 적립금 운용수익률이 낮아지게 한다. 대기성자금에 대한 이자율은 콜금리 수준으로 정기예금금리보다 낮다.

대기성자금을 최소화하기 위해 고용노동부는 2019년부터 원리금보장 상품에 한해 가입자가 특정 운용상품이 아닌 '운용상품의 종류, 비중, 위험도 등을 지정'하는 방식으로 운용지시를 할 수 있도록 허용했다. 예를 들어 'A은행 1년 만기 정기예금' 등으로 상품을 특정해 운용지시하는 것만 허용한 기존 방식을, 향후에는 '신용등급 AA- 이상 은행의 1년 이내 예·적금 중 금리가 가장 좋은 상품으로 운용'하는 방식으로 운용지시를 할 수 있다. 운용관리기관은 이러한 방식으로 운용지시를 할 수 있다는 운용지시확인서를 고객에게 설명하고, 이를 이해했는지를 확인한다. 그 후에 해당 유형 중에서 가장 금리가 높은 상품을 찾아 대기성자금을 재예치한다

하지만 퇴직연금사업자가 앞에서 설명한 바대로 운용지시를 하더라도 수익률을 높이는 효과는 크지 않을 것 같다. 금리가 지속적으로 하락하면서 원리금보장상품 수익률이 낮아지기 때문이다. 아무리 바쁘더라도 퇴직연금계좌에 관심을 갖고 운용지시를 해서 돈이 돈을 벌 수 있도록 할 필요가 있다.

퇴직연금기금형제도가 도입되면 누가 운용하게 되나?

현재 우리나라 퇴직연금제도는 계약형제도로, 사용자가 퇴직연금사업자 계약을 체결한 금융기관이 제공하는 상품으로 적립금을 운용한다. DB퇴직연금제도에서는 사용자가 적립금을 운용하고, DC퇴직연금제도에서는 근로자가 본인의 퇴직연금계좌 적립금을 운용한다.

기금형제도에서는 기업이 설립한 독립적인 수탁법인이 적립금을 운용한다. 기금형제도 도입 법안에 따르면, 상시근로자 300인 이상인 기업은 독자적으로 수탁법인을 설립할 수 있고, 그렇지 않은 경우 둘 이상의 기

업이 연합해 상시근로자 300명 이상이면 수탁법인을 설립할 수 있다. 수탁법인의 이사는 외부전문가와 사용자와 근로자대표가 선임한 사람으로 구성된다. 사용자와 근로자대표가 선임한 이사 수는 동일해야 한다. 수탁법인의 운영비용은 기업이 부담한다. 계약형제도를 운용 중인 기업이 기금형제도를 도입하고자 하는 경우, 근로자대표의 동의를 받아야 한다. 기금형제도에서는 근로자의 운용지시권이 박탈되어 근로자에게 불리한 변경이기 때문이다.

기금형제도가 도입되어도 DB퇴직연금제도에 가입한 근로자는 큰 영향이 없다. 수탁법인이 적립금 운용을 부실하게 하더라도 법에서 정해진 퇴직급여의 지급책임은 기업에 있기 때문이다. 오히려 수탁법인의 이사 중 근로자대표가 뽑은 사람도 포함되기 때문에 더 좋을 수도 있다.

반면에 DC퇴직연금제도에서 기금형제도를 도입하면, 근로자 개인에게 직접적인 영향이 있다. 계약형제도에서는 근로자 개인이 직접 본인의 퇴직연금계좌 적립금을 운용하지만, 기금형에서는 수탁법인이 적립금을 운용한다. 따라서 기금형제도가 도입되면 계약형과 비교하여 운용성과를 높이는 데 유리한 제도를 택하는 것이 좋다. DC퇴직연금제도에서는 퇴사할 때까지 적립금 운용수익이 합산되어 퇴직급여액이 결정되기 때문이다.

기금형제도를 도입할 경우 전문성을 보유한 자산운용기관이 운용하고, 근로자의 퇴직연금적립금을 통합·운용해 대체자산 등에 분산투자할 수 있다. 또한 규모의 경제를 통해 비용을 절감할 수 있기 때문에 근로자 개인이 운용하는 것보다 수익률을 향상시킬 수 있다. 하지만 근로자 퇴직연금적립금을 통합해 운용하기 때문에, 직접 운용하는 것보다 본인의 투자성향이나 은퇴시기에 최적화되지 않을 가능성이 있다.

부록

01 퇴직연금 관련 사이트

① 퇴직연금 홈페이지 www.moel.go.kr/pension/

고용노동부가 퇴직연금제도의 도입 및 운영에 필요한 유용한 정보와 퇴직연금통계, 퇴직연금제도 관련 모든 법령을 제공하고 있다. 특히 '자주 묻는 질문' 메뉴에서는 간단한 질의응답, 퇴직금을 계산해볼 수 있는 기능을 제공하고 있다.

가입자에게 가장 유용한 정보는 '금융사·상품정보' 메뉴이다. 퇴직연금사업을 영위하는, 즉 퇴직연금계좌(IRP 포함)를 가입할 수 있는 금융기관 목록이 제공된다. 또한 퇴직연금사업자(운용관리기관)별로 퇴직연금계좌의 기간별 수익률(매년 말 기준)이 제공된다. 퇴직연금사업자별로 가입할 수 있는 상품내역이 원리금보장상품과 원리금비보장상품별로 제공된다. 퇴직연금사업자별로 원리금보장상품의 금리 수준과 제공하는 있는 펀드 종류를 비교할 수 있다.

② 통합연금포털 100lifeplan.fss.or.kr

금융감독원이 퇴직연금사업을 영위하는 모든 금융기관의 퇴직연금과 연금저축 관련 정보를 제공하는 종합포털 사이트이다. 금융권역별 협회가 홈페이지에 제공하던 퇴직연금 관련 정보를 한곳에 모아, 퇴직연금사업자별로 수익률과 수수료 수준 등을 비교할 수 있도록 했다.

연금저축 수익률을 금융기관별 상품별 수익률, 퇴직연금의 경우 사업자별 수익률과 수수료비용을 비교·공시하고 있다. 국민연금, 퇴직연금, 연금저축 등 개인이 가입한 모든 연금현황을 조회할 수 있는 메뉴뿐만 아니라 연금계좌의 세금에 관한 종합적인 정보를 제공한다.

③ 퇴직연금사업자 권역별 퇴직연금공시 홈페이지

퇴직연금사업을 영위하고 있는 은행, 증권, 보험사별로 적립금의 평균수익률와 관리수수료를 비교하고 있다. 또한 각 퇴직연금사업자가 가입자들에게 제공하는 원리금보장상품 금리 및 실적배당상품 수익률을 비교·공시하고 있다. 매월 업데이트되기 때문에 최신 정보를 파악하는 데 유용한 사이트들이다.

④ 은행연합회 소비자포털 https://portal.kfb.or.kr/compare/new_retirement.php

은행연합회 상단 '소비자포털' 메뉴 중 '금리/수수료 비교공시'가 가입자에게 가장 유용하다. 매분기 말 기준으로 정보가 제공되고 은행별 퇴직연금적립금 규모와 운용수익률, 총비용부담률(수수료 포함), 원리금보장상품 제공 내역을 조회할 수 있다.

⑤ 금융투자협회 전자공시

http://dis.kofia.or.kr/websquare/index.jsp?w2xPath=/wq/main/main.xml

상단의 '금융투자회사공시' 메뉴 중에서 '증권사퇴직연금비교공시'를 클릭해보자. 분기별로 증권사별 퇴직연금 수익률, 총비용부담률, 수수료율 및 원리금보장상품 현황내역을 조회할 수 있다.

⑥ 생명보험협회 공시실 https://pub.insure.or.kr/

홈페이지 상단에 '상품비교공시' 메뉴에서 '퇴직연금'를 클릭하면, 보험 사별 퇴직연금적립금 규모, 수익률, 총비용부담률, 수수료율, 원리금보장 상품 및 펀드 현황 정보가 제공된다. '연금저축' 메뉴를 선택하면 보험사 별 연금저축보험상품의 수익률 및 수수료율을 조회할 수 있다.

⑦ 손해보험협회 공시실 https://kpub.knia.or.kr/main.do

홈페이지 상단 '상품비교공시' 메뉴에서 '퇴직연금'을 클릭하면, 손해보 험사별 퇴직연금적립금, 수익률, 총비용부담율, 수수료율, 원리금보장상 품 정보가 조회된다.

⑧ 장박사의 퇴직연금 부자되기 blog.naver.com/deogjinjang | jangbaksa.co.kr

2019년부터 퇴직연금 관련 정보를 공유하기 위해 운영하고 있는 필자의 블로그이다. 연금계좌 세제 및 퇴직연금 규제 사항이 변경되면 분석글을 공유하고 있다. 매월 초 주요 퇴직연금펀드의 수익률 정보도 업데이트해 공유하고 있다. 이 책에서 궁금한 사항이 있는 분들은 블로그에서 질문 글을 올려주면 된다. 구글러들을 위해 블로그와 동일한 내용을 홈페이지 (jankbaksa.co.kr)에도 올리고 있다.

02 펀드투자 시 반드시 확인해야 할 내용

투자설명서

투자위험등급

펀드수익률의 변동성을 기준으로 1등급(매우 높은 위험)에서 6등급(매우 낮은 위험)까지 6개 등급으로 분류한다.

투자위험등급 기준

분류 기준	1등급	2등급	3등급	4등급	5등급	6등급
위험 수준	매우높은위험	높은위험	다소높은위험	보통위험	낮은위험	매우낮은위험
수익률 변동성	25% 초과	25% 이하	15% 이하	10% 이하	5% 이하	0.5% 이하
주식비중	100% 초과	80~100%	80% 이하	50% 이하	40% 이하	0%
예시 펀드	레버리지펀드	주식형펀드	주식혼합형	채권혼합형	채권혼합형	단기국채/MMF

펀드가입 및 환매 일정

펀드의 매입기준가격과 매도기준가격, 환매대금 수령일을 파악할 수 있다. 특히 해외펀드는 반드시 확인 후 투자결정을 해야 한다.

펀드보수비용

펀드의 총보수비용은 투자하고자 하는 클래스의 합성총보수비용이다. 재간접펀드는 피투자펀드보수를 포함 기준으로 확인한다.

투자전략과 투자위험 관리

본문의 '2부 집합투자기구에 관한 사항', 특히 투자전략과 투자위험관리는 반드시 확인해야 한다. 펀드가 우수한 운용성과를 달성하기 위해 펀드매니저가 실행하는 운용전략과 리스크 관리방법을 설명하고 있다. 해외펀드의 경우 환헤지 여부와 목표환헤지 비율을 투자위험관리에서 확인할 수 있다.

자산운용보고서

펀드 순자산

펀드개요에서 확인한다. 순자산 50억 원 미만 펀드는 소규모펀드로 분류되어 청산 또는 타 펀드로 합병될 수 있다. 펀드규모가 작으면 운용하기도 힘들고 매매비용도 크기 때문에 가급적 투자하지 않는 것이 좋다.

운용경과 및 수익률

펀드매니저가 과거 3개월 동안 펀드를 어떻게 운용해왔고, 향후 투자환

경을 점검하고 운용계획을 설명하는 내용이다. 과거에는 형식적 내용이었으나 운용현황 및 운용계획을 상세히 설명하는 자산운용사가 많아지고 있다.

수익률은 최근 3개월부터 5년까지의 수익률을 비교지수와 비교해 보여주기 때문에 펀드의 운용성과를 파악할 수 있다. 1년 이상 구간에서 비교지수보다 높은 수익률을 기록하고 있는 펀드가 우수한 펀드이다.

자산현황

펀드가 투자하고 있는 국가별(해외펀드), 업종(섹터)별 투자비중 및 펀드가 보유 중인 상위 10개 종목 투자현황 등에 관한 정보이다. 해외펀드의 경우 환헤지비율을 목표환헤지 비율과 비교해 제공하기도 한다. 재간접펀드 등 일부 펀드는 정확한 정보가 제공되지 않는 단점이 있다.

자산운용보고서는 분기별로 1회 제공되고, 자산운용사별로 품질의 차이가 있다. 펀드투자설명서와 자산운용보고서의 주요 내용은 펀드판매사들이 홈페이지에서 요약해 제공하고 있다. 또한 한국포스증권 홈페이지에서 펀드검색을 하면 수익률 및 운용현황에 대해 상세한 정보가 제공된다. 특히 수익률 정보는 가장 최근일 기준으로 제공되어 있고, 수익률 추이도 파악할 수 있다.

03 적립식 투자금액을 산정하는 방법

5장 〈표 5-15〉에서 설명한 적립식 투자의 초기 적립금 계산 방법을 설명한다. 30세부터 30년 동안 매년 초 S원을 적립식으로 납입한 금액의 은퇴시점(60세) 총액은 다음 표의 60세 평가액과 같다(연수익률 i 가정).

적립식 투자 시 60세에 마련할 수 있는 총액

연령(초)	30	31	32	⋯	58	59
은퇴까지 기간	30	28	23	⋯	2	1
정액적립액	S	S	S	⋯	S	S
60세 평가액	$S \times (1+i)^{30}$	$S \times (1+i)^{29}$	$S \times (1+i)^{28}$	⋯	$S \times (1+i)^{2}$	$S \times (1+i)$

앞의 표 마지막 줄의 60세 평가액을 모두 합산하면, 60세 시점의 적립금 총액은 다음과 같이 표시할 수 있다.

$$60세 적립금 총액 = S((1+i)^{30} + (1+i)^{29} + \cdots + (1+i))$$
$$= S(1+i)^{30}(1 + (1+i)^{-1} + \cdots + (1+i)^{-29})$$

60세 적립금 총액은 30년 동안 매년 S원을 납입해 연투자수익률 i를 달성한 경우의 투자수익을 포함한 총금액이다. $S(1+i)^{30}$를 제외한 나머지 값은 초항이 1이고 공비가 $(1+i)^{-1}$인 등비수열의 30항까지의 합과 같다.

5장에서 설명한 등비수열의 합을 계산하는 공식을 이용해, 30년 동안 매년 S원씩 적립식으로 투자할 때 30년 후의 적립금 총액은 다음 산식으로 계산된다.

$$F = (S(1+i)^{30})\left(\frac{1}{1-w}\right)(1-w^{30})$$

적립식 투자액이 매년 일정률(g)로 증가하는 증액적립식 투자의 60세 적립금 총액은, 매년 적립식 납입액이 일정률(g)로 증가하는 것만 제외한다면 정액적립식과 동일하다. 따라서 증액적립식의 30년 후 적립금 총액은 다음과 같다.

$$F = S(1+i)^{30} + S(1+g)(1+i)^{29} + S(1+g)^2(1+i)^{28} + \cdots + S(1+g)^{28}(1+i)^2 + S(1+g)^{29}(1+i)$$
$$= S(1+i)^{30}\left(1 + \frac{1+g}{1+i} + \left(\frac{1+g}{1+i}\right)^2 + \left(\frac{1+g}{1+i}\right)^3 + \cdots + \left(\frac{1+g}{1+i}\right)^{29}\right)$$

60세 적립금 총액의 $S(1+i)^{30}$를 제외한 나머지 값은 초항이 1이고, 공비 $w = (1+g) \div (1+i)$인 등비수열의 30항까지 합과 같다. 그렇기 때문에 등비수열의 합의 공식을 이용해 단순화할 수 있다.

유의할 점은 정액적립식의 공비는 0보다 크고 1보다 작아서 앞의 공식을 사용할 수 있지만, 증액적립식의 공비 $w = (1+g) \div (1+i)$가 직립식 증가율(g)과 투자수익률(i)의 크기에 따라 1보다 클수도 있고 작을 수도 있다는 점이다.

공비(w)가 1보다 작은, 즉 저축증가율이 투자수익률보다 작은 등비수열의 n항까지의 합은 $\left(\dfrac{1}{1-w}\right)(1-w^n)$와 같기 때문에 다음과 같다.

$$60세\ 적립금\ 총액 = S(1+i)^{30}\left(\frac{1}{1-w}\right)(1-w^{30})$$

공비(w)가 1보다 큰, 즉 저축증가율이 투자수익률보다 큰 등비수열의 n항까지의 합은 $\left(\dfrac{1}{w-1}\right)(w^n-1)$와 같기 때문에 다음과 같다.

$$60세\ 적립금\ 총액 = S(1+i)^{30}\left(\frac{1}{w-1}\right)(w^{30}-1)$$

공비(w)가 1인, 즉 저축증가율이 투자수익률과 동일한 등비수열의 n항까지의 합은 n이기 때문에 다음과 같다.

$$60세\ 적립금\ 총액 = 30S(1+i)^{30}$$